智慧读写

读得热烈　写得精彩

郑美玲 / 著

东北师范大学出版社

长　春

图书在版编目（CIP）数据

智慧读写：读得热烈　写得精彩 / 郑美玲著. —
长春：东北师范大学出版社，2021.5
ISBN 978-7-5681-7575-3

Ⅰ.①智… Ⅱ.①郑… Ⅲ.①阅读课－教学研究－初
中②作文课－教学研究－初中 Ⅳ.①G633.302

中国版本图书馆CIP数据核字（2021）第106400号

□责任编辑：石　斌　　　　　□封面设计：言之凿
□责任校对：刘彦妮　张小娅　□责任印制：许　冰

东北师范大学出版社出版发行
长春净月经济开发区金宝街 118 号（邮政编码：130117）
电话：0431-84568115
网址：http://www.nenup.com
北京言之凿文化发展有限公司设计部制版
北京政采印刷服务有限公司印装
北京市中关村科技园区通州园金桥科技产业基地环科中路 17 号（邮编：101102）
2022年4月第1版　2022年4月第1次印刷
幅面尺寸：170mm×240mm　印张：20.75　字数：337千

定价：45.00元

序 言
PREFACE

读得热烈　写得精彩

这是一本基于初中语文统编教材读写结合教学实践研究的书。

这也是一本值得你耐着性子坐下来慢慢琢磨、有所思考的书。

如何有效利用语文教材和名著阅读来提升学生的写作能力，实现从阅读到写作的能力迁移，是一项艰难的工作，也是多数语文老师萦绕心头挥之不去的困惑。

因此，笔者尝试设计了"跟着课文学写作""跟着名著学写作""跟着情境学写作"和"跟着写作学写作"这几个统编教材写作教学实施路径。

于是，这本书从课堂出发，尝试开展"跟着课文学写作"的每课一写活动，同时利用课外阅读开展"跟着名著学写作"的每日一读活动，与此同时，还开展了一系列让综合性学习为写作服务的"跟着情境学写作"活动，辅之以"跟着写作学写作"活动，这样就有效打通了阅读和写作之间的联结，保证读写时刻在线。因此，统编教材写作教学实施路径是集"课文""名著""综合性学习""写作"于一体的智慧读写。

统编教材写作教学实施路径（以七年级上册为例）

七年级上册	阅读		写作	综合性学习
	课文	整本书		
第一单元	四季美景散文		热爱生活热爱写作	
第二单元	亲情散文		学会记事	有朋自远方来
第三单元	学习生活散文	《朝花夕拾》	写人要抓住特点	

七年级上册	阅读		写作	综合性学习
	课文	整本书		
第四单元	追问生命散文		思路要清晰	少年正是读书时
第五单元	人与动物散文		如何突出中心	
第六单元	体现想象文学	《西游记》	发挥联想和想象	文学部落

　　走一步，再走一步，学生也真的会在这种推进中"读得热烈、写得精彩"。
"读写结合"，点亮了生命的火把。通过"读写结合"，孩子们向内找寻生命的意义与价值，向外与世界良性互动。己立立人，己达达人。最终，一个个鲜活的翩翩少年，终将成为傲然挺立于天地之间的"大人"。

目 录
CONTENTS

第三章　跟着情境学写作 ·· 83

第四章　跟着写作学写作 ……………………… 117

第一章

跟着课文学写作

2011年版《义务教育语文课程标准》中指出，"阅读是学生的个性化行为""在理解课文的基础上，提倡多角度、有创意的阅读""要重视写作教学与阅读教学、口语交际教学之间的联系，善于将读与写、说与写有机结合，相互促进"。如果我们能够在阅读教学中有意识地培养学生的写作能力，让学生每一次的阅读都通过写作予以呈现，以读带写；如果我们能够通过写作教学有效引导学生拓宽阅读视野，提升阅读能力，以写促读；如果我们能够将阅读教学和写作巧妙地结合起来，真正做到"读写结合"，那么，这样日积月累，实现学生语文核心素养的"全面升级"，将不再是虚无缥缈的空中楼阁。

学生阅读有课内、课外之分，但课堂教学始终是学生学习的主渠道，因此，从阅读课入手，重视阅读与写作之间的内在联系，这不仅是《义务教育语文课程标准》的基本要求，也是提高学生写作能力的根本途径。让学生向课文学习，在读中学，把从阅读中学到的基本功运用到写作中去，学生从仿到会，再从会到创，这样就能减小写作的坡度，有效地增强学生写作的自信心。

于漪老师说，作文教学要真正做到"取法乎上"。"法"就在课文里，与其耗费大量财力、精力在作文辅导上，不如重新捧起朴素的语文课本，关注经典篇章，放出眼光，巧设疑问，启发学生写作思维，让他们学会"拿来"，这才是语文课的归宿。①

如何在语文教学中落实"读写结合"，达到"读写相长"的双赢局面，切实做到简简单单教语文，扎扎实实学语文，作为一名一线的初中语文教师，笔者以统编语文的读写实践为例，谈一谈自己在读写结合方面的一些尝试。

---

① 李爱梅.跟课文学写作：部编教材写作教学的根基［J］.湖北教育，2017（11）：52-54页.

用其材，积累整合

从"课文是例子"的角度来说，即从工具性的角度思考，跟课文学写作主要是从课文中积累写作素材、语言素材、写作结构、写作技巧等。

语言材料：课文集美

学生可以从课文中积累语言素材，做到有创意地表达。

"言之无文，行而不远。"现在不少学生的语言平淡、平庸，读起来味同嚼蜡，课文中的语言不仅流畅优美，而且具有个性。课文中蕴藏着语言的矿场，学生从课文中发现和积累优秀的语言素材，学习运用作者的语言表达技巧，可以做到有创意地表达。那么，教师该如何使学生在学习课文语言中做到有创意地表达呢？

课文集美，是指通过富有创造性的活动，让学生在课文中寻雅词、学美句、品奇字，使学生在品评体味中学习、积累语言。统编教材选编的课文乃大家之经典作品，不仅人文内涵丰富，而且在语言形式方面，更是各具特色。在教学时，教师可以尝试进行语言积累，只有根深蒂固，语言的大树才能枝繁叶茂。

1. 四字雅词

例如，刘湛秋《雨的四季》中的四字雅词：

毫不掩饰　争先恐后　端庄沉思　高邈深远　绵绵如丝　淅淅沥沥

日益增多　咄咄逼人　干净利落

2. 雅致美句

例如，莫怀戚《散步》中精美的对称句：

① 我的母亲老了，她早已习惯听从她强壮的儿子；我的儿子还小，他还习惯听从他高大的父亲；妻子呢，在外面，她总是听我的。

② 她现在很听我的话，就像我小时候很听她的话一样。

③ 我和母亲走在前面，我的妻子和儿子走在后面。

④ 前面也是妈妈和儿子，后面也是妈妈和儿子！

⑤ 我的母亲要走大路，大路平顺；我的儿子要走小路，小路有意思……

⑥ 到了一处，我蹲下来，背起了我的母亲，妻子也蹲下来，背起了我们的儿子。

⑦ 我的母亲虽然高大，然而很瘦，自然不算重；儿子虽然很胖，毕竟幼小，自然也很轻。

这些精致的对称句就是把事物的两个方面并列、对举着说。从语义表达上看，对称句增加了思想内涵的张力，引人注意、耐人寻味；从语言美感上看，句式整齐，富有对称之美，两句互相映衬，很有情趣。

再比如，《说和做——记闻一多先生言行片段》一文，诗人臧克家的语言生动形象、精练含蓄，富于感情和音乐美，特别是那些读起来像诗一样的语句，如"仰之弥高，越高，攀得越起劲；钻之弥坚，越坚，钻得越锲而不舍""深宵灯火是他的伴侣，因它大开光明之路，'漂白了四壁'"，更能引发学生丰富的感受与思考。

3. 精美语段

例如，海伦·凯勒的《再塑生命的人》这篇文章是怎样通过细致入微的心理描写来表现"我"这个人物的？课文文笔优美，充满诗情画意。请再读课文，品评并积累优美而精警的语句。

朋友，你可曾在茫茫大雾中航行过，在雾中神情紧张地驾驶着一条大船，小心翼翼地缓慢地向对岸驶去？你的心怦怦直跳，唯恐意外发生。在接受教育之前，我正像大雾中的航船，既没有指南针也没有探测仪，无从知道海港已经临近。我心里无声地呼喊着："光明！光明！快给我光明！"恰恰在此时，爱的光明照到了我的身上。

再比如，莫顿·亨特的《走一步，再走一步》最后一段，体会文章叙议结合的写法，体味这一段中的人物心理。

此后，我生命中有很多时刻，面对一个遥不可及的目标，或者一个令人畏惧的情境，当我感到惊慌失措时，我都能够轻松应对——因为我回想起了很久以前悬崖上的那一课。我提醒自己不要看下面遥远的岩石，而是注意相对轻松、容易的第一小步，迈出一小步，再一小步，就这样体会每一步带来的成就感，直到达成了自己的目标。这个时候，再回头看，就会对自己走过的这段漫漫长路感到惊讶和骄傲。

这些语句中有理解、钦佩与敬爱，也有骄傲、怀念与伤感，非常值得学生集美、积累。教师可以以这种课文集美的形式，精心设计有序的语言品析与积累活动，在活动中让学生得到审美教育、语言教育、学习技能教育以及思维训练等，实现以写促读的目的。

事例材料：积累整合

学生可以从课文中积累写作素材，丰富写作资源。

学生的写作素材从何而来？毋庸置疑，是从生活中来的。学生从现实生活中提取写作素材固然重要，但教材也是写作素材的重要来源。因为课本所呈现的生活是经过作者提炼的生活，是对现实生活的补充。积累课文中的写作素材可以丰富学生的写作资源。

比如，《我与地坛》中史铁生写自己在地坛里，而母亲秘密地跟在后面。这个素材反映了史铁生的母亲对孩子的尊重与不放心的矛盾心理，反映了一种高尚的母爱。学生积累这类材料，在写记叙文的时候，可以丰富自己的写作内容，并将其转化到自己的作文中去。再比如，荀子《劝学》中的"骐骥一跃，不能十步；驽马十驾，功在不舍。锲而舍之，朽木不折；锲而不舍，金石可镂"两句就可以论证持之以恒的重要性，论证优势与劣势之间可以相互转换。

学生经常觉得无甚可写，在向课文学作文里可以把相关的课文整合成以下的类型。

1. 写人：写好三类人

中考考试手册和教学大纲都要求主要考记事写人的记叙文，既然是通过事来写人，可见最终还是写人，那就一定要写好三类人：

老师，最好是初中老师。

亲人，主要包括六个人：爸爸、妈妈、爷爷、奶奶、外公、外婆。

我，自己——小我。

2. 主题：备好四个主题

完美人生需要哪些东西？

纵观2015—2019年的全国中考作文题，我们就会发现，考题无外乎"美景""读书""真爱""梦想"这四大主题。

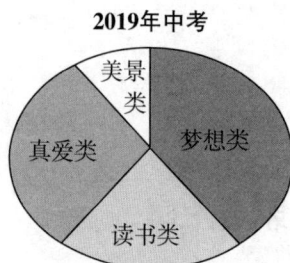

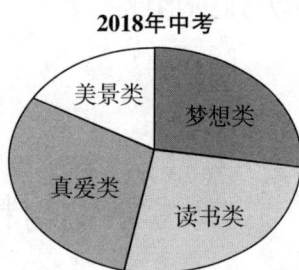

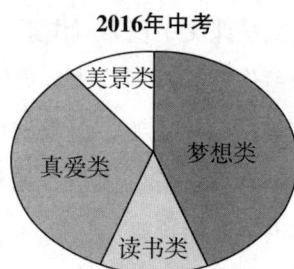

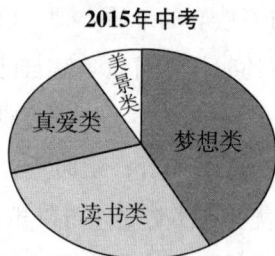

2015—2019年全国中考作文四大主题

由此可见，初中作文主题基本就是这四个。

（1）梦想

其实，大型考试的命题离不开考生的生活本身，这就意味着一定有"成长、成熟"的主题。教师平时训练学生"成长、成熟"这一主题时，建议循序渐进地做以下几个题目：我懂事了—我懂道理了—我比以前懂道理了—做个通情达理之人。

（2）真爱

我通过研究发现，中考历年的作文题目都可转化为"感动"这一主题作文。"我感动了身边的人"是"感动"这一主题的最上位。其实，全国各地的任何一个记叙类作文题目，都离不开"感动"这一范畴。教师平时训练学生"感动"这一主题时，建议循序渐进地做以下几个题目：我被感动了—生活中的感动—我感动了身边的人—我感动了自己—感时花溅泪。

（3）读书

教师平时训练学生"读书（学习）"这一主题时，建议循序渐进地做以下几个题目：读书的滋味—与书为伴—在好书的引领下—读好书，做好人。

（4）美景

中考中要求学生纯粹写美景类的作文相对较少，教师平时可以着重训练学生关键段落的景物描写，以增强文章的可读性。

结构材料：模仿学用

1. 篇章结构

跟课文学习文章的结构。每篇大家作品的结构既有共性，又有其个性特点。鲁迅的《拿来主义》是一篇议论文，但其结构却有着鲜明的个性。文章先破后立，先提出"拿来主义"的对立面，即"闭关主义""送去主义""送来主义"，然后提出中心论点"拿来主义"，而在论述"拿来主义"时，又是以比喻论证的方式，先从反面论证"拿来主义"的三种错误做法——"孱头""昏蛋""废物"，然后又以比喻论证的方式提出正确的做法——"占有""挑选"，最后，指出实现"拿来主义"的意义。结构的模仿是最容易的模仿，也是最有效果的模仿。语言形式的模仿是最难的模仿，却是最有价值的模仿。如果我们能够学习其中的论证结构，先破后立，先批驳错误现象、错误做法，然后再从正面论证，那么我们的写作水平就会提升，我们的议论文写作就不再是千篇一律、千人一面了。

散文的结构更是各有特点，尤其是一些大家的写作结构特别值得学习。

例如，余光中的《听听那冷雨》的结尾：

"一位英雄，经得起多少次雨季？他的额头是水成岩削成还是火成岩？他的心底究竟有多厚的苔藓？厦门街的雨巷走了二十年与记忆等长，一座无瓦的公寓在巷底等他，一盏灯在楼上的雨窗子里，等他回去，向晚餐后的沉思冥想去整理青苔深深的记忆。前尘隔海，古屋不再。听听那冷雨。"作者在这里转换视角，通过场景的描述，表达了自己对故乡的思念。

一位高三学生，模仿了这样的结尾：

"一位高三生，经得起多少次考试？他的肩膀是大理石雕成还是混凝土筑成？他的心底到底有多少根支柱？高考的长路走了十余年，一座梦想的大学在路的另一端等他，一盏灯在路的前方高悬，等他前去，用晚自习上的沉思冥想去整理生生不息的渴望。远方隔山，前程有路。想想夜色后隐藏的曙光。"

我们应该向那些在语言上下功夫的作家学习，学其上，至少得其中。

2. 段落结构

跟课文学习常用的写作技巧。高尔基说："只有在掌握了文学技巧的条件下，才有可能赋予材料以或多或少完美的艺术形式。"郭沫若曾说，"多读名人著作，而且对于某些作品还必须熟读、烂读，便能于无法之中求有法，有法之中求其化"。

课文中蕴含着丰富的写作技巧，如波兰作家雅·伊瓦什凯维奇的《肖邦故园》通过对四季景物的描写来表现肖邦的音乐创作与他心目中的故乡和祖国的关系，从中我们可以学到通过景物描写来表现人物的内心世界；舒婷的《祖国啊，我亲爱的祖国》运用反复和特殊的意象，将祖国在艰难中复苏的形象描写出来，表达了作者对祖国真挚而深厚的感情。

学其法，构段谋篇

中学教材中选取的课文大都精心布局谋篇，结构各具特色，仿照课文的构思学习写作，是学习布局谋篇的佳径。学完课文后，我们要有意识地在写随笔或大作文时仿照课文的构思方法去构段谋篇。

全文：学构思法

学生紧扣读写的结合点，始于模仿，但通过多篇类似课文的学习，逐步积累造句构段的多种方法，并勤于应用，就能形成技能，有所创造。学生跟课文学篇章主要从以下几个方面入手。

1. 拟小标题，横式成篇

《邓稼先》一文，杨振宁先生采用小标题式的板块结构谋篇布局。这种通过拟小标题来结构全文的形式，不仅能使学生写作时结构清晰、内容明晰，而且也易于学生借鉴、掌握，特别在考场作文时，深得阅卷老师喜欢，能起到出奇制胜的效果。

《邓稼先》一文中有如下几个小标题：

从"任人宰割"到"站起来了"

"两弹"元勋

邓稼先与奥本海默

民族感情？友情？

"我不能走"

永恒的骄傲

2. 以时间为序，纵式成篇

比如，莫顿·亨特的《走一步，再走一步》的两块式结构。

所谓两块式结构，就是文章中的一块内容主要是记叙，另一块内容主要是抒情或议论。记叙在前，抒情或议论在后；记叙生动细腻，抒情或议论生动简明；记叙着眼于表现人或事，抒情或议论着眼于点示文中故事的意义或者表达自己的感受。

比如，本文第一块用较多的篇幅写了一次攀崖、下崖的经历。作者写道：

我向下迈出了最后一步，然后踩到了底部凌乱的岩石，扑进了爸爸强壮的臂弯里，抽噎了一下，然后令人惊讶的是，我有了一种巨大的成就感和类似骄傲的感觉。

第二块是全文的最后一段，写的是经验。作者在文末抒发了这样的感受：

此后，我生命中有很多时刻，面对一个遥不可及的目标，或者一个令人畏惧的情境，当我感到惊慌失措时，我都能够轻松应对——因为我回想起了很久以前悬崖上的那一课。我提醒自己不要看下面遥远的岩石，而是注意相对轻松、容易的第一小步，迈出一小步，再一小步，就这样体会每一步带来的成就感，直到达成了自己的目标。这个时候，再回头看，就会对自己走过的这段漫漫长路感到惊讶和骄傲。

这是比较典型的叙议结合、一事一议的文章结构。

3. 板块对比，合式成篇

《说和做——记闻一多先生言行片段》，以闻一多先生作为学者方面的言行与作为革命家方面的言行进行强烈对比，表现闻一多严谨的治学态度、无私无畏的斗争精神、澎湃执着的爱国热情和言行一致的高尚人格。这种"总分总"式的谋篇布局常用模式，以及中间部分的板块对比写法，也非常适合学生模仿借鉴。

主体：学构段法

跟课文学构段，逐步提高构段谋篇的能力。

跟课文学对比——选对比词，组句成段。

跟课文学引用——引话语句，关联成段。

跟课文学排比——仿修辞句，排比成段。

1. 选对比词，组句成段

对比词主要挑选如下两组：

从"任人宰割"到"站起来了"

邓稼先与奥本海默

刚正不阿	刚愎自用	血气方刚	刚柔相济
锋芒毕露	引人注目	妇孺皆知	家喻户晓
真诚坦白	鲜为人知	从不骄人	默默无闻

示例：

一个是拔尖的人物，锋芒毕露，另一个是最不要引人注目的人物，这让刚愎自用的我明白一个道理：做人要低调，做事要高调；

一个是妇孺皆知的名人，另一个是长期鲜为人知的老实人，这让血气方刚的我学到了做人要实在；

一个是家喻户晓的外国人，另一个是从不骄人的默默无闻的中国人，这让我们知道了做人要谦虚努力。

他是谁？他是邓稼先，他是那个影响我的人。他的真诚坦白影响了我，他告诉我做人要真诚，要朴实，要无私，要淡定，要纯正。要做一个本色的中国男儿。

2. 引话语句，关联成段

以下三组小标题均是引用的话语：

"两弹"元勋

"我不能走"

永恒的骄傲

示例：

当身处危险时，他只说了一句话："我不能走。"（引用一句）

他不说这句话，行吗？在生死之际，完全可以，无可厚非，但他没有彷徨，没有矛盾，没有犹豫，他一直向前。（转折一句）

假如没有那句话，我们看不到一个不怕牺牲的邓稼先。（假设一句）

因为这句话，让我们想到一个坚定不移的背影。（因果一句）

他把生的希望给了别人，把死的选择留给自己。他是无畏者、担当者。

小结：

当＿＿＿＿＿时，他只说了一句话："＿＿＿＿＿＿＿＿。"

但他＿＿＿＿＿，＿＿＿＿＿＿，＿＿＿＿＿。

假如没有那句话，＿＿＿＿＿＿＿＿＿＿＿＿＿＿＿＿＿＿。

因为这句话，＿＿＿＿＿＿＿＿＿＿＿＿＿＿＿。

3. 仿修辞句，排比成段

原文：

"粗估"参数的时候，要有物理直觉；昼夜不断地筹划计算时，要有数学见地；决定方案时，要有勇进的胆识和稳健的判断。

示例：

马革裹尸的古战场，天阴则往往闻鬼哭，如此的阴森恐怖，吓不倒邓稼先，他坚守在那；

神秘荒凉的罗布泊，蓬断草枯的大沙漠，如此的恶劣艰苦，难不住邓稼先，他扎根在那；

风沙呼啸的戈壁滩，零下三十多摄氏度，如此的寒冷悲凉，冻不住邓稼先，他屹立在那。

是什么让他能如此？是什么让他不顾一切？是他的坚定信念。这份执着的信念打动了我，让我在漫漫人生路中遇到挫折困难时不动摇。

仿其言，语言表达

　　黄厚江老师常说，语文课就是"玩语言"，此言极是。教材文本语言有很多种"玩法""课文变形"是其中比较有意思的一种玩法。所谓"课文变形"，就是对课文的语言单位进行重组和加工，形成新的语言组合。这是集语言感受、语言梳理、语言运用于一体的综合性语言实践活动。

　　选择教材中个性鲜明、便于内外链接、便于揭示操作规律、便于仿写的部分句子或片段，开发"语言表达"类课程资源。利用这些资源引领学生阅读名家名作，体悟作家的表述习惯，借鉴课文的表述方式，通过他人的语言作品来提升学生自我的语言表达能力，依据语言环境，恰切运用语言。

　　新教材所选用的文章都是经过时间检验的经典范文，不管是在遣词造句、题材选取、体裁安排等方面，还是在谋篇布局、思想教育等方面，都是学生学习的典范。在平时的语文课堂教学中，教师以课文为范例，通过精读、研读等方法，让学生充分体会课文的结构布局、作者的思想脉络、风格韵味等，为写作提供借鉴。在阅读吸纳的基础上，教师利用它们的经典性和示范性，让学生刻意模仿、仿照作文，以此来培养学生规范作文的意识。中考对仿写的具体要求是：仿修辞、仿句式结构、仿语气、仿语境。在教学中，教师将仿写练习扩大到仿写语段，有利于加深学生对文本的理解，适度将知识拓展延伸，提升学生的语文素养。仿写是知识迁移最直接的途径。课堂练习是语文教学中重要的"以读促写，读写结合"的实践环节，它具有激情、启迪、发现、尝试、巩固、练习等多项功能。笔者一直努力尝试从每篇课文中寻找可以练习的资源，并对其进行优化设计。

筛选词语，精准缩写

最基础的课文变形活动，是缩写。这里的缩写不同于一般意义的概括，它要求提取课文的关键语句，形成课文的浓缩文。

例如，我教《敬畏自然》时，首先组织学生读课文，让学生找出课文每个段落的主句，再把这些主句组合起来，形成课文的浓缩文，然后讨论这个浓缩文的中心句，提取主句。浓缩课文既是对文章主要信息的判断和提取，也是对文章行文思路和谋篇布局的感受和学习。

在教《植树的牧羊人》时，我就组织学生重新设计绘本。这篇课文原本是一个绘本故事。对于一个绘本而言，语言文字实在是太多了，因此我要求学生将这篇课文缩写为15个页码，每个页码2～3句话，看看课文里哪些句子是可以保留下来的。学生找那些可以保留的句子的过程，就是一个很有空间和支撑力的课堂活动。

例如，鲁迅的《从百草园到三味书屋》可以设计拟写对联这样的学习活动：

上联：百草园里赏景捕鸟听故事，其乐无穷。

下联：三味书屋习字作画读课文，别有情趣。

再如，海伦·凯勒《再塑生命的人》可以这样介绍作者：

她，精通英、法、德、拉丁、希腊五种语言；

她，曾经就读哈佛大学；

她，先后完成14部具有世界影响的著作；

她，终身致力于为残疾人造福，建立慈善机构；

她，是美国最著名的作家、教育家；

她，获得"美国总统勋章"，被誉为"美国英雄"。

或

一个倔强的小姑娘，可以看出她的坚强。

她两眼注视着前方，眼里却看不到景象。

她又哑又聋又失明，却没有因此而失望。

是她的老师莎莉文，用心去哺育她成长。

有些课文中蕴含着丰富的高级词汇，我们不妨借此来升级自己的作文词汇库。

比如，七年级上册第1单元第2课《济南的冬天》中描写雪景的经典段落（第四段），有很多地方值得学生好好模仿。如"总分总"式构篇思路、移步换景式写景角度、多样化修辞手法的运用等。还有一点容易被忽略，那就是色彩的恰当点缀。看，"青黑""白花""银边""白""暗黄""微黄""粉色"，短短的一段，就有6种色彩镶嵌其间，带给人视觉上的冲击。多样的色彩让纯色的雪显得多变、显得多样、显得多情。在这里，色彩的作用不仅仅是一种随意点缀，而是把描写对象写得更加温暖多情，达到画龙点睛的效果。原来景物也"好色"啊！据此，我们可以提炼出一个观点：色彩点缀。然后我们可以引导学生采用"含色彩词句1+色彩词句2+色彩词句3"方法，以"春天的色彩"为题，写一段景物描写片段。

提要组合，仿写句子

比缩写思维层级略高的课文变形活动叫提要组合，就是根据需要，提取有关语句，对其进行重新排列组合，形成新的语言结合体。重排，既是阅读活动，也是写作活动，是真正达到读写融合的课堂活动。

比如，教《安塞腰鼓》时，教师可以组织这样的活动：读课文，圈画那些特别有表现力的短句，然后把这些短句重新排列组合，形成一段话，表现安塞腰鼓的气势和力量。

比如，教《孤独之旅》时，教师可以组织这样的活动：读课文，看看哪些环境描写的句子最能表现杜小康的"孤独"，然后组合这些句子，形成150字左右的小短文，这个短文的题目叫"孤独"。

我们还可以考虑在课文变形过程中，对语言载体进行"创造"。

比如，教《邓稼先》时，教师可以组织这样的课堂活动：为邓稼先建一个纪念馆。其中有一个环节是读课文，圈画特别感人的细节，然后选一个细节，用"……时，你……"的抒情式语言，用第二人称，以杨振宁的口吻，对细节进行改造。这样的创造，是换一个角度看文本，更是换一条路深入文本。

比如《一滴水经过丽江》可以拿来改写为导游词；《孔乙己》可以拿来创作剧本；《伟大的悲剧》可以拿来写一个人物述评……

比如，冰心的《荷叶·母亲》最后一段：

母亲啊！你是荷叶，我是红莲。心中的雨点来了，除了你，谁是我在无遮拦天空下的荫蔽？

仿写：发挥想象，仿照文中最后一段的语言写一段献给母亲的诗句。

示例：

母亲啊！你是雨露，我是幼苗。成长的岁月里，除了你，谁能在我干渴的时候滋润我？

母亲啊！你是灯塔，我是小船。生活的大雾来了，除了你，谁能在我迷茫的时候指引我？

母亲啊！你是流水，我是鱼儿。当干旱来临时，除了你，谁能为我提供一个安定的家？

比如，以鲁迅《藤野先生》一文为例进行下面形式的小练笔：

当别人在_____时，他（指鲁迅）却在_____。

示例：

当别人在东京赏樱花、学跳舞尽情享乐时，他却在努力寻找着更有学习氛围的学校。

要求：练笔可以从本课中选取内容来回答，也可以从以前学过的鲁迅的文章，或是自己了解的鲁迅的故事选取内容回答。

设计意图：让学生学会运用对比手法；学会归纳、整理、整合相同事物的信息；锻炼口语表达能力。

练笔训练要求：

（1）题目：一个与众不同的你——致鲁迅。

（2）文章中间内容是口语表达里那些鲁迅与别人不同的地方，要求至少写出5处不同来。

（3）加上开头和结尾，扣住"与众不同"，要首尾互相照应。

（4）人称变换为第二人称。

接着我即兴给学生示范了开头，并板书了关于鲁迅的一些诗句供学生选用。其开头如下：

我曾读过你的《从百草园到三味书屋》，从那里我读出了一个活泼调皮的你；我曾读过你的《风筝》，从那里我读出了一个善于反思的你；我曾读过你的《雪》，从那里我读出了一个敢于直面惨淡人生的你；而今我再读你的《藤野先生》时，从那里我读出了一个与众不同的你。

设计意图：这次练笔解决的是学生作文写不好开头以及开头和结尾不会扣题的问题，使学生掌握首尾互相照应的方法。

学生练笔作业展示1

与众不同的你——致鲁迅

你虽出生在一个大户人家，却历经坎坷；你虽东渡日本留学，却受尽他人的歧视；你虽是个文质彬彬的书生，却用笔当匕首，刺破敌人的心脏。这就是与众不同的你——鲁迅。

当别人碌碌无为时，你却毅然踏出国门，去往日本寻求救国救亡之路；

当别人在日本赏花、跳舞时，你却在图书馆努力学习探究；

当别人歧视、辱骂你时，你却用自己的努力和成绩来证明自己的实力，证明我们的国家并不软弱、并不无知；

当别人把长发盘起，宛如小姑娘的发髻，你却毅然剪去，投身到革命的队伍中去；

当别人想利用学医让自己功成名就的时候，你却毅然弃医从文；

当别人还在麻木不仁、苟且偷生时，你却早已明白精神的愚昧无知比肉体的伤残更加可怕；

当别人发现问题敢怒而不敢言时，你却用手中那坚毅的笔毫不留情地揭露一些人的罪行，并带着你身上独有的讽刺意味。

这就是你，一个忧国忧民、以天下为己任的人；这就是你，一个有恒心、有毅力、有思想的人；这就是你，一个敢作敢为、为医治世人之愚而毫无畏惧的人。你永远都是如此的与众不同！

学生练笔作业展示2

与众不同的鲁迅

同样都是在握笔写字，你写出的是中国的灵魂；同样都是在发奋学习，你学到的是科学救国之路；同样都是一代文学大家，你让我看到的是一个与众不同的你。

当别人口无遮拦，满嘴说着"他妈的"之类的疯言疯语时，你却深入根本，写出了发人深省的《论他妈的》；当别人在东京赏花、跳舞自得其乐时，你却独守寒窗发奋学习；当别人在嘲笑讥讽中国人是"东亚病夫"时，你却毅然决然地来到日本学医；当别人在面对列强入侵任人宰割时，你却用犀利的笔写出了心中的愤慨；当别人在面对锁国沉浸在自我满足之中时，你却急切地探索一条科学救国之路；当别人在观看中国人作为俄国间谍被杀头而表现得无动于衷时，你却按捺不住心中的痛恨，对这种行为进行强烈的谴责；当别人的一生过得碌碌无为、平平淡淡时，你却为中华民族的生存和发展贡献了拼博奋斗的一生！

你有着与众不同的坚韧笔锋，与众不同的爱国之志，与众不同的成熟思想。正是这样的一位与众不同的你，让我看到了你不同于其他人的传奇一生。

精改语段，以诗解文

课文变形，我们不仅可以在"量变"上做文章，而且可以在"质变"上动脑筋。这里的"质变"，指的是文本体式的变化。文本体式，也叫文本样式、文章体裁。这方面做得最成功的是《唐诗素描》。作者用散文的笔法，还原诗歌的情境，其语言优美，极有感染力。所以，教师在教学诗歌的时候，不妨借鉴这样的变形方式，以文解诗。我们既然可以以文解诗，当然也可以反其道而行，以诗解文了。

课文诗，可以看作是一种比较特殊的现代诗。它植根于文本，既考验教师独特的文本解读能力，又凸显一个语文教师对课文人物的把握和对主题的理解能力。教师把课文诗引进语文课堂，来代替课文分析，更能激发学生的诗情。有了诗意的语文课堂既干净利落，又余音绕梁。

王君老师是写作课文诗的高手，无论是单篇课文，如《老王》《背影》，还是群文阅读，如《语言暴力对人的伤害》，其课文诗都像一颗颗珍珠，适时装点在她的课中或课尾，让她的课看起来摇曳生姿，学起来齿颊生香，回味起来神清气爽、豁然开朗。

下面选的几首课文诗，见证了作者"歪歪扭扭的脚步"，但幸运的是，正是从这"歪歪扭扭的脚步"开始，我渐渐地把我的学生引到诗歌创作中来，让我的学生在应试的诸多"苟且"中开始拥抱诗情。这也印证了一首课文诗吧：溪流再走一步是江河/江河再走一步是海洋/走一步/再走一步/天地就将不一样。

示例：

读史铁生《秋天的怀念》

北归的雁阵
你一定看见了被他砸碎而洒落一地的玻璃渣
北海的春花
你到底没有等来那个想推儿子一起看花的妈妈

窗前的落叶呀
你飘落地"唰唰啦啦"
是否瞥见一颗绝望的心灵正思量着自杀
秋风里的菊花呀
你开得泼泼洒洒
一定看见了在天上妈妈欣慰的泪花

苦了一生的妈妈
你那没有说出口的"好好儿活"
唤醒了儿子活着的信念

轮椅上的大男孩

你20岁就不能走路

却在妈妈的目光里

在文学的道路上走了很远，很远……

比如，鲁迅的《从百草园到三味书屋》第二段：

不必说碧绿的菜畦，光滑的石井栏，高大的皂荚树，紫红的桑葚；也不必说鸣蝉在树叶里长吟，肥胖的黄蜂伏在菜花上，轻捷的叫天子（云雀）忽然从草间直窜向云霄里去了。单是周围的短短的泥墙根一带，就有无限趣味。

请你用"不必说……也不必说……单是……就……"的句式说说你现在的感受。

示例：

不必说拜先生时的恭敬，问"怪哉"时的忐忑；也不必说对对子时的紧张，画画儿时候的沉迷。单是翘课的那一小会儿，就有无限趣味。有的爬上花坛折梅花，有的蹲在地上寻蝉蜕，有的静悄悄地喂蚂蚁。最搞笑的还是先生的一声大喝。戒尺在那里等着，罚跪的规矩在那里摆着。但是，先生至多不过瞪几眼，吼一嗓子"读书"。于是放开喉咙，学生乱读，先生沉醉，书屋人声鼎沸，何止"三味"。

学生仿写片段如下：

不必说毛泽东的形象，也不必说周恩来的志向。单是老师对我们的期望，就坚定了我们前进的方向。

不必说考语文时的苍凉，算数学时的悲壮；也不必说写英语时的难忘，看历史时的遗忘。单是一门地理，就改变了我对地球转动方向的认识。

比如，刘湛秋《雨的四季》中精美的"秋雨段"：

当田野染上一层金黄，各种各样的果实摇着铃铛的时候，雨，似乎也像出嫁生了孩子的妇人，显得端庄而又沉静了。这时候，雨不大出门。田野上几乎总是金黄的太阳。也许，人们都忘记了雨。成熟的庄稼等待收割，金灿灿的种子需要晒干，甚至红透了的山果也希望最后的晒甜。忽然，在一个夜晚，窗玻璃上发出了响声，那是雨，是使人静谧、使人怀想、使人动情的秋雨啊！天空是暗的，但雨却闪着光；田野是静的，但雨在倾诉着。顿时，你会产生一脉悠远的情思。也许，在人们劳累了一个春夏，收获已经在大门口的时候，多么需要安静和沉思啊！雨变得更轻，也更深情了，水声在屋檐下，水花在窗玻璃上，会陪伴着你的夜梦。如果你怀着那种快乐感的话，那白天的秋雨也不会使人厌烦。你只会感到更高邈、深远，并让凄冷的雨滴，去纯净你的灵魂，而且一定会遥望到在一场秋雨后将出现的一个更净美、开阔的大地。

下面是根据课文摘句组诗，学生朗读时应读出诗意：

女（独）：忽然/在一个夜晚/窗玻璃上发出了响声……

全体：那是雨/是使人静谧、使人怀想、使人动情的秋雨啊！

男（齐）：天空是暗的……

女（齐）：但雨却闪着光。

男（齐）：田野是静的……

女（齐）：但雨在倾诉着。

女（独）：水声在屋檐下/水花在窗玻璃上……

全体：雨变得更轻、也更深情了。

男（齐）：陪伴着你的夜梦。

女（齐）：纯净着你的灵魂。

全体：让你遥望到在一场秋雨后/出现的一个更净美、更开阔的大地

课文中这么多的好句，以此来指导学生，学生就会在习作时模仿，锤炼自己的语言，逐步达到用词准确、精炼、生动的要求。这是用现代诗的形式，去改写课文，这样的"变形"，是创作，也是对原文的反哺，甚至还拓展了原文的阅读空间。这样的"文体变形"，真的也很好玩。

学者叶嘉莹先生说："读诗的好处，就在于可以培养我们有一颗美好的活泼不死的心灵。"我想说，写诗的好处，就在于锤炼我们有一双清澈的温暖的眼睛。所以，我选择用诗歌温暖岁月，用诗歌点燃课堂。

课文变形，"形"变了，但是文本核心的主流阅读价值没变，以语言为核心的课堂活动本质没变，提升学生的语文综合素养的培养目标没变……

一句话，课文变形，"形变"而"神不变"。

结束语

我从来都是一个不拘常规的人，我希望我的学生和我一样，思想的野马

可以在心中的原野上纵横驰骋。跟着课文学写作怎么学？行之有效的方法就是训练微写作。微写作是每个人心底流淌的最自然的声音。训练微作文，可以让孩子们学习怎样把话说得凝练，以一当十。写懒婆娘的裹脚布式的长文容易，写短小精悍的短文难。学生先学会把长文写短，再写长文时才能使文章少些水分，多些含金量。微作文写得好，大作文才可能写得更好。于是我采取了跟着课文学写作的方法训练学生微写作，让语文富有诗意。

愿读写结合成为我们的一种学习理念。

愿读写结合成为我们的一种思维方式。

愿读写结合成为我们的一种学习方法。

愿读写结合成为我们的一种生活习惯。

跟课文学写作，永远在路上。

第二章

跟着名著学写作

学生的作文写不好，或素材不够、语言贫乏，单靠一节作文课或者是一堂语文课是很难改变这种现状的。怎么才能改变当前的困境呢？思来想去，笔者尝试从借助教材推荐的必读名著开始。名著具有较高的艺术价值和知名度，经久不衰，广为流传。名著要精读、细品，才能滋养心灵，助力成长。教师要教学生读名著、学写作；要精讲名著里的人物、景物的写作方法，鼓励学生积累"临摹"素材，学以致用。就这样，引领着学生慢慢读、慢慢赏、慢慢浸润，就这样不知不觉跟着名著开始了学写作。古人说："取法乎上，仅得其中；取法乎中，仅得其下。"如果学生在初中阶段不仅能把教材推荐的十二部名著读懂读透，而且在阅读的过程中，学习到一些写作的技法、技巧，借"他山之石"来雕琢自己的文章，那么写作将会随着阅读实践的不断深入而获得提高。

我们语文老师该如何去提高学生的表达能力，教学生写好作文呢？方法肯定是多种多样的，但根据笔者多年的摸索，"读中学写，先仿后创，让学生轻松起步"不失为一个好方法。仅就"读中学写"来说，《义务教育语文课程标准（2011年版）》就对此给出了权威的肯定，"在写话中乐于运用阅读和生活中学到的词语""尝试在习作中运用自己平时积累的语言材料，特别是有新鲜感的词句""在阅读中揣摩文章的表达顺序，体会作者的思想感情，初步领悟文章基本的表达方法"等。

那么，这里有一个问题：名著阅读是随便读一读，还是应该设定若干目标？随便翻翻是一种读书方法，旨在观其大略。用这种方法来读名著，效果可能要大打折扣。在名著阅读中，我们还是应该设定一定的阅读目标。文本解读暂且按下，我只想说说名著阅读中的读写结合。凡称得上名著的作品，在写作艺术上无疑都有可资借鉴的地方。语文课从本质上说就是教师要引导学生读名著、学写作，如名著中最精彩的比拟句、名著中最精彩的排比句、名著中最精彩的抒情句、名著中最精彩的侧面描写、名著中最精彩的人物描写等，如果能在名著阅读中做到读写结合，那么这样的名著阅读效果应该远胜于随便翻翻。

本专栏主要从初中阶段必读的十二部名著入手，提取写作资源，训练写作方法，让学生真正学会读写结合，提高名著阅读的主动性、实效性和工具性。

七年级

《朝花夕拾》消除与经典的隔膜

专题一 鲁迅的童年

　　《狗·猫·鼠》《阿长与〈山海经〉》《五猖会》《从百草园到三味书屋》等都对鲁迅的童年生活有所叙述或提及，不妨把这些内容联系起来学习，可以更全面地认识鲁迅的成长经历，有助于消除我们对鲁迅先生的隔膜感。

　　活动一：从《朝花夕拾》中绘制鲁迅人生轨迹图

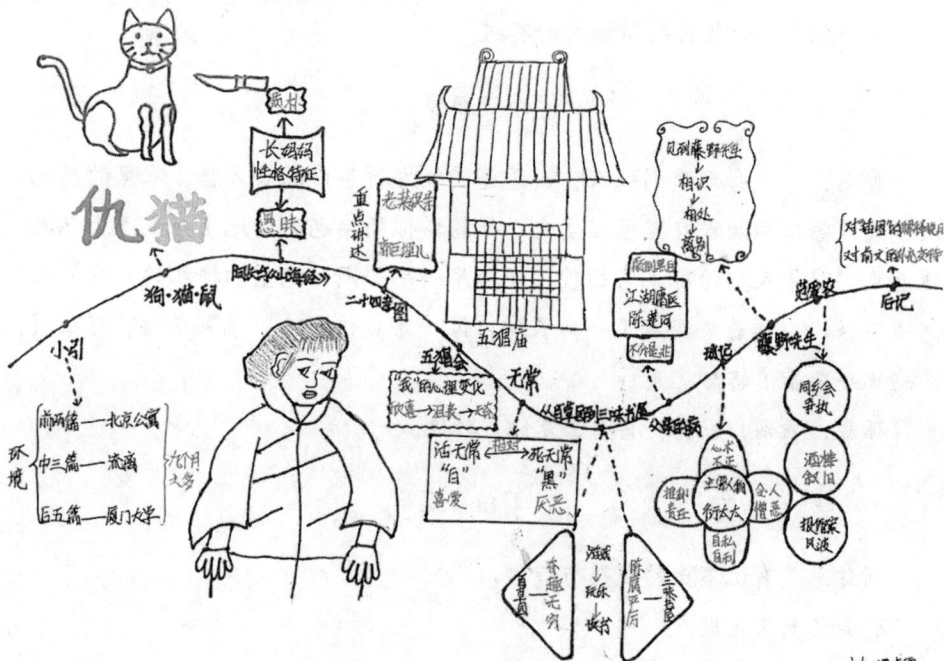

鲁迅人生轨迹图

活动二：请你写一写你眼中的鲁迅

认真阅读《朝花夕拾》，细致观察鲁迅先生的照片，想一想：

鲁迅严肃的面孔，令人畏惧；鲁迅锋利的笔尖，令人畏惧；鲁迅刚劲的态度，同样令人畏惧。鲁迅是一个人，一个完整的人，一个大写的人，原来，你是这样的鲁迅。请你以《原来，你是这样的鲁迅》为题或自拟题目写一写你眼中的鲁迅。

鲁迅

记鲁迅

无惧无畏，你顽强的意志生生不息。

疾恶如仇，你犀利的字眼扬善惩恶。

身先士卒，你无私的奉献催人奋进。

不卑不亢，你不弃的毅力万古长青。

字字珠玑，你飞扬的文笔波澜壮阔。

气贯长虹，你坚守的正气坚不可摧。

死而后已，你高尚的情怀流芳百世。

虽死犹生，你长存的精神永垂不朽。

鲁迅画像

鲁迅，一个身形瘦削的人，乱蓬蓬的须发，苍白的长方脸，浓黑的眉毛，沉默或是颓唐的两眼在黑色里发光。他铁塔似的动也不动地坐在荒原上沉思。他看见黑暗中人们的麻木与彷徨，还听见一切苦闷和绝望的挣扎的声音。他忽然流下眼泪，接着又变成了一声长啸，像一匹受伤的狼，在深夜的旷野嗥叫，惨伤里夹杂着愤怒与悲哀。

孤独，哀伤，寂寞，苍凉，复仇，野性……

写给鲁迅

对你总是有说不出的敬畏与亲切，

你是师长又是朋友。

对广大人民你总是俯首甘为孺子牛，亲切温和；

对反动分子你总是横眉冷对千夫指，严肃刚强。

看着你，总是叼着烟，灰暗颓唐；

读懂你，总是执着笔，温文儒雅。

知道你，带着与性格极不相称的消瘦；

认识你，才发现你有与精神相匹配的高大。

写出发人深思的话的人是你；

写出深刻犀利的话的人还是你。

怀念童年烂漫的人是你；

反抗现实残忍的人还是你。

人民爱的是你；

反动派恨的还是你。

我知道，你就是你，你是鲁迅！

接下来，我们一同走进"相声演员""年轻老头""99%处女座"等不同身份的鲁讯。

相声演员——鲁迅

后来在上海，我有一次（和鲁迅）谈到了予倩、田汉诸君想改良京剧，来作宣传的话，他根本就不赞成，并且很幽默地说，以京剧来宣传救国，那就是"我们救国啊啊啊啊啊了，这行么"。（郁达夫《回忆鲁迅》）

有一天我下午去，他把X光的照片拿给我看，并给我做种种的解释，最后说："照医生说，看着照片我在五年前就该死了，然而现在却还活着，他便不知如何治法。"（黄源《鲁迅先生》）

（鲁迅）托我在法租界比较僻静处找房子……又找到了一处，只记得楼上是一间长大的统间，楼下当然也是，比前一处要差很多，但也勉强够住，租金八十来元……他觉得可以，就同许广平一道来看了，决定几天内定下来。楼上房顶上安有一个挂圆帐的钩子，许广平看了很高兴，说这太方便了。事后，他对我笑着说："你看，出了那么大的房租，她就只看见了那一点。"（胡风《鲁迅先生》）

年轻老头——鲁迅

鲁迅从来不是一个一本正经的人，那天的情绪倒颇像个孩子。他那顶旧毡帽掉到大厅衣架的后面，他因为不知道帽子跑到哪里去了而到处找，到后来我们给他找了出来，他一提脚把帽子踢下了楼梯，大笑着说："一顶老黄包车夫的帽子，我就是个拉黄包车的！"他边笑边跟着大伙走下楼去。（路易·艾黎《鲁迅回忆片段》）

大概是一九三六年四月，我最后一次去访问先生的时候，海婴也在旁边，他顽皮的指着鲁迅先生说："中国的高尔基啊！"鲁迅先生慈爱的轻拍着海婴的前额说："莫听他们胡说，我哪里配！"鲁迅先生随即从桌上拿了几颗糖给海婴，笑着对我说："他的目的在这里！"先生的态度极为天真诚实，那谦虚绝不是装出来的。（李霁野《鲁迅先生的风度》）

他见客人来了，总是倒茶给你，有点心就摆出来，用不用却听便。和人谈话，谈完了就问："还有什么事？"如果答说没有了，他就说："对不起，我要办别的事了。"立刻就做别的事，绝不敷衍。鲁迅在绍兴有四好：摩尔登糖、茶、香烟、牛肉干。（陈炜谟《我所知道的鲁迅》）

99%处女座——鲁迅

鲁迅先生的东西的确非常整齐，什么东西都有一定的位置。记得他工作台的中间有一块假的银元永远放在一个小纸盒里，遇到假钱，则一定要把它撕成两片丢进火炉。字纸篓不扔果皮或花生皮之类，如果别人丢进去了，他也重新取出来。

打腹稿的习惯是喜欢斜躺在自己的铺板上，常常看到他手上拿着纸烟，头靠在白箱的一边，独自沉思。（许羡苏《回忆鲁迅先生》）

他留着浓黑的胡须，目光明亮，满头是倔强得一簇簇直竖起来的头发，仿佛处处在告白他对现实社会的不调和。然而这并不妨碍他的平易近人，"能憎，才能爱"或者倒可以说，恰恰是由于这一点，反而更加显得他的平易近人了吧。（唐弢《琐忆》）

一种富有生命的智慧和先知正从这上面流露出来。他不会说英文，可是很能说德文，所以我们使用德文交谈，他的举止、他的言语以及他的每一姿态，都放射出那种为最完整的人格所独有的一种无法解释的和谐和魔力。我忽然感觉到自己像一个呆子一样的局促不定和粗野笨拙了。（埃德加·斯诺《鲁迅印象记》）

特级教师——鲁迅

鲁迅每周一次的讲课，与其他枯燥沉闷的课堂形成对比，这里沸腾着青春的热情和蓬勃的朝气。这本是国文系的课程，而坐在课堂里听讲的，不只是国文系的学生，别系的学生、校外的青年也不少，甚至还有从外地特地来的。那门课名义上是"中国小说史"，实际讲的是对历史的观察，对社会的批判，对文艺理论的探索。（冯至《笑谈虎尾记犹新》）

他自己并不轻易的笑，可是我们这些青年人却不知道从他哪一句话开始已经逐渐地被他的话引发出笑声来了。我们的笑声都很短，可真是笑得深。笑声短，我想是因为大家有一种心情：怕会耽误或者深怕失去听鲁迅先生接着说的话。大家很贪婪的想多听一点的缘故吧。（于伶《初见鲁迅先生时》）

他自己在课堂上是不多笑的，可是他的讽刺的新锐说，却使学生不得不笑。（俞念远《我所记忆的鲁迅先生》）

铁血战士——鲁迅

鲁迅是中国革命的主将，他不但是伟大的文学家，而且是伟大的思想家和伟大的革命家。鲁迅的骨头是最硬的，他没有丝毫的奴颜和媚骨，这是殖民地半殖民地人民最可宝贵的性格。鲁迅是在文化战线上，代表全民族的大多数，向着敌人冲锋陷阵的最正确、最勇敢、最坚决、最忠实、最热忱的空前的民族英雄。鲁迅的方向，就是中华民族新文化的方向。（毛泽东《新民主主义论》）

（因病，有人建议鲁迅去凉快干燥的气候中作长期的休养，但鲁迅没有听从）"你要我躺在床上躺一年，而任凭他人去斗争和牺牲！"他谴责似的问。

"无论如何，中国需要我。我不能走。"

"没有人应该逃避！"他说，"必须有人出来坚持战斗。"

（柔石等被杀以后，鲁迅写了篇《写于黑夜里》，希望把它译成英文设法在国外刊出）在他告诉了我那篇文章的用意后，我便警告他说："如若刊印出来你的生命一定便会有危险。"

"这有什么关系？"他激愤地说，"必须有人出来说话啊！"（爱德加·斯诺《鲁迅印象记》）

他所战斗的对象，就是这整个的病态社会。而且，我们亦可以说，他所战斗的对象就是整个中华民族的劣根性。换句话说，他的敌人至少就有两个：一

是封建，一是愚昧。（陈炜谟《我所知道的鲁迅先生》）

专题二　鲁迅笔下的那些人物

在书中，鲁迅记录了自己生命中出现的一些人物，有一些给人留下了深刻的印象，如长妈妈、寿镜吾老先生、范爱农等。在学习中，我们可以任选一个人物，梳理各篇中描述他的语句，分析其性格特点，学习、借鉴鲁迅描写人物的方法。

活动一：梳理《朝花夕拾》中的人物关系图

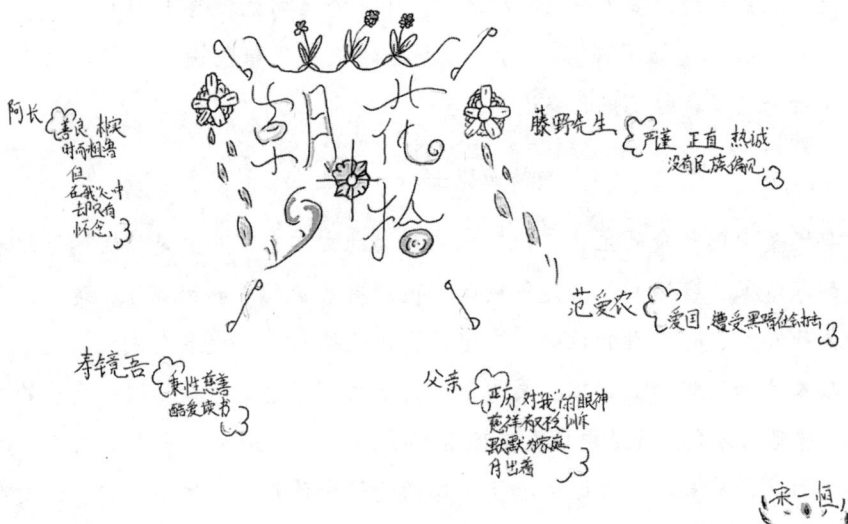

《朝花夕拾》中的人物关系图

活动二：跟《朝花夕拾》学人物描写

鲁迅的散文集《朝花夕拾》是部编教材七年级到九年级的必读篇目，共10篇文章，主要描写了6个人物，分别是作者的父亲、作者的保姆长妈妈、恩师藤野先生、朋友范爱农、父亲的邻居衍太太、作者儿时的私塾老师寿镜吾。除此之外，文集还有用笔不多的几个人物，如两个庸医、作者的母亲、无常、远方叔祖等。我们知道，人物塑造的手法基本上就是外貌、语言、神态、动作、心理等描写，但作者却用精妙的语言、精准的刻画、精巧的技法，让一个个性格各异的人物活灵活现、跃然纸上、呼之欲出。今天我们就来跟着文学大师鲁迅学习人物描写的方法。

1. 鲁迅笔下的阿长——长妈妈

长妈妈是《朝花夕拾》中着墨比较多的一个人物。我们主要从动作描写、神态描写、语言描写三个角度来看这个人物的刻画。比如，阿长"向人们低声絮说写什么事"的时候，还要"竖起第二个手指，在空中上下摇动，或者点着对手或自己的鼻尖"，如果我们生活中留意的话，就会发现人们在背后说三道四时，基本上都会下意识地做这个动作，所以有时一个传神的动作就会让人物的性格倏然呈现出来。再比如写长妈妈夏天睡觉时，"伸开两脚两手，在床中间摆成一个'大'字"。一个"大"字极富画面感，生动地刻画出长妈妈质朴、不拘小节，甚至略带粗野的性格特点。

当然，动作描写还要辅以语言和神态描写。比如文中长妈妈在元旦给我吃福橘那一段：

"你要记着，这是一年的运气的事情。不许说别的话！说过之后，还得吃一点福橘。"她又拿起那橘子来在我的眼前摇了两摇。……第二天醒得特别早，一醒，就要坐起来。她却立刻伸出臂膊，一把将我按住。我惊异地看她时，只见她惶急地看着我。

她又有所要求似的，摇着我的肩。我忽而记得了——

"阿妈，恭喜……。""恭喜恭喜！大家恭喜！真聪明！恭喜恭喜！"她于是十分欢喜似的，笑将起来，同时将一点冰冷的东西，塞在我的嘴里。

——《阿长与〈山海经〉》

这里，除了"摇""伸""按""塞"这些动作之外，作者还结合了语言、神态的描写，从而通过这些细节传神地写出对"我"的关心和祝福。

由对长妈妈这一人物的分析我们知道，人物描写中的动作描写既要抓住典型动作，注意动作的连续性，同时使用动词又要注意准确、生动、传神。我们只有将语言、动作、神态描写综合起来使用，才能更全面地刻画人物形象。

我的保姆，长妈妈即阿长，辞了这人世，大概也有了三十年了罢。我终于不知道她的姓名，她的经历；仅知道有一个过继的儿子，她大约是青年守寡的孤孀。

仁厚黑暗的地母呵，愿在你怀里永安她的魂灵！

——《阿长与〈山海经〉》

长妈妈只是许多旧式女人中的一个，做了一辈子的老妈子（乡下叫作"做妈妈"），平常也不回家去，直到临死，或者就死在主人家里。

——止庵《周作人讲解鲁迅》

附：

鲁迅笔下的阿长
——读《朝花夕拾》整本书

北京大学校徽　　《萌芽月刊》封面　　《艺术论》封面　　《小约翰》封面　　《铁流》封面

相关截图

2. 鲁迅笔下的藤野先生

藤野先生是鲁迅所称的"一生有三个恩师"中的一个。作者在塑造这个人物时，选取了很多事件，但这些事件罗列起来却显得繁而不乱，主要原因就是所有的事件都是围绕藤野先生的性格特点选取的。就像作者在文中所说"他的性格，在我的眼里和心里是伟大的"。而这些事例恰恰都能体现他性格的"伟大"，如藤野先生细致地添改讲义、纠正解剖图，突出藤野先生工作认真、批改仔细，刻画了一个工作负责、要求严格的教师形象。他关心解剖实习，表现其热情诚恳；了解女人裹脚，表现其求真务实等。

由这一人物的塑造可知，我们在选取事例、表现人物性格时，所选事例要典型，要有详有略，要全部围绕人物的性格特点。

3. 鲁迅笔下的寿镜吾和范爱农

"白描手法"是鲁迅作品中非常常见的描写手法。这种手法质朴自然，平中有奇，寥寥数笔，虽不加修饰，却切中要点。比如范爱农出场时，鲁迅先生对他的描写是："这是一个高大身材，长头发，眼球白多黑少的人，看人总像在渺视。"俗话说，"传神之难在于目"，范爱农是一位觉醒的知识分子，他倔强正直，对那个黑暗的社会愤愤不平，但又无法在社会立足，所以内心是痛苦、悲凉的。而那句，"眼球白多黑少，看人总像在渺视"就生动地刻画了范爱农这样的性格特点。再如寿镜吾先生，作者写道："他是一个高而瘦的老人，须发都花白了，还戴着大眼镜。"几句话，一位和蔼、慈祥、睿智的老人形象跃然纸上。

白描手法看似简单，却是言简义丰，它来自作者对社会生活深切的体验，对人物性格特征准确的把握。我们只有在生活中善于观察、善于体会，才能在文字上做到行文如绘，一语通透灵魂，从而达到神情活现、动人心魄的艺术魅力。

4. 鲁迅笔下的衍太太

衍太太这个人物在书中出现过两次：一次是在《父亲的病》中，作者的父亲临去世前，精通礼节的衍太太来到他家，要他大声叫他将要咽气的父亲，这让他的父亲痛苦不堪，不能安静地离去，也让鲁迅在多年后回想起来仍满心愧疚。衍太太第二次出现是在《琐记》中，这部分写了教唆"我们"吃冰、打旋子、给"我"看不健康的书、教"我"偷母亲的首饰和散布谣言这五件事来刻画衍太太的阴险、毒辣、伪善。但文中却没有一句直接的指责，也没有一句刻骨的批判，而我们之所以能从作者犀利冷峻的笔触中，体会到这个人物的性格特点，都是通过作者的冷眼旁观加上心理描写表现出来的。

可见，适当的心理描写可以更深入地揭示人物的精神面貌和性格特征，把单靠外部表情与动作难以表现出来的部分更好地表达出来。

初中阶段的作文主要以写人记事为主，所以人物刻画的成功与否直接影响到作文得分的高低。鲁迅的《朝花夕拾》虽然是一部散文集，而且出现的人物不多，但却个个传神，让人回味无穷，这和作者生动的刻画、传神的人物描写都有很大的关系。所以，我也希望广大学生能在读名著中，悟到更多的写作方法为己所用，这样才能让经典常读常新。

专题三　鲁迅的儿童教育观念

书中有几篇作品涉及儿童教育问题，试将这些相关的内容放在一起来研读，思考鲁迅对于儿童教育有些什么体验和看法，并联系实际，看看鲁迅的哪些观点在今天仍有借鉴价值。

活动：

你赞同文中父亲的教育方式吗？请结合自身实际写一篇小论文谈谈你的看法。

《西游记》专题探究

——精读和略读

专题一 取经故事会

唐僧师徒西天取经的路上经历了重重磨难，构成了一系列惊险而又曲折的故事。我们在学习中，选择你最喜欢的一个故事讲给大家听。

要求：

（1）讲故事的时候不要看书，但可以看自己准备的提纲。

（2）注意讲出故事曲折的情节以及某些生动的细节，吸引听众的注意力。

活动一：绘制取经线路图

唐僧师徒自长安出发到达印度，全程一万多公里，遭遇八十一难，你能否画出西天取经路线图，并在路线图上标记所遇的磨难？

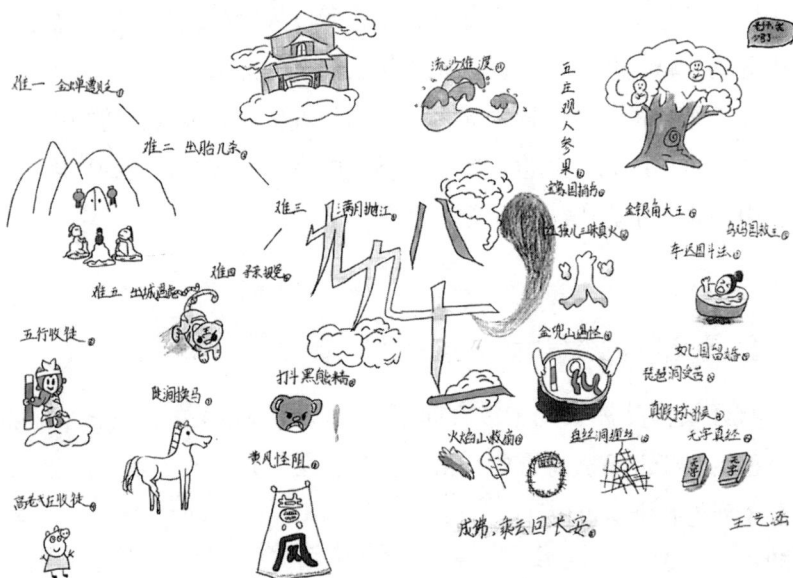

唐僧师徒取经路线图

活动二：绘制取经故事图

白骨精变成一个美
丽女子去骗唐僧

好

老太太

SHIKLES

老公公

尸魔三戏唐三藏
圣僧恨 逐美猴王

贬书

花果山

【三打白骨精】二七回

白骨精 ⇒ 好 ⇒ ✕ ⇒ 老婆婆 ⇒ ✕

⇒ 老公公 ⇒ ✕ ⇒ 孙悟空径回花果山

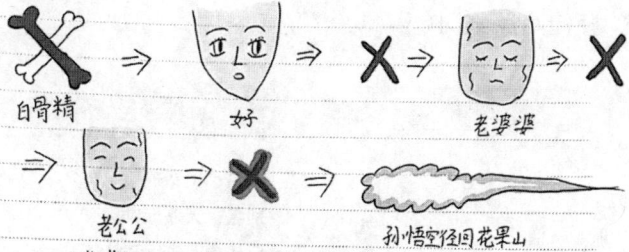

三藏藏肚饥，行者去化斋，白骨精化为好，行者看见当头就打，唐僧错怪悟空。
白骨精又化作老婆婆，行者同手辩认出了；最后变成一位老公公，行者这次终于打。
……

唐僧师徒取经故事图

专题二　话说唐僧师徒

唐僧师徒四人，你最喜欢的是谁？写一篇短文介绍这个人物。

要求：

（1）概括介绍人物的身世。

（2）用几句话勾勒其性格特征，并引用一些故事来印证，最好有细节。

（3）写出你喜欢这个人物的理由。

活动一：绘制师徒相遇图

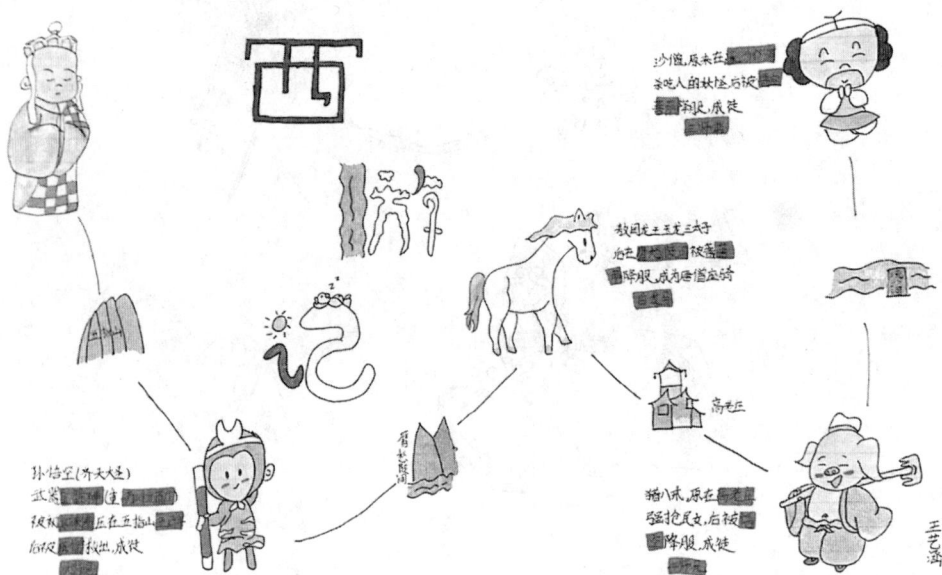

沙僧，原未在\\卷吃人的妖怪,后被\\收服,成徒\\中

教闹龙王玉龙三太子\\后在\\被唐\\降服,成为唐僧坐骑

孙悟空(齐天大圣)\\武艺\\被佳\\五百年\\压在五指山\\后反\\救世,成徒

猪八戒,原在\\强抢民女,后被\\降服,成徒

王艺涵

师徒相遇图

活动二：为师徒写颁奖词

姓名：唐僧

别名：唐三藏、贫僧

口头禅：走，赶路要紧！

法力：紧箍咒

唐僧从东土大唐\\而来，去往西天\\拜佛求经。

姓名：猪八戒

别名：天蓬元帅

口头禅：走，讨斋饭！

兵器：九齿钉耙

法力：天罡数三十六般变化

哈哈，俺老猪吐了\\又叫了

姓名：孙悟空
别名：孙大圣、弼马温、美猴王、泼猴
口头禅：妖怪，放了我师傅！
兵器：定海神针、如意金箍棒
兵器：七十二变、火眼金睛、三头六臂、筋斗云、三根救命毫毛

俺乃是五百年前大闹天空的齐天大圣

姓名：沙和尚
别名：卷帘大将、沙悟净、沙僧
口头禅：师傅，大师兄说得对
兵器：降妖宝杖

大师兄，师傅被妖怪抓走了

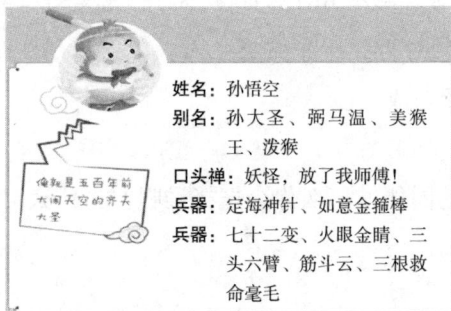

师徒四人基本介绍

唐 僧

为了自己的理想，不惜跋山涉水，历尽千辛万苦；为了自己的信念，不惜停下脚步，奉献一丝力量；为了他人的幸福，不惜深入虎穴，饱受鞭打惊吓；为了众生的觉醒，不惜千里迢迢，取得西天真经。你的理想，你的信念，你的坚持，你的崇高，让我们对你无比尊重与敬仰！

孙悟空

鹰是苍天的霸主，目光如剑，令群鸟胆战心惊；虎是大地的王者，飞奔如风，令群兽闻风丧胆；鲨是碧海的皇帝，利牙如刀，令群鱼避之不及。而你比鹰、虎、鲨还要勇猛。火眼金睛、筋斗云、金箍棒，上天下海无所不能，妖魔鬼怪都惧你三分。想当年，群英相斗天昏地暗；看现在，护送师父兢兢业业，你真是个有情有义的好猴王！

猪悟能

一手拿九尺钉耙，两只硕大的招风耳，十三载不变的热心肠。别看平日好吃懒做，事事漠不关心。但缺少你的快乐心态，取经队伍便犹如一潭死水。是你为队伍增添了活力和欢乐。虽然自身凡心未了，但如此乐观、积极向上的心态真的是人见人爱。

沙悟净

你如同一头勤勤恳恳的老黄牛，无论重活、苦活、累活，你都毫无怨言地

主动承担。你好似一桶功效十足的润滑剂，他人有什么小摩擦，你总是好心将两者劝解。你好比一位抛弃了世俗观念的智者，心中常有他人。你是取经队伍的中流砥柱，没有了你，取经队伍将会矛盾重重。

活动三：挑选同行的同伴

如果从师徒四人中挑选一人成为你的同伴，那么你会选择谁呢？为什么？

专题三　创作新故事

学生从小说中找几个故事，分析一下其情节结构模式，包括如何开头、如何结尾、妖精有何来历、唐僧师徒如何解决等，然后大胆发挥想象，自己来创作一个取经路上的新故事。

要求：

（1）虚构要合理，人物的表现必须符合其性格特征。

（2）故事要生动有趣，注意设置悬念，还要有具体的细节。

活动一：美景旅行社

《西游记》中吴承恩提到了海外的仙山、天上的凌霄宝殿、水中的龙皇宫、地下的阎罗殿……每一处都极具特色，每一处都让人讶异。如果让你选一处探访，你会去哪儿呢？请参考原著写一段导游词。

活动二：创作新故事

妖怪，是《西游记》中不可或缺的重要角色，他们让唐僧一行人的旅途跌宕起伏，精彩万分。虽然是妖怪，但他们都活出了自己的精彩：有后台的妖怪都被神仙接走了；没后台的妖怪大多都被孙悟空一棒子打死了；只有极少数没后台但有能力的幸运者被神仙看中领走，不仅免于一死，还能在天庭里谋个一官半职。

如果你是《西游记》里的一个妖怪，你会选择做哪一种妖怪呢？请结合自身生活经历谈谈你的理由。

答案：①我愿意做第三种妖怪：极少数没后台但有能力的幸运者被神仙看中领走，不仅免于一死，还能在天庭里谋个一官半职。②理由：就算是沦为了妖怪还是应该让自己具备能够美好生活的基本能力，即使没有后台也要悄悄努力为自己赢得尊严，时刻保有一颗"野百合也有自己的春天"的心态，要靠努力让自己更加美好。

《骆驼祥子》专题探究

——旧北京人力车夫的辛酸故事

专题一　给祥子写小传

本书以主人公祥子的奋斗和毁灭作为线索，是祥子一生的记录。请根据作品的内容，写一篇祥子的小传，完整地勾勒出祥子的经历；写完后注意对照作品进一步修改，力求做到准确无误。

活动一：写作准备

1. 小传·叙事视角

不同的叙事视角会有不同的叙事效果。小传有自传和他传两种视角，请选择你想要选取的视角。

2. 小传·典型事件

典型事件既能呈现人物的生平，又能展现人物的性格特点。请根据你的阅读体验，选取典型事件，并据此概括人物的性格特点。（提示：你所选取的典型事件要概括出祥子的四个不同的性格特点，尽可能呈现褒贬不同的层面）

典型事件一：＿＿＿＿＿＿＿从中，我读出祥子的性格是：＿＿＿＿＿＿＿

典型事件二：＿＿＿＿＿＿＿从中，我读出祥子的性格是：＿＿＿＿＿＿＿

典型事件三：＿＿＿＿＿＿＿从中，我读出祥子的性格是：＿＿＿＿＿＿＿

典型事件四：＿＿＿＿＿＿＿从中，我读出祥子的性格是：＿＿＿＿＿＿＿

3. 小传·点睛之笔

人物小传的精髓在于字里行间的抒情或评论，字数不宜过多，但却可以成为点睛之笔。读完《骆驼祥子》后，你对祥子的人生经历有什么感想？请用一两句话做个点评。

活动二：写作实践

请为祥子写一篇300字左右的小传。

老舍四十自拟小传：

舒庆春，字舍予，现年四十岁，面黄无须，生于北平。

三岁失怙，可谓无父；志学之年，帝王不存，可谓无君。无父无君，特别孝爱老母，布尔乔亚之仁未能一扫空也。

幼读三百篇，不求甚解。继学师范，遂奠教书匠之基。

及壮，糊口四方，教书为业，甚难发财；每购奖券，以得末彩为荣，亦甘于寒贱也。

二十七岁，发愤著书，科学、哲学无所懂，故写小说，博大家一笑，没什么了不得。

三十四岁结婚，今已有一男一女，均狡猾可喜。

闲时喜养花，不得其法，每每有叶无花，亦不忍弃。

书无所不读，全无收获，并不着急。

教书作事，均甚认真，往往吃亏，亦不后悔。如是而已，再活四十年也许能有点出息！不过不可能了。

示例：

祥子小传

祥子，十八岁，身材高大，年轻力壮的洋车夫。是《骆驼祥子》全书的灵魂人物。一个曾经那么要强的头等车夫，最后却还是没有挣脱出悲惨的命运。人生并不因为他的要强而多给予了他什么，大兵、骆驼、曹宅、孙探长、虎妞、小福子……这所有的一切似乎都没能让他逃脱车夫的最终命运。他曾经也不信命，可是又有什么用呢？他的努力，他的第一辆车，他买车的积蓄，没有招谁也没有惹谁，不也就这样没了吗？这能怨谁呢，只能怨命是如此了。所以，祥子最终变得和其他的车夫一样，不再要强，迷上了烟酒等他过去从来不肯沾染的东西，这也就让人觉得可以原谅了，所有的恶习似乎都不再像过去那样不可饶恕了。可是祥子过去是怎样一个要强的人啊！骆驼祥子为了买车，他从生活中抠出每一点钱，他舍下面子和下等车夫抢客，没命地拉车，甚至连一口好茶也不愿喝——虽然像他这样的高等车夫喝点好茶是再平常不过的事了。他把自己当作铁打的，拼命攒钱……事情却常常不如人愿，所有的意外都与愿望背道而驰。祥子的见闻和经历将他磨砺成了另外一个人——与过去的祥子完全相反的人——他学会了所有的恶习，学会了和巡警找别扭，学会了保养自己，成了一个混日子的车夫。有时他也曾想过应该好好地生活，可是一想起他自己的经历，他就没了信心，要强又怎样呢，自己过去不也要过强吗，到头来还不是和其他人一样，还不如趁早快乐一天是一天。直到最后，连他最后的寄托——小福子也离开了这个世界，他彻底地绝望了。一个由乡间来的淳朴、老实、善良、结实的小伙子就这样沦落成一个让人同情的混混，最后像一条狗一样栽倒在街头，再也爬不起来了。祥子是旧社会贫苦劳动人民的缩影，他反映了旧社会劳动人民生活的苦难和无奈。

专题二 探寻悲剧原因

读完全书，祥子最终走向毁灭的命运悲剧无疑会给你强烈的震撼。到底是什么力量毁灭了这个曾经生气勃勃的人？悲剧的原因何在？请带着思考精读章节，并查找资料，写下你的探究结果，然后和同学们就此做一次深入的讨论。

活动一：根据小说内容，梳理人物关系，概括人物性格

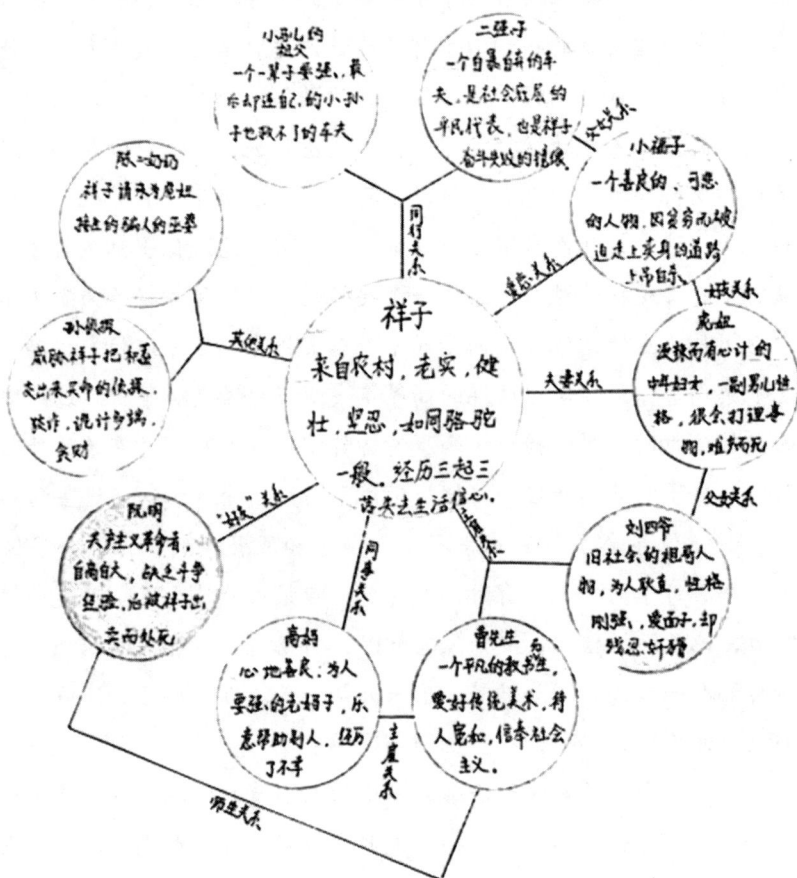

人物性格图

主要人物关系表

人名	与祥子的关系	主要性格
① ＿＿＿＿＿＿	妻子	② ＿＿＿＿＿＿
老马	③ ＿＿＿＿＿＿	热爱、疼爱孙子
④ ＿＿＿＿＿＿	老板、岳父	⑤ ＿＿＿＿＿＿
曹先生	⑥ ＿＿＿＿＿＿	⑦ ＿＿＿＿＿＿

活动二：分析人物

选择一个人物，结合文章内容，分析其对祥子命运的影响。

孙侦探　　　　刘四　　　　虎妞　　　　老马

活动三：识别人物，谈谈影响

下面文字中"A"处原是"她"的名字，请写出这个人的名字，并联系《骆驼祥子》的相关情节，谈谈这个人的死对祥子产生的影响。

只要见了她，以前的一切可以一笔勾销，从此另辟一个天地。她不仅是朋友，她将把她的一生交给他，两个地狱中的人将要抹去泪珠而含着笑携手前进。曹先生的话能感动他，＿＿＿＿＿＿＿＿A不用说话就能感动他。他对曹先生说了真实的话，他将要对＿＿＿＿＿＿＿＿A说些更知心的话，跟谁也不能说的话都可以对她说。（老舍《骆驼祥子》）

A是＿＿＿＿＿＿＿＿＿＿；

＿＿＿＿＿＿＿＿＿＿＿＿＿＿＿＿＿＿＿＿＿＿＿＿＿＿＿＿＿＿＿

＿＿＿＿＿＿＿＿＿＿＿＿＿＿＿＿＿＿＿＿＿＿＿＿＿＿＿＿＿＿＿

＿＿＿＿＿＿＿＿＿＿＿＿＿＿＿＿＿＿＿＿＿＿＿＿＿＿＿＿＿＿＿

专题三 话说"洋车夫"

书中除了祥子外，还写了形形色色的"洋车夫"，留下了关于老北京"洋车夫"这一行当的珍贵历史记录。请根据书中内容进行梳理，从职业特点、人员构成、生活状况等方面介绍"洋车夫"这个行当的情况。

活动一：请回忆《骆驼祥子》整本书的内容，补充祥子"三起三落"思维导图

祥子人生的三起三落

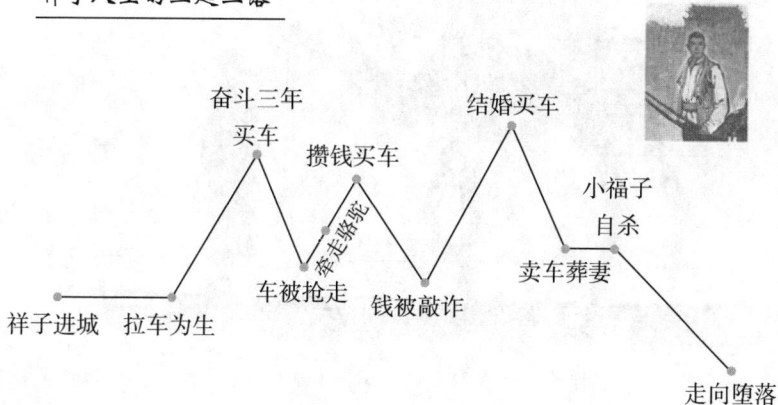

奋斗三年
买车

攒钱买车

结婚买车

卖走骆驼

小福子
自杀

卖车葬妻

祥子进城　拉车为生

车被抢走

钱被敲诈

走向堕落

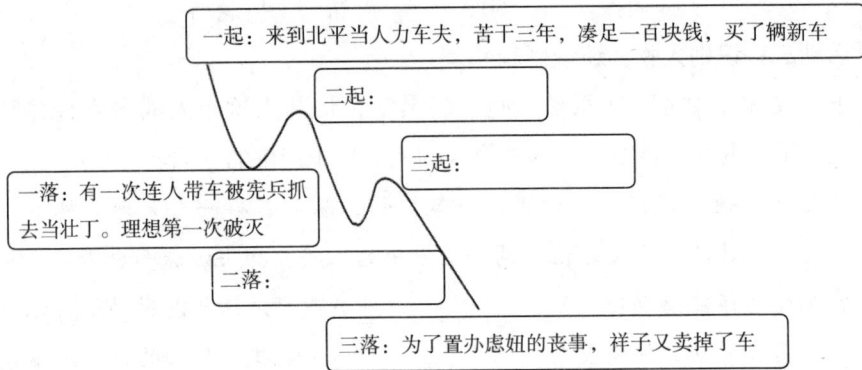

一起：来到北平当人力车夫，苦干三年，凑足一百块钱，买了辆新车

二起：

三起：

一落：有一次连人带车被宪兵抓去当壮丁。理想第一次破灭

二落：

三落：为了置办虎妞的丧事，祥子又卖掉了车

骆 驼 祥子

杨沁斐

起：
来到北平当人
力车夫，苦干三年，
凑足一百块钱，
买了一辆新车。

二起：
为卖骆驼，拼命
拉车，省吃俭用
攒钱准备买新车。

三起：
虎妞以低价给祥子
买了邻居二强子的车，
祥子又有车了。

一落：
有一次连人带车被
宪兵抓去当壮丁，理想
第一次破灭。

二落：
干包时，祥子苦
攒的钱也被孙侦
探骗去，第二次
希望破灭。

三落：
为了置办虎妞的丧
事，祥子又卖掉了车。

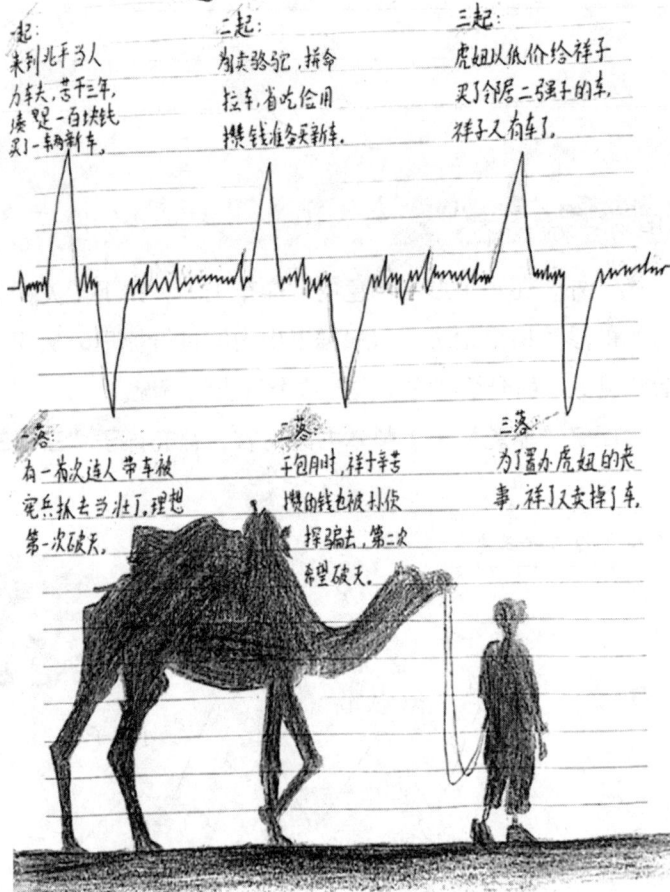

祥子人生的"三起三落"（学生创作）

活动二：结局对比，阐述观点

1945年，《骆驼祥子》在美国被译成英文，但是译本的结局是小福子没有死，而是祥子把她从白房子中抢出来，结局皆大欢喜。你认为是原版好还是译本好？请结合《骆驼祥子》的具体内容，阐述你的观点。

老舍原版：体面的，要强的，好梦想的，利己的，个人的，健壮的，伟大的，祥子，不知陪着人家送了多少回殡：不知道何时何地会埋起他自己来，埋起这堕落的，自私的，不幸的，社会病胎里的产儿，个人主义的末路鬼！

英译本结尾：夏夜的清凉，他一面跑着，一面觉到怀抱里的身体轻轻动了一下，接着就慢慢地偎近他。她还活着，他也活着，他们现在自由了。

_____

_____

_____

活动三：选择封面，阐述理由

好的封面，或传递书的整体内容，或呈现代表人物，或展示主题情感……或兼而有之。请从下列三幅画中选择一幅合适的画作为小说《骆驼祥子》的封面，并结合小说内容阐述理由。

A

B

C

_____

_____

_____

专题四　品析"京味儿"

　　作品对老北京的人情风俗、市井生活、北京人独特的语言习惯等做了细致入微的描绘，阅读中你一定感受到了其中散发着的浓浓的"京味儿"吧。请选择一个角度，摘抄一些片段，说说作品是如何体现这一特点的。

　　学生完成专题研究后，写一篇读书报告，并在班里举行读书交流会，共同分享阅读体验和探究结果。

《海底两万里》专题探究

——科学与幻想之旅

　　曾经有这样一个人：

　　在人类还没发明电报的时候，他小说中的人物已经在用电报传递信息；

　　在人类还没制造出飞机的时候，他小说中的人物已经驾驶直升机来往；

　　在人类还没有着手登月工程的时候，他小说中的人物已经坐在一颗大炮弹里，被巨炮发射到月球上；

　　……

　　这个人就是儒勒·凡尔纳。他是法国著名的科幻和探险小说家，创作了许多科幻小说，其中的科学幻想如今大部分已变成现实，因此被誉为"科学时代的预言家"和"现代科学幻想小说之父"。

　　《海底两万里》是凡尔纳的"海洋三部曲"之一，也是他的代表作。小说讲述了一个神奇的故事：一位叫尼摩的船长驾驶自己设计制造的潜水艇诺第留斯号（鹦鹉螺号），在大海中自由航行。但事实上当时人类还没有发明如此先进的潜水艇，更没有人潜入过深海底部，这不过是凡尔纳的幻想。小说设想了潜水艇的强大功能，描绘了奇幻美妙的海底世界，体现了人类自古以来渴望上天下海、自由翱翔的梦想，也显示了作者非凡的想象力。

专题一　写航海日记

先绘制一份简单的"诺第留斯号"潜水艇的航行路线图，标明时间、地点；从小说中选择几个关键的时间点，结合小说的内容，写几则航海日记。

航海日记之诺第留斯号

尼摩船长带我们参观"鹦鹉螺号"，上面有一万两千册藏书的图书室，给我抽用海带制成的雪茄，观赏他收集的标本，又看了他为我准备的雅致的房间，以及他自己住的简陋的房间。

航海日记之海底森林

我们来到海底森林，仔细观察海底生物，还在海底睡了几个钟头，最后来到克雷斯波岛的海底绝壁，遇到了巨型海蜘蛛，打到了一只海獭，躲过了角鲨的侵袭。

专题二　介绍尼摩船长

小说中的灵魂人物尼摩船长是个怎样的人？请你根据作品内容，以最后返回陆地的法国生物学者阿龙纳斯的身份，给一个亲密的朋友写一封信，向他介绍尼摩船长其人。

在海中我不承认有什么主子，在海中我完全是自由的。

他制造并驾驶诺第留斯号，从南极到北极，从大西洋到太平洋，几乎游遍了海洋的每一个角落。他利用诺第留斯号攻击侵略自己祖国印度的英国侵略者的军舰，他还利用在海底打捞获得的巨额财富援助那些被压迫的民族和穷苦的民众，支持他们为争取独立而进行的正义的斗争。

人物简介：

尼摩，潜水艇诺第留斯号的船长，国籍不详。尼摩船长是小说里一个居主要地位的人，是一个浪漫的、带有神秘色彩的、非常吸引人的人物。他根据自己的设计建造了诺第留斯号潜水艇，他利用潜水艇在海底进行了大规模的科学研究，但这好像又不是他这种孤独生活的唯一目的。他躲避开他的敌人和迫害者，在海底探寻自由，又对自己孤独的生活感到悲痛，但他的良心从没有被残酷的生活经历泯灭过。

写给＿＿＿＿＿＿＿的一封信

亲爱的朋友××：

　　你好！好久不见……

　　我刚从海底回来，这真是一趟惊险刺激的旅程，船长尼摩更是个传奇人物……

　　此致

　　敬礼！

你的朋友：阿龙纳斯

××××年××月××日

专题三　绘制潜水艇简易图

　　小说中的诺第留斯号潜水艇是什么样子的？是根据什么科学原理制造出来的？以什么为动力？内部构造如何？有什么功能？请你绘制一份诺第留斯号潜水艇的简易图，标明其各部位的名称和功能，并写一篇简介。然后查找资料，分析这艘科学幻想中的潜水艇和现在的潜水艇有什么异同。

　　本书值得探究的地方还有很多，如小说中的海底世界、科学知识等，都可以成为探究的题目。学生有余力的话，可以再读一下凡尔纳的其他科幻小说，看看其中还预言了哪些科技成就，哪些已经实现，哪些至今还没有实现。

诺第留斯号潜水艇

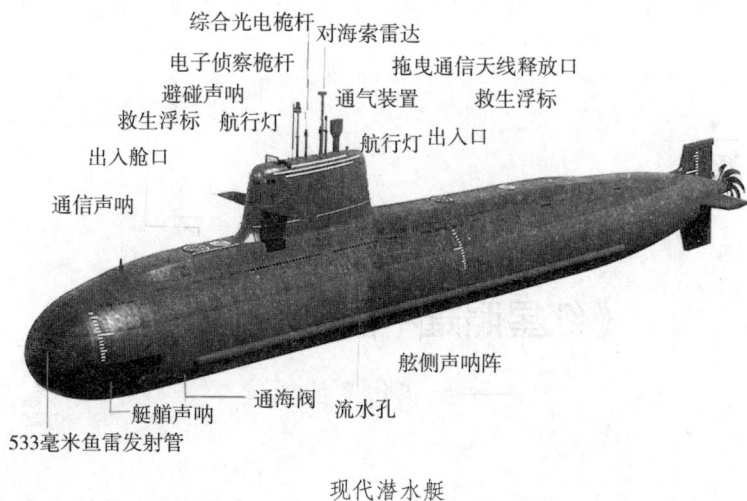

综合光电桅杆　对海索雷达
电子侦察桅杆　　　拖曳通信天线释放口
避碰声呐　　通气装置　　救生浮标
救生浮标　航行灯　　　　　航行灯　出入口
出入舱口
通信声呐

舷侧声呐阵

艇艏声呐　　通海阀　流水孔
533毫米鱼雷发射管

现代潜水艇

相同点：

流线型构造，减小水中阻力；能利用水层掩护进行隐蔽活动，对敌方实施突然袭击；能在水下发射武器，攻击海上目标。

不同点：

诺第留斯号与现代潜水艇不同点一览表

	诺第留斯号	现代潜水艇
动力	电能	常规动力、核动力
速度	90千米/小时	14~72千米/小时
外壳	钢板双层	高强度钢单层

八年级

《红星照耀中国》专题研究

——纪实作品的阅读

有这样一个人，他冲破国民党严密的封锁线，经过4个多月的实地考察，写了14本密密麻麻的笔记，用了30卷胶卷，第一个向世界报道了红军长征的消息。

有这样一本书，使中国万千青年走上革命之路，使加拿大的白求恩医生毅然奔赴抗日前线。

这个人就是埃德加·斯诺，这本书就是《红星照耀中国》。

专题一 领袖人物和红军将领的革命之路

关于领袖人物和红军将领的革命之路，可以从以下几个方面进行探索：

（1）外貌与言谈举止。

（2）出身与家庭。

（3）童年的经历。

（4）受教育情况。

（5）参加革命的起因。

（6）参加革命后的经历。

活动一：

通读作品，理思路，梳理斯诺采访苏区的路线，绘制路线图。

（1）浏览目录和序言，依据目录跳读作品。

（2）按照时间顺序梳理斯诺到过的地方及见过的人。

（3）用自己喜欢的形式绘制采访路线图。

斯诺采访路线图

用5分钟时间浏览一篇序言（译者序和作者序任挑一篇），根据下表提示，运用跳读法采集信息点并记录。

作　　者	
采访时间	
采访路线	
采访对象	
采访内容	
采访感想	

学生作品

活动二：

跳读作品，知人物；关注人物基本信息和主要经历，做批注，写人物小传。

（1）跳读作品，选出一位让自己印象深刻的领导人。

（2）在与所选人物相关的文字旁边做批注。

（3）参照2019年版八年级上册第47页第4段"学写小传"的要求，写人物小传。

借助目录找出一个你感兴趣的人物，通过阅读了解他是个怎样的人。在阅读中，把你关注到的具体细节简要地记录在便利贴上，准备以《原来你是这样的_____》为题，做一个人物的口头介绍。学生分组交流5分钟，然后推选代表上台讲述。

活动三：

选读作品，讲故事；在涉及红军战士的故事处做标记，复述故事。

（1）根据目录选取与红军战士有关的内容，反复阅读你喜欢的故事。

（2）参照2019年版八年级上册第121页第2段对"复述"的要求，复述红军故事。

活动四：

回读作品，明主题；关注斯诺的评价性文字，以他的口吻给宋庆龄女士写一封信。

斯诺对中国共产党的发现和描述，与哥伦布对新大陆的发现一样，是震撼世界的成就。

——白修德

（1）推荐阅读：《宋庆龄帮助斯诺赴陕北》（朱少伟）。

（2）温习书信的格式，以斯诺的口吻给宋庆龄女士写一封信，可以表达感激之情，也可以谈采访后的感受。

专题二　关于长征

"关于长征"的探究可以从以下几个方面展开：

（1）长征的起因。

（2）长征的路线。

（3）长征中面临的困难。

（4）长征中具有重大意义的事件。

（5）长征的历史价值。

专题三 信仰与精神

关于"信仰与精神"可以从以下几个方面展开思考：

（1）中国共产党人的革命信仰。

（2）长征精神的内涵。

（3）当代青少年如何传承长征精神。

除了这些专题，本书还涉及多方面的内容，如陕北苏维埃政权、西安事变、中国发生红色革命的原因等，同学们感兴趣的话，可以自选专题，自行探究。

在探究过程中，或探究结束后，学生可以召开读书交流会或撰写读书报告。

示例1：

中国共产党人的革命信仰

中国共产党人的革命信仰，即党的最高理想和最终目标——实现共产主义，中国共产党的根本宗旨是全心全意为人民服务。

在血雨腥风的革命年代，因为有着坚定的共产主义信仰，中国共产党人才会在血与火的战场上舍生忘死、前仆后继，在刑场上视死如归、大义凛然。

示例2：

《红星照耀中国》读后感

80年前，红色的中国布满层层谜团。美国记者埃德加·斯诺怀着对中国革命与战争的重重疑问，孤身一人前往这个被人刻意曲解、遭到铜墙铁壁般严密封锁的革命战略根据地。他探索红色中国，将所见所闻一点一滴地真实记录，汇编成一本书，书名就是《红星照耀中国》。

近日，我重读经典，内心依旧澎湃不已。整本书以斯诺的第一视角，生动丰富地描述了红色根据地大大小小的人物与事件，他收集了两万五千里长征的第一手资料，与革命领导人进行谈话，运用文字的力量将这段波澜壮阔、激情燃烧的岁月鲜活地呈现在我们眼前。

斯诺的语言很平实，他没有添加过多的修饰性的词汇或者一些美化的文字，虽然朴实无华，但他笔下的人物却有血有肉，有着鲜明的特点。他记录了一些革命领导者的事迹，对主要的历史事件也进行了叙述；正是通过他的文字，我们对国民党政府的暴行有了更深刻的了解，对横亘在漫漫长征路上的艰难险阻有了更具象的把握；对立志救民于水火、避免亡国之祸的革命先驱更加心生敬畏。

通过他的叙述，我仿佛看到了无数仁人志士在战火纷飞的根据地，用火一般的热情和铁一般的意志，百折不挠、自信乐观地坚持着自己心中那最崇高的革命理想。他们是一群有气质、有风度、有抱负、有力量的领导者！

故事一幕幕如画卷般徐徐展开，虽没有浓墨重彩的渲染，却令人激动不已。毛泽东夜晚在灯前认真摆弄飞蛾，百姓们"似乎毫不例外地都在从容不迫地从事田间劳动"，硝烟弥漫的战场上战士们嘶哑却嘹亮的呐喊声，让我们感受到了一个真实的苏区，一个充满生机与活力的部队，一段令我们自豪与骄傲的历史。

本书一经发表，就产生了巨大的反响。它驳斥了国民党刻意扭曲的宣传，向世界人民呈现了一个真实的中国革命。成千上万的中国青年读完这本书后，纷纷走上了革命道路。即使到了今天，它的影响力依然不曾消减。

斯诺写道：中国共产党及其领导的革命事业犹如一颗闪亮的红星不仅照耀着中国的西北，而且必将照耀全中国，甚至照耀全世界。80年后，正如书中所言，革命事业已经照耀了全中国，而中国也在共产党的领导下走上了繁荣富强的道路。

当我们坐在明亮的屋子里，当我们心安理得地接受着最完整的教育，当我们还在为各自的人生纠结忙碌着，也许没有意识到，我们正过着充满阳光与安定的美好生活。《红星照耀中国》提醒着我，即使身处和平年代，也不要忘记无数革命先驱曾在狼烟四起中横刀立马，在民衰国殇之时挺起了民族的脊梁，为了我们今天的幸福生活冲锋陷阵、赴汤蹈火。

示例3：

长征精神的内涵

伟大的长征精神，即不怕牺牲、前仆后继、勇往直前、坚韧不拔、众志成城、团结互助、百折不挠、克服困难、忠诚爱国的精神。

示例4：

当代青少年如何传承长征精神？

长征精神是革命先辈留给我们的宝贵精神财富，作为当代中学生要树立崇高的理想和信念，保持和发扬艰苦奋斗的作风，弘扬集体主义精神，加强社会主义荣辱观，脚踏实地地为实现革命理想、争做社会主义事业的可靠接班人而努力。

《昆虫记》专题探究

——科普作品的阅读

古往今来，研究昆虫的人不少，但是能够创作出一部堪称"昆虫的史诗"的作品的人，却只有一位——法布尔。法布尔在《昆虫记》中不仅有活泼幽默的一面，也有科学严谨的一面。法布尔敢于质疑、实事求是、耐心细致、科学客观的精神值得我们每一个人学习。

专题一 **跟法布尔学观察**

（1）精读书中描述法布尔观察昆虫的精彩段落，结合实例总结法布尔观察的经验。

（2）借鉴法布尔的经验，设计一个观察实验，并进行实践，做好观察笔记。

专题二　跟法布尔学探究

（1）研读法布尔着力探究的若干个具体案例，总结他的科学探究经验。

（2）借鉴法布尔的经验，选择一个你感兴趣的科学问题，设计方案，进行探究实验。

活动：走进昆虫世界，解说昆虫生活

设计意图：走进昆虫世界——以圣甲虫为例，用不同语气来解说圣甲虫的生活，让学生融入昆虫世界，感受昆虫生活的奇妙，感悟法布尔的情感，体味作者如荷马史诗般精彩的笔法。

活动一：

用《动物世界》主持人的语气，解说圣甲虫的"闪亮登场"。

那个生怕迟到而向着粪堆一溜儿小跑的是谁呢？它一直笨拙地挥动着自己长长的爪子，好像有一个机器在它的肚腹下面往前推着它似的。它的那对棕红色小触角大张开来，透着垂涎欲滴的焦躁情绪。它拼命地赶，它赶到了！还将旁边几位食客撞倒了！这便是圣甲虫，它一身墨黑打扮，在食粪虫中就数它的身材最为高大，而且它也是名气最大的一种。古埃及人对它尊敬有加，把它视作长生不老的象征。它已入席，与其同桌的食友并肩战斗，其食友们正在用自己宽大的前爪轻轻地拍打粪球，进行最后一道工序，或者再往粪球上加上最后一层，接着转身而去，回家安安心心地享用自己的劳动果实。

活动二：

用"特技表演"主持人的语气，解说圣甲虫的"特写镜头"。

虽然是在烈日的炙烤下，但是对粪球的加工依然在紧张忙碌地进行着，你能够观察到旋工干起活来是这样迅速利落，让你肃然起敬。那活计以如此飞快的速度进行着：起初的雏形只是个小弹丸，如今已壮大成一个核桃那么大了，没过多久就能变成苹果那么大。我曾见过食量惊人的圣甲虫竟然旋出一个拳头大小的粪球。这必定需要几天的工夫吧！制作完需储备的食物，就需撤离混乱的战场了，把食物运到合适的地方。这时候圣甲虫最令人惊奇的习性开始表现出来了，圣甲虫急急忙忙地上路了，它用两条长后腿搂住粪球，而后腿的锋利尖爪则插入粪体中去，起到旋转轴的作用。它以中间的两条腿作为支撑，以前腿带护臂甲的齿足作为杠杆，双足轮番按压，弓身，低头，翘臀，倒退着运送粪球。

活动三：

用"足球比赛"主持人的语气，解说圣甲虫的"漫漫征途"。

使劲儿啊！好了，它开始向前滚动了，依目前的情况，它一定能被运送回家，当然路途也不可能是一帆风顺的，少不了些磕磕绊绊。这个困难说来就来：圣甲虫碰到了一个陡坡，沉重的粪球要沿着陡坡滚下去了，但是圣甲虫非要按自己认准的来，偏要横穿这条天然通道，这可够大胆儿的，稍一失足，遇到一点碍事的沙子，就会失去平衡，前功尽弃了。不出所料，它脚下一出溜儿，粪球便滚到沟里去了，并将圣甲虫带了一下，结果它摔了个四脚朝天，爪子在那胡乱划着。最后它好不容易翻过身来，继续去追它的粪球了。

专题三 跟法布尔学写作

（1）从写作的角度精读《昆虫记》，摘抄若干精彩片段，进行鉴赏、点评。

（2）观察你喜欢的小动物，学习法布尔的写作技巧，进行仿写。

活动一：为《昆虫记》写一段推荐语

有一位非常喜欢《昆虫记》的书店老板得知我们的学习活动以后，对我们赞不绝口，他衷心希望有更多的人能阅读这本文学经典，拜托我们班同学为《昆虫记》写一段推荐语。为了激起更多人阅读《昆虫记》的兴趣，请同学们结合课上所总结出的写作与探究经验，发挥联想与想象，写下对法布尔和他的昆虫世界最真挚的赞美。

请你结合课前的探究以及课上的学习为法布尔的《昆虫记》撰写一段推荐语。

示例：

法布尔耗尽一生的光阴，在《昆虫记》中诠释了他对昆虫的痴迷，辅以他的幽默浪漫，注入他的哲学思考，不忘他的科学严谨。在轻翻书页时，孩童时代拨开草叶、寻见昆虫的惊喜之情必定能再度涌现。

《昆虫记》导读建议一：介绍作者的励志人生

在介绍一本书时，了解作者的故事是必不可少的，这可以很大程度上拉近读者与书本的距离，《昆虫记》的作者法布尔来自法国，他的一生，可以用"热爱""专注""坚持"这些积极向上词来概括。比如，我们可以这样推荐：

试想，有什么人可以在一片荒地里研究昆虫二十余年不放弃？有什么人可以将各类昆虫的生活习性、繁衍特征借助双眼与亲手实验探究得一清二楚？又有什么人可以在自身生活贫穷，需要养家糊口的情况下，还坚持自己的热爱？

这就是法布尔了。

借由达尔文所说的，法布尔是一位无与伦比的观察家！

在他的成长历程中，他的"坚持"精神贯穿始终，法布尔的大半生，都在自学，当然也是因为小时候家庭的贫困令他不得不早早辍学，但是他并未放弃追求知识，而是通过自己坚持不懈的学习，取得了各项成就。在他晚年时，《昆虫记》的成功为他赢得了"昆虫界的荷马"和"昆虫界的维吉尔"的美名，他的成就得到了社会的广泛承认。

因此，他认为："学习这件事不在乎有没有人教你，最重要的是在于你自己，有没有悟性和恒心。"

《昆虫记》导读建议二：借助名人的评价引发阅读兴趣

我们在看某本书或者某部电影时，常常习惯于先看看名人的推荐语，通过那些或多或少，或中肯或主观的推荐语，总能找到阅读某本书或看某部电影的理由和动力。其实，很多名家著作已经不需要通过一些名人推荐语来增加读者的阅读兴趣了，但是，我们在推荐学生阅读的情况下，也不妨作为一个参考。比如，我们可以这么推荐：

鲁迅先生也喜欢看《昆虫记》，他对《昆虫记》的评价特别中肯。

因为法布尔在定义昆虫类别时还是偏感性的，主要以他自己当时所处的人类道德现状和法律规定来直接定义昆虫的有害或有益，有时候还是有失偏颇的，所以，有些严谨的科学家就会不认同他。但撇开这些不谈，鲁迅先生认为："《昆虫记》读起来还是一部很有趣，也很有益的书。"

那究竟法布尔对哪些昆虫的定义太过感性呢？我们可以去书中找找看。

也可以这么推荐：

鲁迅先生的弟弟周作人对《昆虫记》的评价非常高，他说："见到这位

'科学诗人'的著作,不禁引起旧事,羡慕有这样好的书看的别国少年,也希望中国有人来做这翻译编纂的事业。"

大家可以回忆一下鲁迅先生的《二十四孝图》,就能明白为什么周作人要如此说。因为当时中国的儿童是没有太多好书可以看的,就连鲁迅先生自己都是在日本看的《昆虫记》。因此,周作人才会感慨,希望中国也有人可以编撰这样的好书给我国的儿童看。

你们想想,那个时期的孩子们渴望而不可得的好书,我们现在已经拥有,是否需要珍惜呢?

当然还有直截了当型的:

《名人传》的作者罗曼·罗兰说:"他(法布尔)观察之热情耐心、细致入微,令我钦佩,他的书堪称艺术杰作。我几年前就读过他的书,非常喜欢。"

活动二:以昆虫的口吻,制作个人空间,或制作昆虫微信空间

要求: 首届昆虫世界年终盛典即将举行,为方便联系,增进了解,主办方要创建微信群,请你代表你所感兴趣的昆虫,结合刚才所阅读的文本,制作"我的个人微信空间"(注意:用第一人称哦)。

参考格式: 可以设计头像、靓照、昵称、籍贯、学名、别名、微信号、爱好、优点或缺点、个性签名、自我介绍等栏目,可自行增减,突出个性。

示例1:

学名:蝴蝶

籍贯:中国

特长:文艺系"女生"

爱好:打扮,逛街购物(采花蜜)……

性格:超坚强,超努力,从不放弃。

个性签名:在我还是茧的时候,就已经开始奋斗了。

自我介绍:

"化茧为蝶"的故事人人皆知,可是那种痛苦,不是那么简单就能理解的。蝴蝶想要在花海中飞舞,就必须经历破茧而出的生死考验。只有经历了艰难残酷的旅程,才能尽显生命的张力与美妙。人又何尝不是如此,只有经历过风雨，才能见到美丽的彩虹。

示例2：

昵称：执着的粪球工

头像：

微信号：伟大的圣甲虫

特长：高效清除垃圾及动物排泄物

缺点：爱抢别人的粪球

个性签名：把简单的事做好就是不简单。

自我介绍：

大家好！我就是食粪虫类中颜值最高的圣甲虫，我的皮肤乌黑油亮，穿戴光鲜亮丽，简直帅气逼人。别看我个头小，我干起活来最是勤劳热情；别看我身形笨拙，我有着普通昆虫没有的坚韧和执着；别看我是虫，我一样能守护我的子孙后代！

活动三：品味"史诗"笔法

教师示例：大孔雀蝶长途跋涉"美丽之约"片段

大孔雀蝶不远千里，不畏艰难，前赴后继，有如朝圣般来奔赴爱情之约，让我们看到了昆虫世界炫目的美丽。神秘的爱情之旅，带给我们有如泰坦尼克号般绝美的温暖与感动……

学生发言：朗格多克蝎观察日记片段

法布尔用人性化的描写为我们揭开了令人恐惧的蝎子世界，也让我们看到了优美的爱情、神圣的婚姻、新娘在洞房后残杀新郎的凄美结局。我们在这出悲喜剧中，收获了人生的智慧——生命不是享乐，也不是磨难，而是一种义务，是种族延续的神圣使命。

专题四 解读法布尔

活动一：名人眼中的法布尔

无与伦比的观察家。

——达尔文

在这些天才式的观察中，融合热情与毅力，简直就是艺术品的杰作，令人感动不已。

——罗曼·罗兰

"讲昆虫故事""讲昆虫生活"的楷模，读起来是一部很有趣，也很有益的书。

——鲁迅

现在中国十分需要像法布尔的《昆虫记》那样的作品。

——茅盾

法布尔的天性与一个渺小的昆虫有相同之处，青年的法布尔可能把自己看作昆虫。在十分复杂、冷酷无情的大自然环境中，它们坚韧不拔地为个体与族类的生存而斗争，这就是昆虫的本性；而法布尔则为他的学术研究与文学理想，至死不屈地进行斗争。《昆虫记》没有一般文学作品、一般抒情散文搔首弄姿的俗态，文风质朴，别有风趣，自成一格，所以能够成为传世之作。

——罗大冈

法布尔一生勤奋、博学，除精于昆虫学研究之外，在植物学、数学、物理学及化学诸多领域也造诣颇深，而且具备古代史、古代神话、诗歌、音乐、绘画、文学等多方面素养。读《昆虫记》时，我们不仅要了解昆虫世界的奥秘，也应领悟到"法布尔精神"。法布尔精神高度概括为两个字：求真。这位饱经沧桑、追求不止的昆虫学探索者，对待科学的严谨态度与对待研究的惊人毅力足以赢得人们的崇高敬意。

——王光（译者）

活动二：我眼中的法布尔

教师示例：例文《意大利蟋蟀》

我眼中的法布尔：法布尔对意大利蟋蟀的演唱会进行了精妙的描写。我觉得法布尔特别善于发现生活中奇妙的美好，善于享受生活中细微的感动。对大自然和生命的热爱，是他快乐的源泉。

学生活动：

"解读法布尔"是学生课前收集资料和初步浏览作品后的交流活动，教师让学生从名人和自己的角度，对《昆虫记》的伟大和"法布尔精神"有初步的了解。

《傅雷家书》专题探究

——一部充满着父爱的苦心孤诣、呕心沥血的教子篇

这是一部最好的艺术学徒修养读物，这也是一部充满着父爱的苦心孤诣、呕心沥血的教子篇。

——楼适夷

专题一 傅雷的教子之道

傅雷给儿子提出的建议涉及很多方面，如生活细节、人际交往、读书求学、感情处理等。我们可以任选其中一个或几个方面，探讨傅雷的教子之道，完成一篇读书报告。

家书反映出傅雷对两代人如何相处的一些看法。

活动一：

傅雷认为，在两代人相处中，青年人应持有怎样的态度？

_____

_____

_____

活动二：

傅雷认为，在两代人相处中，长辈应克服自身哪些弱点？

_____

_____

_____

活动三：

在两代人相处中，傅雷希望两代人建立怎样的关系？

_____

_____

_____

活动四：

结合对本文的理解，写出你此时最想对父母说的话。

_____

_____

_____

专题二 父子情深

这本书是父亲写给儿子的家信集，父爱流淌在朴实的文字背后，深沉而温暖。我们可以运用选择性阅读的方法，将关注点聚集在"父子情深"这个话题上，试着去发现那些苦心说教背后流露出的浓浓父爱；结合具体语段，细心揣摩傅雷的心情，以《两地书，父子情》为题写一篇短文。父亲节将至，班级准备开展《傅雷家书》读书交流会，要求以小组为单位，围绕父爱分享交流。

活动一：

小之同学看到书中收录了那么多封书信，不知如何在短时间内完成阅读交流的任务，请你向他提出可行的建议并说明理由。

_____

_____

_____

活动二：

作家毕飞宇在江苏文艺出版社出版的《傅雷家书》序言中写道："对我，对我们这一代作家来说，傅雷是特殊的。我致敬傅雷。"但同时也说他不愿成为傅雷的儿子。你是否赞同毕飞宇的说法？请结合你的阅读感受，谈谈你的看法。

_____

_____

_____

_____

活动三：

在名著阅读后，小之同学所在的小组在网络上查阅了关于父爱的讨论帖。大家阅读下面讨论帖，回答问题。

网友纷纷调侃"钢铁侠"和"雷神"带孩子是"爸爸爱你三千遍"VS"爸爸捶你三千遍"：一个是温柔呵护派，一个是豪放硬核派。［A］其实，_____

_____。

（1）用议论的表达方式，在［A］处补写一个结尾。

_____

_____

_____。

（2）根据上面的讨论帖为班级辩论会设计一个辩题。

_____

_____

_____

_____

专题三 我给傅雷写回信

《傅雷家书》这本书涉及道德、文化、艺术、历史等多个领域，你可以选择一个感兴趣的话题，尽可能全面地梳理傅雷的观点，并进行归纳概括。假设你可以与傅雷就这一话题进行交流，试着写一封信，表达你对他的观点的理解或你对这个话题的看法。

设计意图：无论是博览群书，还是读一部书，我们经常会有一个关注的焦点，根据关注的焦点不同，选择不同的阅读内容。对现阶段的学习、生活等有较多困惑的孩子，会对傅雷的教育理念、教育方法有所体悟；对音乐、绘画等艺术形式有一定修养或比较熟悉的孩子，会对《傅雷家书》中有关艺术的论述产生兴趣……写回信，是在有选择的阅读之后更深层次的梳理和表达，也是学生对自我的思考，对心灵的反省。

书中有我：写信是人与人之间传递感情、展开深层次心灵交流的常见方式。请你也试着就某一话题，与父母进行一次简短的书信交流。（300～400字）

附：

歌曲：《一封家书》

一封家书

亲爱的爸爸妈妈：

你们好吗？现在工作很忙吧？身体好吗？我现在广州挺好的，爸爸妈妈不要太牵挂。虽然我很少写信，其实我很想家。

爸爸每天都上班吗？管得不严就不要去了，干了一辈子革命工作，也该歇歇了。

我买了一件毛衣给妈妈，别舍不得穿上吧。以前儿子不太听话，现在懂事他长大了。哥哥姐姐常回来吗？替我问候他们吧！有什么活儿就让他们干，自己孩子有什么客气的。

爸爸妈妈多保重身体，不要让儿子放心不下。今年春节我一定回家，好了先写到这吧。

此致

敬礼！

儿 春波

1993年10月18日

《钢铁是怎样炼成的》专题探究

——摘抄和做笔记

专题一 **保尔·柯察金的成长史**

钢铁在烈火与骤冷中铸造，这就如同小说《钢铁是怎样炼成的》主人公保尔·柯察金在历练与考验中成长。历练与考验、坎坷与起伏，锻造了保尔·柯察金的信念和意志。梳理保尔·柯察金的成长史，列出提纲，给这位主人公写一个小传。

示例：

保尔·柯察金小传

保尔是在老布尔什维克朱赫莱的影响下从自发走向自觉的。他懂得了不平等生活的社会根源，懂得了要想推翻旧世界，必须成为"勇敢坚强的阶级弟兄"和"坚决斗争的钢铁战士"。在积极投身保卫苏维埃政权的伟大斗争中，他认识到，一个人只有当他和祖国联系在一起时，才会创造出奇迹。他曾说："我赞成那种认为个人的事情丝毫不能与集体的事业相比的革命者。"

保尔总是把党和祖国的利益放在第一位。在那血与火的时代，保尔和父兄们一起驰骋于疆场，为保卫苏维埃政权，同外国武装干涉者和白匪进行了不屈不挠的斗争；在那医治战争创伤、恢复国民经济的年头，保尔又以全部热情投入和平劳动之中。他那种苦干精神和拼命精神正显示了第一代建设者们的崇高品质。在修筑铁路中，保尔所在的潘克拉托夫小队"拼命走在前头"，以"疯狂的速度"进行工作。

保尔从未屈膝投降过。他总是随时准备承受对自己最沉重的打击。他经受住了一切考验，在对待友谊、爱情和家庭等问题上，他也经受住了考验，表现出崇高的共产主义道德情操。

保尔在全身瘫痪、双目失明后，非常苦恼，不能自拔。他产生了自杀的念头，这时故事情节发展到了十分紧张的阶段。自杀就等于背叛革命——正因为如此，手枪的枪口才那样"鄙夷地瞪着保尔的眼睛"，于是，他以冷酷无情的严峻态度谴责自己说："老兄，你平时说什么要干出一番英雄事业来，原来全是纸上谈兵！……你有没有尝试过战胜这种生活！……你已经尽了最大努力设法冲出这个铁环吗？即使到了生活实在难以忍受的时候，也要想办法活下去，使生活变得更有益，没有比掉队更可怕的了。"对于一个双目失明的青年共产党员来说，他生命的全部需要就是能够继续为党工作。他以坚强的毅力克服了悲剧命运给予的打击，开始了为争取归队而进行的斗争。保尔也以自己的毕生精力实践了自己的生活原则："人最宝贵的东西是生命。生命对于我们只有一次。一个人的生命应当这样度过：当他回首往事的时候，他不因虚度年华而悔恨，也不因碌碌无为而羞愧——这样，在临死的时候，他能够说：'我整个生命和全部精力，都已献给世界上最壮丽的事业——为人类的解放而斗争。'"这是保尔战斗一生的真实写照，也是他革命乐观主义精神的深刻概括。

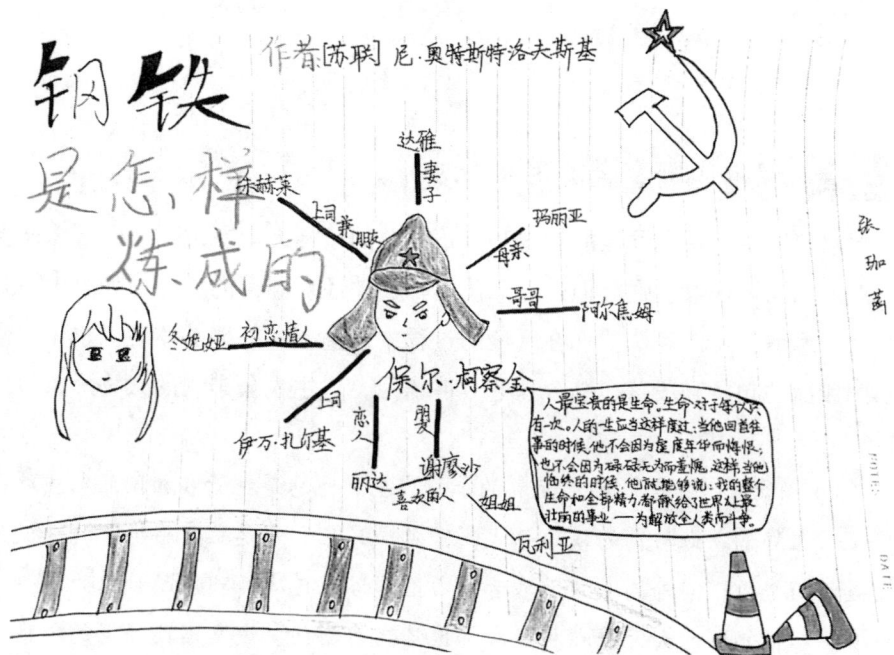

学生创作的思维导图1

学生创作的思维导图2

专题二 保尔·柯察金的形象分析

保尔·柯察金具有顽强的毅力和永不言败的精神，他在重重磨砺下无所畏惧，意志如同钢铁般坚强。但是，除此之外，他还有温情的一面，如书中写到的亲情、恋情、友情等。请你在阅读的过程中，摘录一些能够体现保尔·柯察金不同侧面的句子和段落，结合这些具体描写，对主人公丰满的人物形象做出分析。

（1）保尔是一个自觉的、无私的革命战士。他总是把党和祖国的利益放在第一位。在那充满血与火的战争年代，保尔和父兄们一起驰骋疆场，为保卫苏维埃政权而努力，同外国武装干涉者和白匪军浴血奋战，表现了甘愿为革命事业献身、不怕牺牲的大无畏精神。在那医治战争创伤、恢复国民经济的艰难岁月中，他又以全部的热情投入到和平劳动之中。

（2）保尔更是一个刚毅、坚强的革命战士。他在人生的各个方面都经受住了严峻的考验：在敌人的严刑拷打面前，他坚贞不屈；在枪林弹雨的战场上，他勇往直前；在与吞噬生命的病魔的搏斗中，他多次令死神望而却步，创造了"起死回生"的奇迹。

（3）保尔又是一个于平凡中见伟大的英雄人物。在他的履历表中，没有什么惊天动地的伟大业绩，他总是从最平凡的小事做起。面对疾病的沉重打击，他也曾产生过自杀的念头，在他与病魔抗争的英雄主义激情中，也包含有"左派"幼稚病的危险。保尔后来也终于认识到他不爱惜身体的行为不能称之为英雄行为，而是一种任性和不负责任的行为。

人生最宝贵的是生命。生命每个人只有一次。一个人的生命应当这样度过：当他回首往事的时候，他不因虚度年华而悔恨，也不因碌碌无为而羞愧——这样，在临死的时候，他能够说："我整个的生命和全部精力，都已献给世界上最壮丽的事业——为人类的解放而斗争。"

专题三 "红色经典"的现实意义

有人认为，文学要有所担当。"红色经典"作为特定历史时期的"精神路标"，其厚重之感与担当意识在现实生活中依然富有生命力。你怎么看待"红色经典"的现实意义？带着这个问题，在阅读的过程中做一些读书笔记，标记出这部具有年代感的作品中哪些段落读来觉得困惑，哪些段落依然新鲜刺激，哪些段落令你深受触动，详细记录这些心得体会，并分析"红色经典"具有怎样的现实意义。

当一位英国记者问作者为什么以《钢铁是怎样炼成的》为书名时，奥斯特洛夫斯基回答说："钢是在烈火与骤冷中铸造而成的。只有这样它才能变得坚硬，什么都不惧怕，我们这一代人也是在这样的斗争中、在艰苦的考验中锻炼出来的，并且学会了在生活面前不颓废。"

小说通过保尔从一个工人子弟锻炼成长为无产阶级战士的过程，告诉人们，一个人只有在革命的艰难困苦中战胜敌人、战胜自己，只有在把自己的追求和祖国、人民的利益联系在一起的时候，才会创造出奇迹，才会成长为钢铁战士。人的一生应当像保尔那样去度过，为人类的解放而斗争。这是小说的一个重要主题。

九年级

《艾青诗选》专题探究

——如何读诗

专题一 探讨诗歌的意象

艾青的诗歌中有着丰富的意象，有的已经形成系列，带上了诗人独有的气质，如"土地""太阳"等；有的出现次数虽然不多，却也带给读者深刻的印象，如"手推车""鱼化石""礁石"等。阅读诗集，选择你最有感触的一两个意象，如下面这首——《我爱这土地》，仔细品味，体会它们蕴含的感情，领会其中丰富的思想文化内涵。

我爱这土地

假如我是一只鸟，

我也应该用嘶哑的喉咙歌唱：

这被暴风雨所打击着的土地，

这永远汹涌着我们的悲愤的河流，

这无止息地吹刮着的激怒的风，

和那来自林间的无比温柔的黎明……

——然后我死了，

连羽毛也腐烂在土地里面。

为什么我的眼里常含泪水？

因为我对这土地爱得深沉……

专题二 **分析诗歌的艺术手法**

　　艾青诗歌创作常从感觉出发，把握瞬间的印象或感受，用来营造能暗示或者象征某种强烈情思的意象。他还提倡散文化的自由体诗，在奔放与约束之间取得协调，于参差里达到某种统一。选择你喜欢的一首艾青诗作，说说它在写法上有什么特点？好在哪里？既可以就诗作总体的写法发表议论，也可以就某一局部或某句诗谈谈你的观点。

为什么我的眼里常含泪水？
因为我对这土地爱得深沉……
——艾青

艾青画像及名言

专题三 **举办诗歌朗诵会**

　　艾青的诗歌没有华丽的藻饰，也较少有生硬的欧化句子，其语言朴素生动，富有生命力。他擅长使用散文化的诗句，不拘泥于诗歌的形式，很少注意韵脚的限制或字数的整齐，作品却具有内在的旋律与和谐的节奏，非常适合朗诵。同学们准备好自己选择的艾青诗作，预先做好朗诵准备，揣摩技巧和方法，读出感情和节奏，在小组内朗诵，也可以每组录制一两段朗诵录音，上传到班级群中分享。

　　读《艾青诗选》，你觉得要注意什么，是诗歌的表现形式、诗歌的语言、诗歌的意象，还是诗歌的情感、诗歌的理性美？你觉得最好用什么方式来展示我们的阅读成果？如果我们举办一台艾青诗歌朗诵会，你准备给这台朗诵会取个什么名字？分几个部分？选择哪几首诗？每首诗朗诵前的引导语你又会怎样设计？

《水浒传》专题探究

——古典小说的阅读

　　《水浒》所叙，叙一百八人，人有其性情，人有其气质，人有其形状，人有其声口。

——金圣叹

专题一　探究《水浒传》中的情节

　　《水浒传》的情节生动曲折，引人入胜，像"智取生辰纲""三打祝家庄"等精彩篇章，往往集中了很多人物，有着精彩的场面描写，令人难忘。还有很多情节环环相扣，如描写武松的就有"景阳冈打虎""斗杀西门庆""醉打蒋门神""大闹飞云浦""血溅鸳鸯楼"等情节，深入刻画了这个人物的性格发展史。选择你最喜欢的章节或人物，梳理其中的情节，尝试用思维导图的形式画出来。

　　活动一：抓要点，掌握文学常识

　　《水浒传》是一部长篇章回体小说，关于小说的文学常识，我们一般要识记作者（姓名、朝代、评价、文学成就等）、主要内容、主要情节、人物形象、主题、主要特色等。

　　（1）（2018年金华）阅读《水浒传》部分目录，完成下面题目：

目录

　　第三回　史大郎夜走华阴县　鲁提辖拳打镇关西

　　第四回　赵员外重修文殊院　鲁智深大闹_____

　　第五回　小霸王醉入销金帐　花和尚大闹_____

第六回　九纹龙翦径赤松林　鲁智深火烧_____
第七回　花和尚倒拔垂杨柳　豹子头误入白虎堂
第八回　林教头刺配沧州道　鲁智深大闹_____
　……

目录中画横线处依次填入的地名，正确的一项是（　　）。

A.五台山　桃花村　瓦罐寺　野猪林

B.瓦罐寺　五台山　桃花村　野猪林

C.桃花村　五台山　野猪林　瓦罐寺

D.五台山　野猪林　桃花村　瓦罐寺

（答案：A）

（2）（2017年丽水）人物的身份有时能从着装上体现出来。请结合你对以下人物的了解，在横线处填写正确的选项。

宋江全伙受招安时，众人皆戎装披挂，唯有四人特殊：吴用纶巾羽服，公孙胜____①____，鲁达____②____，武松皂布直缀。

A.破布旧衫　　　　　　　　B.鹤氅道袍

C.黑绿罗袄　　　　　　　　D.烈火僧衣

（答案：BD）

活动二：画导图，理清主次情节

目录

　……

第三回　史大郎夜走华阴县　鲁提辖拳打镇关西

第四回　赵员外重修文殊院　鲁智深大闹五台山

第五回　小霸王醉入销金帐　花和尚大闹桃花村

第六回　九纹龙翦径赤松林　鲁智深火烧瓦罐寺

第七回　花和尚倒拔垂杨柳　豹子头误入白虎堂

第八回　林教头刺配沧州道　鲁智深大闹野猪林

　……

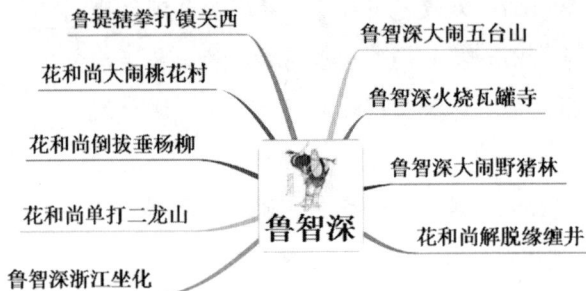

鲁智深思维导图

活动三：真演练，识记主要情节

（1）（2017年温州）"兄弟"是《水浒传》中最令人动情的两个字，根据下列内容分别选择正确的一项。（3分）

［甲］拿出戒刀，把索子都割断了，便扶起林冲，叫："兄弟，俺自从和你买刀那日相别之后，洒家忧得你苦，……"（_____）

［乙］对四家邻舍道："小人因与哥哥报仇雪恨，犯罪正当其理，虽死而不怨。却才甚是惊吓了高邻，……"（_____）

［丙］见说，亦垂泪道："罢，罢，罢！生时服侍哥哥，死了也只是哥哥部下一个小鬼！"言讫泪下，便觉道身体有些沉重。当时洒泪，拜别了宋江下船。（_____）

A. 武松   B. 李逵   C. 鲁智深

（答案：C、A、B）

（2）（2016年义乌）鲁智深绰号"花和尚"，他在渭州三拳打死镇关西，在相国寺_____（行为），在野猪林义救林冲。

（3）（2016年杭州）小张同学在读完培根《论厄运》一文后，准备写一篇观点为"厄运能磨炼一个人"的读后感。请你帮他从以下人物中选择一个，结合其相关故事来印证这一观点。

A. 简·爱   B. 林冲   C. 格列佛

解题策略：解答情节（细节）概述题要抓住主要人物以及事情的起因、经过、结果，我们在进行概述时既不要具体描写，也不要加以分析和评论；不必要的情节或形容词可以省略，力求故事完整、重点突出、细节真实、语言简洁；有字数限制时，不能突破字数限制。

专题二　为《水浒传》人物立传

　　《水浒传》的最大艺术成就是塑造了一大批鲜活的英雄人物形象。书中角色众多，最主要的是水泊梁山的108位人物。这些梁山好汉号称"一百单八将"。在这些人物群像中，每一个体性格差异明显，作者通过高超的塑造手段将各个人物的性格特点较为鲜明地展现出来，如宋江、吴用、林冲、鲁智深、武松……这些人物无不有血有肉、个性鲜明。在阅读时，先将人物进行分类，找出其中你最喜欢的一个人物，记录下他的人生轨迹、英雄事迹和个性特征，为该人物写一篇小传。

　　活动一：写小传，品味人物形象

　　示例1：

天孤星花和尚鲁智深

　　鲁智深本是渭州经略府的提辖，生性豪爽，好打抱不平。为救金氏父女，他三拳打死屠户镇关西。为躲避缉捕，在赵员外的帮助下在五台山出家。但鲁智深屡犯寺规，不服管教，酒后大闹寺院，被赶出寺院，前往东京大相国寺。

　　途中为救刘太公之女，鲁智深大闹桃花村，因与桃花寨寨主李忠、周通不和，不愿留下落草。他又在赤松林瓦罐寺惩治恶僧崔道成、恶道丘小乙。鲁智深到大相国寺做职事僧，看管菜园，并制服了一批泼皮无赖。他偶遇林冲，与其结拜为兄弟。鲁智深因在野猪林救下林冲，得罪高太尉，被迫离开大相国寺，在二龙山落草，后上梁山。在征讨方腊之后，鲁智深在杭州坐化。

　　示例2：

天伤星行者武松

　　武松，清河县人，因在家中排行老二又叫"武二郎"。其幼年父母双亡，由兄长武大抚养成人。武松在景阳冈打虎后任阳谷县都头，后因斗杀潘金莲、西门庆，刺配孟州。他曾醉打蒋门神，后因血溅鸳鸯楼逃至二龙山落草。三山聚义打青州，武松后上梁山入伙。

　　在征讨方腊的战斗中，武松被包道乙暗算失去左臂，班师后，武松在六和寺出家，八十岁圆寂。

活动二：真演练，分析人物形象

（1）（2018年金华）清代文学评论家金圣叹说："《水浒传》写一百八个人性格，真是一百八样。"请结合第三回至第八回的内容，简要评述鲁达与其他梁山好汉的不同之处。

（2）（2018年绍兴）文学作品中人物的姓名往往体现出作家的匠心。它们或体现了人物性格，或暗示了人物命运，或寄寓了作者态度，或暗示了文章主旨。下列小说中的人物姓名有哪些深意？请参考示例（不要仿照），选择其中一个，结合小说有关内容写出你的理解。

鲁达（《水浒》）　　　　翠翠（《边城》）　　　　祥子（《骆驼祥子》）

（3）（2016年金华）人们说话的口吻通常与其性格相应，作家在塑造人物时，也会借言谈来凸显其性格。下面是某名著中同一女性在不同场合所说的话，依据你对下列小说人物的认识，选出最有可能的一项。

①"别愣着！去，把车放下，赶紧回来，有话跟你说，屋里见。"

②"你当我怕谁是怎着？你打算怎样？你要是不愿意听我的，我正没工夫跟你费唾沫玩！说翻了的话，我会堵着你的宅门骂三天三夜！你上哪儿我也找得着！我还是不论秧子！"

③"你说话呀！成心逗人家的火是怎么着？你有嘴没有？有嘴没有？"

A. 孙二娘　　　　　　　　　　B. 简·爱

C. 虎妞　　　　　　　　　　　D. 翠翠

解题策略：解答人物形象的理解与分析题，首先要对人物有一个总体的把握，再结合具体事件对人物的外貌、语言、动作、心理等的描写作答。此外，名著人物往往具有复杂的性格，这就要求我们用辩证的眼光去分析。

专题三　分析章回体小说的艺术特点

《水浒传》是在说唱艺术的基础上写成的章回体小说，讲究故事的曲折和完整，井然有序，每个英雄人物的故事都有其相对的独立性。请你通读小说，看看这部古典小说在结构、人物刻画、语言等方面具有哪些特点，选择一个角度，进行赏析。

活动一：细批注，品语言赏特色

《水浒传》作为一部出色的古典白话小说，其艺术手法历来受名家关注。请你从金圣叹的评价中任选一种，结合具体的例子，鉴赏《水浒传》的写作文法。

链接材料：

《水浒传》有许多文法，非他书所曾有，略点几则于后。

1. 倒插法

倒插法，谓将后边要紧字，蓦地先插放前边，如五台山下铁匠间壁父子客店，又大相国寺岳庙间壁菜园，又武大娘子要同王干娘去看虎，又李逵去买枣糕，收得汤隆等是也。

2. 夹叙法

夹叙法，谓急切里两个人一齐说话，须不是一个说完了，又一个说，必要一笔夹写出来，如瓦罐寺崔道成说"师兄息怒，听小僧说——"，鲁智深说"你说你说"等是也。

3. 草蛇灰线法

草蛇灰线法，如景阳冈勤叙许多"哨棒"字，紫石街连写若干"帘子"字等是也。骤看之，有如无物，及至细寻，其中便有一条线索，拽之通体俱动。

小结： 精选重点篇章，进行细致的圈点批注，有助于把握主题与写作特色，是训练名著"深阅读"的有效方法。同学们可以侧重在有所感悟处、理解肤浅处、思维困惑处、求异创新处加以批注。

活动二：真演练，考查赏析能力

《水浒传》运用的是元明期间的白话，还夹杂着当时的一些方言。请仿照示例批注，再从书中另找一处加以批注。

活动三：趣阅读，挑战创新练习

学校举办"水浒文化节"，本次活动将邀请外国留学生参加。但《水浒传》的英文译名很多，策划团队在挑选译本时感到困惑，请帮助他们从下列译名中选取一个你认为最好的，结合作品内容和主题说明选择理由。

A. Outlaws of the Marsh（《水边的不法之徒》）

B. All Men are Brothers（《四海之内皆兄弟》）

C. The Story by the Water Margin（《水边的故事》）

　　小结：思考小说的标题，既是对整本书从多方面进行高度概括的过程，也是提高整本书阅读能力的方法。近年来的名著阅读考查呈现出考查内容综合、考查形式创新的趋势。复习时，我们可以采用一些有趣的复习方法，除了标题的变式练习外，还可以尝试看图片猜情节、给人物写颁奖词、演读、辩论式阅读等方法进行练习。

《儒林外史》专题探究

——讽刺作品的阅读

专题一　故事会

　　《儒林外史》这部小说写了许多人物的故事。其中有些故事篇幅稍长，展现了人物多个性格侧面，有些故事则寥寥数笔，但都含义深远，韵味悠长。选择一个你最喜欢的故事，讲给大家听。

　　（1）梳理你想讲述的故事的情节，准备一个简要的提纲。

　　（2）讲述时既要抓住故事梗概，也要注意一些生动的细节，让自己的讲述更有吸引力。

　　（3）注意体会故事中包含的作者的情感态度，尽量在自己的讲述中体现出来。

专题二　《儒林外史》讽刺艺术探究

　　《儒林外史》的讽刺艺术一向为人们所称道，突出表现在对人物的刻画上。小说写了数百个人物，上至达官显宦，下至贩夫走卒。他们行藏不同，性格各异，而"其人性情心术，一一活现纸上"，让读者一见便洞彻其灵魂。

　　（1）《儒林外史》善于通过对人物言行的白描揭示其精神世界，"无一贬词，而情伪毕露"（鲁迅语），同学们在阅读时，要抓住意蕴丰富的细节，准确把握作者对人物的态度。

（2）同学们在阅读时，可以边读边做批注，画出有所体会的语句，作为立论的材料；也可以阅读前人的评点或关于《儒林外史》的研究著作，深化自己的理解。

（3）《儒林外史》通过众多反面人物的形象，对封建社会的方方面面进行了深刻的批判，这便是《儒林外史》一书为人所称道的"公心"。同学们在阅读时要注意体会。

活动一：完善思维导图

阅读作品，完善思维导图。

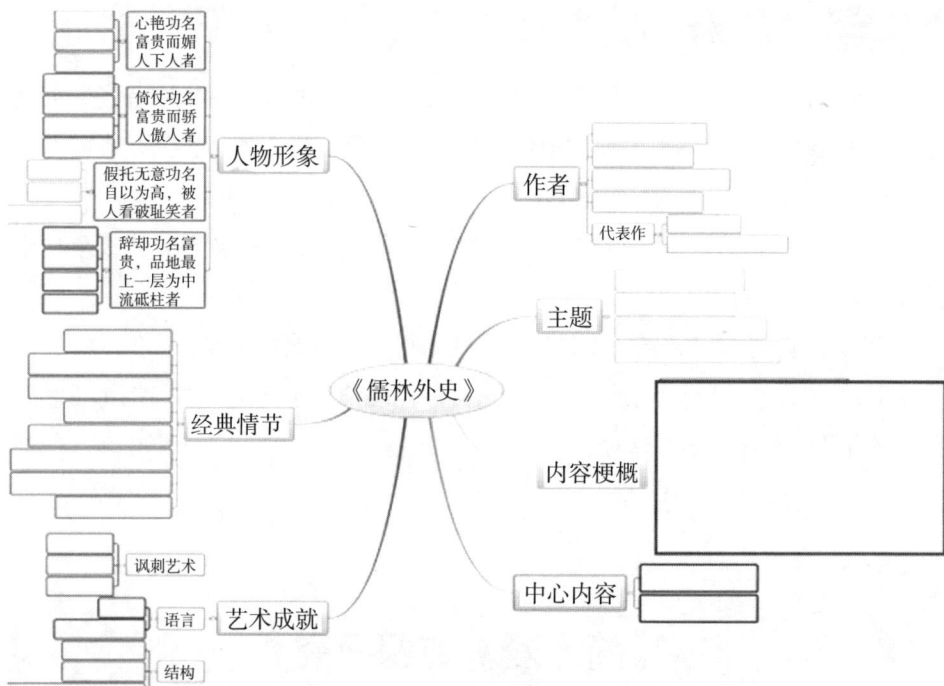

思维导图

活动二：选择书中一个人物，写一篇小短文

选择书中的一个主要人物，细读有关章节，看看作者在刻画人物的过程中，运用了哪些讽刺手法，呈现出怎样的讽刺效果。写一篇小短文，谈谈你对《儒林外史》讽刺艺术的体会。

活动三：读《围城》与《儒林外史》做比较

《儒林外史》塑造了一大批"读书人"的形象。两百多年后，另一位伟大的作家钱钟书又刻画了抗战初期知识分子的群相，《围城》也是中国文学史上一部风格独特的讽刺小说，被誉为"新儒林外史"。同学们不妨课外阅读钱钟书的《围城》，试与《儒林外史》做比较，深入体会讽刺艺术的精妙。

活动四：简要作品的讽刺意义

鲁迅曾评价《儒林外史》"婉而多讽"，是一部"讽刺之书"。请你以书中的严监生为例，结合与他相关的情节，简要说说作品的讽刺意义。

专题三　续写故事

《儒林外史》中没有贯穿全书的中心人物。书中的人物常常在登场数回之后，旋即退场，从此不再出现。他们退场之后的生活将会如何？又会有哪些故事？同学们可选择书中的一个人物，发挥想象，续写他的故事。

（1）打开思路，天马行空，尽情想象，不妨设置一些悬念，让故事更吸引人。

（2）人物刻画和情节设计要符合其性格特征，不能脱离原著。

（3）《儒林外史》特别善于通过富有意味的细节来塑造人物，揭示主题，尝试在自己的写作中学习这种写作方法。

《简·爱》专题探究

——外国小说的阅读

专题一　探究简·爱的形象

简·爱是这篇小说的灵魂人物。我们可以参考下面的提示，从多个方面对她的形象进行探究，分析她的人生经历和性格特点，为她写一篇人物评传。

（1）她的童年是怎样度过的？她从小经历了哪些挫折与磨难？

（2）她的家庭状况、成长经历和感情波澜有哪些重要节点？哪些地方给你留下了深刻印象？

（3）她有着怎样的性格特点？你最喜欢的是哪一点？

（4）简·爱这一人物形象对今天青少年的成长有哪些启发？

专题二　思考爱的真谛

小说以大量篇幅描写了简·爱与罗切斯特曲折的爱情故事。对这两个人物的爱情选择，你怎么看？什么才是真正的爱情？围绕这一专题展开讨论，进行思想的交锋和口才的锻炼。

专题三　欣赏与排演

《简·爱》曾多次被改编为电影、话剧，有条件的话，同学们可观看同名电影，欣赏其中精彩的对白，加深对原著的理解，写一篇观后感；也可以将小说中的精彩片段改编为话剧，大家自行组织，进行表演。

结束语

读中学写，应该说许多名著都存在这方面的因素，这就需要我们教师去动脑认真发掘名著中可供学生"读中学写"的因素，并且有意识地引导学生将这些阅读中的基本功运用到作文中去。这样在学生写作的初始阶段，我们就能引导学生顺着这"读中学写"的引桥，轻松上坡，登堂入室，使学生感到写作并不难，继而增强写作的自信心。这样长期坚持下去，我们就不愁学生不"乐于书面表达"，就不愁学生不爱上作文了。

第三章

跟着情境学写作

语文综合性学习主要体现为语文知识的综合运用、听说读写能力的整体发展、语文课程与其他课程的沟通、书本学习与生活实践的紧密结合。综合性学习应贴近现实生活。联系生活中的实际问题开展学习活动。

——《义务教育语文课程标准》（2011年版）

《义务教育语文课程标准》（2011年版）中对7～9年级学生写作的要求是："多角度观察生活，发现生活的丰富多彩，能抓住事物的特征，有自己的感受和认识，表达力求有创意。"这种要求与以往有很大不同，以往是从写作技巧上面强调得比较多，如写作有重点、有条理。如今，写作要求则转向关注学生的生命体验，关注学生的心路成长历程。我手写我心，表达真实的感受和体验。而要达到这个目标，教师必须激发起学生写作的源头活水——生活。怎样激发？笔者认为，开展综合性学习是连接写作和生活的必由之路。

语文综合性学习可谓是写作教学的一方沃土，教师要善于利用其独有优势来辅助写作教学，化解学生写作难点；可将综合性学习引入写作教学中，将写作教学引向综合性实践活动，将它们有机整合，以达到合成训练写作能力及全面提高语文素养的目的。

1. 利用综合性学习贴近生活的特点来为学生的写作储备生活积累

课程标准要求语文教学与生活紧密联系，那么写作也要严格来源于生活。教师引导学生步入生活，既要使学生接触大自然的五彩斑斓，又要使他们接触社会的广泛角落。教师要在活动中指导学生学会观察生活、社会及认识事物。贴近生活的文章才真实鲜活，才富有生命的气息。如果学生脱离生活而写作，那么写出来的文章就会缺少人文气息，读来生硬。

2. 利用综合性学习突出自主性的特点来培养学生写作的主动性和实践性

语文综合性学习突出学生的自主性，重视学生积极主动的参与精神，强调团队合作精神。学生主动参与的过程也是动态的实践过程。针对语文综合性学习具有综合听说读写学习方式的特点，在写作教学中，教师做到合理运用更利于学生自由、创意地表达，使学生享受写作的快乐。教师还要注重利用综合性学习合作性、自主性与实践性强的特点来点燃学生创作的激情与火花，深化对作文教学的补充促进。

教师要利用综合性学习突出自主性的特点来培养学生写作的主动性和实践性，将写作教学渗透到综合性学习活动中，把写作与活动有机结合，找好衔接点，强化作文时对学生个性及主体性的尊重，使学生养成在活动中细致观察、主动思考的好习惯，充分赋予学生在作文时空、命题、立意、选材及表达等要素上的自由。这就是通过综合性学习教学实践来促进落实课标对写作教学的要求，以消除学生对作文的厌倦感、恐惧感，增进学生作文的主动性、实践性，切实提高学生作文的能力和素质。教师在实施综合性学习教学时要充分利用这种相通之处，紧紧把握住"提高学生语文素养"的总体目标，强调"立足语文"要求，增强学生学习的主动性和实践性，进而为写作的主动性和实践性打下基础，做好铺垫。

3. 利用综合性学习促进语文素养全面发展的特点来提升学生写作的综合素质

学生语文素养的全面促进，语文学习环境的丰富性创设是关键。因此，综合性学习教学设计既要能提高学生的听说读写能力，又要能提升学生的人格和学识修养。语文综合性学习恰是以形式丰富的主题活动来促进学生积累语言、培养语感，提高听说读写整体能力，提升学生品德修养与审美情趣，进而塑造学生良好的个性与健全的人格，让学生的语文综合素养发展得到全面协调。综合性学习教学设计还要积极同其他学科结合，进行跨领域学习，以实现学生语文综合素养提高的终极目标。教师要善于利用综合性学习的这一特点来训练学生的写作综合素质。

学生写作能力的训练过程绝非单一能力与素质的训练过程，而是多项能力与素质的渐进综合训练的过程。写作教学也是就学生综合能力与素质进行训练与积累的复杂合成过程，针对综合性学习教学与写作教学高度契合的全面提升与发展学生语文素养的这一特点，教师要加以利用来训练学生的综合写作能力，促进写作综合素质的提升。因此，要提高学生的写作水平，教师就要鼓励学生在综合性学习中大胆而细心地走进生活，积累必要的个人生活情感体验；要鼓励学生做到行文先"说"文，言心以口，写口以笔；还要精心设计好各种主题活动，将学生习作训练的时空拓宽；要重视多媒体平台的运用，创设互动写作的有利空间等。教师要通过综合性学习教学促进学生情感积累、想说一体、说写结合、活动体验、多媒体应用等多项与写作相关的素养和能力的全面发展，使学生形成具有当代特质的写作综合素质。

表3-1　利用综合性学习激起学生写作的源头活水

册次	第二单元	第三单元	第四单元	第六单元
七年级上册	有朋自远方来（传统文化）		爱上名著阅读（综合实践）	文学部落（语文生活）
七年级下册	天下国家（传统文化）		孝亲敬老，从我做起（综合实践）	我的语文生活（语文生活）
八年级上册	人无信不立（传统文化）		我们的互联网时代（语文生活）	身边的文化遗产（综合实践）
八年级下册	倡导低碳生活（综合实践）	古诗苑漫步（语文生活）		以和为贵（传统文化）
九年级上册	君子自强不息（传统文化）		小说编辑部的故事（语文生活）	
九年级下册	岁月如歌（综合实践）			

表3-2　语文综合性学习专题规划的三条线索

册次	传统文化类（传统）	语文生活类（自我）	综合实践类社会实践类（当下）
七年级上册	有朋自远方来（传统文化）	文学部落（语文生活）	爱上名著阅读（综合实践）
七年级下册	天下国家（传统文化）	我的语文生活（语文生活）	孝亲敬老，从我做起（综合实践）
八年级上册	人无信不立（传统文化）	我们的互联网时代（语文生活）	身边的文化遗产（综合实践）
八年级下册	以和为贵（传统文化）	古诗苑漫步（语文生活）	倡导低碳生活（综合实践）
九年级上册	君子自强不息（传统文化）	小说编辑部的故事（语文生活）	
九年级下册			岁月如歌（综合实践）

传统文化

有朋自远方来

活动一：亮出你的交友之道

收集整理有关交友的名言、警句、诗词文章，如"君子之交淡如水""海内存知己，天涯若比邻"等；成语典故、故事，如"伯牙绝弦""管鲍之交"等，交友论述，如朱光潜的《谈交友》、培根的《论友谊》；等等，并用简洁的语言谈谈你的交友之道。

活动二：向朋友展示自我

做一个特别的自我介绍：《我的自传》，可以仿照《陈涉世家》或《五柳先生传》的第一段给自己写个传记。

自我介绍是一种向别人展示自己的口语交际手段，也是自我认识的重要方式。自我介绍一般要介绍清楚以下内容：姓名、家庭情况、特长、兴趣爱好、理想追求等；可对自己的"姓"和"名"加以巧妙的解释，让你的自我介绍风趣幽默，使同学们印象深刻。自我介绍时要充满自信，声音响亮，目光正视前方，适时扫视全场；语言简洁、清晰，语速不快不慢，态度自然、亲切、随和。

示例1：

陈涉世家

陈胜者，阳城人也，字涉。吴广者，阳夏人也，字叔。陈涉少时，尝与人佣耕，辍耕之垄上，怅恨久之，曰："苟富贵，无相忘。"佣者笑而应曰："若为佣耕，何富贵也？"陈涉太息曰："嗟乎！燕雀安知鸿鹄之志哉！"

——司马迁《史记·陈涉世家》

示例2：

五柳先生传

先生不知何许人也，亦不详其姓字，宅边有五柳树，因以为号焉。闲静少言，不慕荣利。好读书，不求甚解；每有会意，便欣然忘食。性嗜酒，家贫不能常得。亲旧知其如此，或置酒而招之；造饮辄尽，期在必醉。既醉而退，曾不吝情去留。环堵萧然，不蔽风日，短褐穿结，箪瓢屡空，晏如也。常著文章自娱，颇示己志。忘怀得失，以此自终。

赞曰：黔娄之妻有言："不戚戚于贫贱，不汲汲于富贵。"其言兹若人之俦乎？衔觞赋诗，以乐其志，无怀氏之民欤？葛天氏之民欤？

——陶渊明

活动三：制作一本自传合集

在自我介绍的基础上，学生将活动中的自我介绍写成一篇文章（可文可白、可长可短、可图文并茂），或为你的朋友写一段介绍文字；将全班同学的自传汇总成集，制作一本专属于自己班的班级人物自传，记录下这一段最温暖的班级记忆。

天下国家

——爱国主题写作

天下国家是一个古老的话题，在两千多年前的战国时期，人们就经常讨论。孟子说："人有恒言，皆曰'天下国家'。天下之本在国，国之本在家，家之本在身。"（《孟子·离娄上》）看来，个人和国家的命运是息息相关的。每个人对自己国家的热爱都是近乎本能的。关心国家的命运，为之奋斗，为之牺牲；赞美祖国的山河，为之描画，为之歌咏；热爱祖国的语言文字、历史文化，为之沉醉，为之感动……这些都是爱国情怀的表现。在中华文明悠久的历史中，爱国主义精神一直是中华民族得以凝聚、生存和发展的强大动力。

活动一：激发心志——爱国人物故事会

你是否曾在读到某个爱国英雄故事时热血沸腾？是否曾被某些爱国人物的事迹感动得热泪盈眶？收集你喜欢或熟悉的爱国故事，选择你熟悉的一两个历史人物，从收集来的事迹中选取一两个有代表性的故事进行适当的加工。比如，加入一些细节描写，想象人物当时的心理，描摹人物的动作、神情。要突出重点，详略得当，并拟一个恰切的小标题。

活动二：陶冶心灵——爱国诗词朗诵会

爱国，是诗歌常见的主题。古往今来，诗人们以诗词的形式，歌咏祖国大好河山，赞颂爱国历史人物，表达对国家命运的牵挂，以及抒发个人的报国之志——爱国情怀成为这些诗作中最感动人、最振奋人心的旋律。同学们可以收集一些爱国诗词，举行一次小型诗歌朗诵会，感受高尚的爱国情怀。

活动三：启发心智——爱国名言展示会

有这样一些名言警句：或表达对祖国的感恩，或抒发对故土的思念，或阐述爱国精神的实质，或思索个人与国家休戚相关的命运，虽然都是"只言片语"，却因其语言精练，颇具思辨色彩，而更显情思隽永，精警动人。同学们课外收集爱国主题的名言警句，组织一次爱国名言展示会。

人无信不立

——诚信主题写作

信，即诚信，是中华民族的传统美德之一，也是社会主义核心价值之一。在古人眼中，信是立身之本、交友之道、经商之魂、为政之要；在现代社会，诚信是公民的第二张身份证。无论古今，诚信应该成为一个人必有的精神品质。诚实做人，讲求信用，要从生活中的一点一滴开始做起。

活动一：引经据典话诚信

（1）古代先哲在思考"信"这一道德规范时，留下了很多精彩论述；古今的道德楷模践行"信"的美德，其品行令人景仰。请同学们分别收集有关

"信"的名言警句、成语典故、名人逸事以及其他经典论述，理解"信"的传统
内涵。

（2）汇总并整理本组收集的资料，可将资料先按类别划分为观点类和事例
类，再进一步划分为"交友之信""经商之信""国家之信"等；也可以将所
有资料划分为"正面""反面"两类。最后各小组将整理后的资料制作成小册
子，或者放到班级的博客、公共邮箱、网络论坛里共享。

（3）研读整理后的资料，小组内讨论：古今中外典籍中出现的"信"有哪
些含义？"信"对于个人、社会、国家有怎样的重要意义？

① 与"诚信"有关的名言警句。

失信就是失败。

——左拉

没有诚实哪来尊严。

——西塞罗

言必信，行必果。

——子路

诚信为人之本。

——鲁迅

一言既出，驷马难追。

——中国谚语

人无忠信，不可立于世。

——程颐

诚实和勤勉，应该成为你永久的伴侣。

——富兰克林

失去了诚信，就等同于敌人毁灭了自己。

——莎士比亚

信用既是无形的力量，也是无形的财富。

——松下幸之助

一个人严守诺言，比守卫他的财产更重要。

——莫里哀

② 与诚信有关的成语典故。

a. 一诺千金

源于《史记·季布栾布列传》。季布是秦朝末楚国的义士，他生性耿直，乐善好施，特别是他答应过的事情，无论困难多大，他都一定要设法办好，所以深受当时人们的赞誉。季布在项羽手下时，曾多次打败刘邦，项羽兵败自杀，刘邦悬赏捉拿季布。但是由于季布深得人心，始终捉拿不到他。后经汝阴侯滕公说情，刘邦才撤销通缉令，并封季布为中郎，不久又改封河东太守。当时有一个人叫曹邱生，专门喜欢结交有权有势的官员，他听说季布一夜之间由阶下囚变为天子的重臣，特地让人介绍自己去见季布。季布一见曹邱生，脸上便露出厌恶之情。而曹邱生不识相地弯腰作揖，惊喜地对季布说："我听楚人说过'得到百斤黄金，也抵不上季布'的一句诺言。"接着曹邱生又说："你的名声如此之大，难道与我到处宣扬一点关系都没有吗？"季布听了曹邱生的话后非常高兴，认为他的名声之所以这么大，原来与曹邱生的宣传有关。后来，人们把这个故事概括为"一诺千金"，用来比喻重视诺言，说话算数。

b. 一言九鼎

战国时，秦国的军队团团包围了赵国的都城邯郸，形势十分危急，赵国国君孝成王派平原君到楚国去求援。平原君打算带领20名门客前去完成这项使命，已挑了19名，尚少一个定不下来。这时，毛遂自告奋勇提出要去，平原君半信半疑，勉强带着他一起前往楚国。

平原君到了楚国后，立即与楚王谈及援赵之事，谈了半天也毫无结果。这时，毛遂对楚王说："我们今天来请你派援兵，你一言不发，可你别忘了，楚国虽然兵多地大，却连吃败仗，连国都也丢掉了，依我看，楚国比赵国更需要联合起来抗秦呀！"毛遂的一席话说得楚王口服心服，立即答应出兵援赵。平原君回到赵国后感慨地说："毛先生一至楚，而使赵重于九鼎大吕。"成语"一言九鼎"由这个故事而来，形容一句话能起到重大作用。

活动二：环顾身边思诚信

联系身边或社会上一些不讲诚信的事例，如考试作弊、借钱不还、制售假冒伪劣商品等，小组开展讨论：诚信缺失会带来什么不良影响？

活动三：班级演讲说诚信

围绕"诚信"这一话题，每人写一篇演讲稿，小组推荐一篇写得精彩的

91

演讲稿和一位演讲出色的同学参加班级演讲会，小组同学合作，共同修改演讲稿，并为推荐出来做演讲的同学出谋划策。同学们写演讲稿时，要注意恰当地运用活动中收集到的资料。

在完成演讲稿的基础上，组织一次班级演讲会，请同学们想一想策划、组织这次演讲会需要做哪些工作，列出清单，各小组分工完成。

以和为贵

中国文化崇尚"和"，有关"和"的思想源远流长，丰富多彩。"和"既被视为诞育万物的本源，也被看作修德养性的关键，还被认为是社会交往的准绳，更被尊奉为国家共处的原则。"和"的重要性也体现在我们的语言当中：故宫的三大殿被命名为太和殿、中和殿、保和殿，商人们常说和气生财，贺人新婚要讲和和美美、琴瑟和谐，等等。下面的活动围绕"和"展开，探究"和"的内涵与作用。

活动一：探"和"之义——说故事

孔子说："君子和而不同，小人同而不和。"（《论语·子路》）其中"和而不同"的思想，不仅是一种人际交往的方式，更是一种对待世界的哲学态度。"和而不同"已经成为中华民族传统文化的核心命题之一。当然，重视"和"的思想，对"和"与"同"内涵的思考并不始于孔子，也不止于孔子。借助工具书，理解下面的材料，小组讨论："和"与"同"有什么区别？古人论述"和而不同"的思路是怎样的？"和而不同"在当下有什么意义？

活动二：寻"和"之用——谈看法

"和"的思想，用于调和人际关系，解决各种纠纷，可以概括为"和为贵"。这是孔子弟子有若的话，原文为："礼之用，和为贵。"（《论语·学而》）这句话究竟是什么意思，历来说法很多。但人们在日常生活中，大多将"和为贵"中的"和"理解为"和睦""和气"等。《"六尺巷"的故事》，就是"和为贵"原则在生活中的体现。你还知道哪些体现"和为贵"的例子？

课外收集这方面的事例，可以是历史故事，也可以是身边的事，从中探寻"和为贵"的真谛。

活动三：为"和"宣传——拟标语

"一纸书来只为墙，让他三尺又何妨。长城万里今犹在，不见当年秦始皇。"张英的打油诗，其实可以看作一则诠释"和为贵"的精彩标语。我们平时也经常会看到各种各样的标语，它们对宣传主张、倡导行为、制造氛围有着特殊的作用。参考示例，每名同学创作几条以"和"为主题的宣传标语，既要有较强的针对性和一定的思想性，也要讲究语言，力求形式新颖、朗朗上口。组内互相评改，选出优秀的标语在班上展示。

示例：

有容乃大，心境宽；以和为贵，万事顺。

尊老爱幼，家庭和睦；亲仁善邻，社会和谐。

和为贵，善为本，诚为先。

和以处众，平以养心，独以思己。

各美其美，方有个性；美人之美，自能和谐。

各美其美，美之人美，美美与共，天下大同。

居家贵和睦，近邻胜远亲。

活动四：以"和"为题——写文章

通过这次活动，你对中国文化中的"和"一定有了许多的认识和理解吧？任选一个角度，写一篇作文，谈谈你的收获。

君子自强不息

"天行健，君子以自强不息。"这句话出自《周易》，意思是天道运行刚健有力，永无止息，而君子处事，也应该遵循天道，刚毅坚韧，持之以恒，努力奋进。这是我国传统文化的精髓，也是中华民族生生不息的精神源泉之一。

活动一：认识自强不息的内涵

自强不息的精神在个人修养、国家发展、历史进步等方面各有不同的表现。仅就个人而言，自信自立、勤思苦学、勇于开拓、面对逆境不屈不挠，都是自强不息的表现。同学们课外收集有关自强不息的名言、格言等材料，了解古今中外名人对于自强不息精神的论述，理解自强不息的精神内涵。

中外古典诗词中不乏体现自强不息精神和风骨的作品，同学们收集相关诗词名句，感受古人自强不息的精神，理解自强不息的含义思考怎样才能做到自强不息。

活动二：寻找自强不息的人物

中国古代有许多自强不息的人物，收集和讲述他们的故事，可以让大家获得教益。同学们可以到图书馆查阅书报或借助网络，收集相关故事，然后举办一场故事会。

我们身边也不乏自强不息的人，他们的精神让我们感动。同学们可以采访他们，让他们谈谈个人经历，让更多的人了解他们，受到鼓舞。采访对象不一定有多么轰轰烈烈的事迹，也不一定非得身处逆境，只要发愤图强，持之以恒，充满正能量，都可以成为我们学习的榜样。做好采访准备。撰写采访稿。

活动三：演讲，青年当自强不息

"中华民族是历经磨难、不屈不挠的伟大民族，中国人民是勤劳勇敢、自强不息的伟大人民，中国共产党是敢于斗争、敢于胜利的伟大政党。历史车轮滚滚向前，时代潮流浩浩荡荡。历史只会眷顾坚定者、奋进者、搏击者，而不会等待犹豫者、懈怠者、畏难者。全党一定要保持艰苦奋斗、戒骄戒躁的作风，以时不我待、只争朝夕的精神，奋力走好新时代的长征路。"十九大报告中的这段话可以说是对自强不息精神的最好阐释。

这份报告对青少年也寄予了厚望："青年兴则国家兴，青年强则国家强。青年一代有理想、有本领、有担当，国家就有前途，民族就有希望。……中华民族伟大复兴的中国梦终将在一代代青年的接力奋斗中变为现实。"那么，我们青少年应该怎样做才能不辜负这份希望呢？请以自强不息为主题，在班级内组织一次演讲活动。

1. 确定演讲主题

同学们根据前面活动中得出的认识，围绕自强不息，确定几个演讲主题。

比如：我的"中国梦"、志当存高远、勇做时代的弄潮儿、论不屈不挠、放飞青春梦想、不可知难而退。

2. 组建演讲团队

根据兴趣，同学们自由组合，分别组建自强不息、志当存高远等若干个话题组；收集资料，完成演讲稿的撰写。

3. 开展演讲活动

每小组推荐一名同学，代表本组进行演讲；最后，根据各组表现，分别评出最佳演讲稿、最佳演讲者等奖项。

综合实践

爱上名著阅读

——少年正是读书时

今天，我们为什么要阅读经典作品？仰望夜空，你吟出"露从今夜白，月是故乡明"，流淌一份乡情；送别友人，你脱口而出"海内存知己，天涯若比邻"，传递一份旷达。这份对经典之美的体悟，融入我们的基因里。更何况，作为一名中国人，如果你不想抛弃自己的民族文化传统，那么阅读代表传统文化的典范性文本，是继承传统的一种极佳方式。但其意义又不止于传承，就个人而言，阅读经典文本是使阅读者经历一番文化濡染的过程。受文化濡染比较多的人和受濡染比较少的人，其气质是截然不同的。当很多人都发生气质的变化时，一个时代的社会风气就会随之发生变化。

如"爱上名著"读书节策划活动。

可爱的同学们，恭喜你加盟中学"爱上名著"读书节策划师团队，接下来我们来共同策划一个属于我们的读书节吧！

活动一："画"出我的期待

你心目中的"爱名著"读书节是什么样的呢？你对它有怎样的期待？动动你的画笔，为新一届读书节创作一个独一无二的Logo吧！

空间：	Logo小知识： 1. 一个好的Logo应符合主题，特点鲜明。 2. 简洁易懂，富有寓意，能让读者从中读到你的期待与理念。 3. 彩笔绘制，符合大众审美

活动二："秀"出我的金点子

（1）许多同学不喜欢名著阅读（太无趣了），请你帮校长想想读名著的新形式。教师邀请学生点评并说出理由，通过投票选出人气最高的作品。

① 请你找到团队，组内轮流说出各自创新的读名著的形式，选出最有创意的点子。

②具体结合一本名著或你的阅读经验来阐述，更具说服力。

③选定展示形式，明确自己在组内的任务。

（2）学生分组展示创新读书形式。

组一：用表演的形式推进名著阅读。

组二：用"你画我猜"游戏的形式激发学生的阅读兴趣。

组三：走进作者，让主角对话作者，了解作品背后的故事。

活动三："爱"的背后是什么？

链接一：马克·吐温说："名著就是那种人人都说好，但不怎么读的书。"

链接二：董卿这两年因为在《朗读者》《中国诗词大会》等节目中出众的表现被观众盛赞，大家纷纷开始读书。

活动四："爱"要大声说出来

请你帮助本次"爱名著"读书节设计一句标语：

爱上经典名著，_____。

爱上读名著，积攒你的人生储蓄罐。

读自己的书，乐趣无穷。

孝亲敬老，从我做起

——如何制作孝亲主题校园海报

"孝"是中华民族的传统美德。《诗经·小雅·蓼莪》说："父兮生我，母兮鞠我。抚我畜我，长我育我，顾我复我，出入腹我。欲报之德。昊天罔极！"（爹爹呀你生下我，妈妈呀你喂养我。你们护我疼爱我，养我长大培育我，想我不愿离开我，出入家门怀抱我。想报爹妈大恩德，老天降祸难预测！）这段话说明了父母生我养我，拉扯我长大，呵护备至，我想好好报答，但上天无情，想要报答父母也没有机会了。父母养育子女，并不求回报；作为子女的我们，则要充满感恩之心，孝敬父母。如果更进一步，"老吾老以及人之老"，将孝敬双亲的心，扩大到敬爱所有的长辈，则是一种更为可贵的品德。让我们从现在做起，体谅父母，关心父母，孝敬父母，并敬爱老人。

阅读后面的资料，参考提示，全班策划组织一次"孝亲敬老月"活动。

活动一：制定活动方案

同学们参考课本上的"资料一"，分小组制定一个"孝亲敬老月"活动方案，提交班级讨论。方案要包含活动目标、活动时间、日程安排和人员分工等内容，力求内容新颖、形式多样、操作性强。方案要围绕一个具体主题展开，可以用一句凝练的口号概括这个主题。各小组提交方案后，召开班级专题讨论会。大家畅所欲言，发表意见，丰富、完善该方案。

活动二：制作宣传海报

根据拟定的活动方案，同学们分工合作，组织一次"孝亲敬老月"活动；可参考"资料二"，制作宣传海报，海报要突出活动特色和班级特点；邀请别班同学参加本班活动。活动实施阶段，要注意分工明确，各司其职。

资料二："孝亲敬老月"活动海报

感受亲情 孝亲敬老

我们被浓浓的爱包围却无所知

我们习惯了被爱却不会爱人

让我们唤醒心灵，感受亲情，尊敬长者，就从现在开始！

听——成长的声音：听父母谈孕育生命、抚养子女的艰辛与快乐，了解自己成长过程中的故事。

看——岁月的痕迹：找出父母年轻时和近期的生活照，从对比中触摸岁月的痕迹。

忆——关爱的点滴：回忆生活中长辈对自己点点滴滴的关爱，用心体会，心怀感激。

做——真情的回报：为家庭做一件事，感受父母的辛劳；与家人聊一次天，增进长幼间的情感；给长辈送一份祝福，表达美好的心意。

活动三：分享体会与感受

通过活动，你对"孝亲敬老"是不是有了新的理解和认识？古往今来的孝亲故事是不是也触动了你心底对于父母的感恩之情？结合课本上的"资料三""资料四"，写一篇文章，谈谈你对此次"孝亲敬老"活动的感受和思考。题目自拟（如"我的孝心漫画""我的孝心故事"），字数不限。

身边的文化遗产

——综合性学习之申遗答辩，梦圆良渚

我们身边有很多历史遗留下来的名胜古迹、民间技艺、艺术形式、民俗活动、节庆礼仪等，都彰显出独特的人文价值，凝聚着共同的历史记忆，是宝贵的文化遗产。为进一步加强我国文化遗产的保护，继承和弘扬中华民族优秀传统文化，国务院决定自2006年起，将每年6月的第二个星期六定为我国的"文化遗产日"，2016年调整为"文化和自然遗产日"。

今年的"文化和自然遗产日"即将到来，市里准备组织评选本市优秀文化遗产项目，以制定相应的宣传保护措施。请同学们根据"资料夹"中的资料，以班级为单位，组织推荐、评选，并模拟申请和答辩。

活动一：文化遗产推荐与评选

全班分成若干小组，分别推荐和评选出本组认同的"文化遗产候选项目"，可以是本乡镇、街道的项目，也可以扩大到县、区、市的范围。

1. 分工合作

比如，有的同学负责物质文化遗产，有的负责非物质文化遗产。其具体区别可参看课本上的"资料一"。

2. 自由推荐

首先，同学们阅读"资料一"，了解文化遗产的定义和入选标准；其次，通过回忆、访问、资料搜索等形式，找出我们身边符合条件的项目，参考课本

中的"资料二",制作资料卡片。

3. 小组讨论

组长负责收集各组员提交的卡片,召集组员讨论,选出推荐人数最多、认同度最高的项目作为本组的"申遗"项目。

活动二：实地考察,收集资料,撰写申请报告

"申遗"项目确定后,下一个环节是撰写优秀文化遗产申请报告,报告最好图文并茂。报告要注意用诗情画意的语言,描述建筑的独特魅力;用富有感染力的语言,引起大家的关注。报告中应该包含的内容有(以某古代建筑为例):

1. 建筑概述。

2. 人文、历史价值。

3. 建筑保护现状及面临的问题(可参考课本上的"资料三",了解破坏文化遗产的种种因素,并据此具体分析该建筑面临的问题)。

4. 拟采取的保护措施。

活动三：班级召开模拟答辩会

各小组推举一位组员担任"申遗代表",负责介绍本小组推荐的项目;其他组员组成助威团,并参加答辩。我们不仅在撰写申遗报告的过程中锻炼了筛选、提炼、整合信息的能力,还在模拟答辩会里完整体验了一次活动策划、组织、协调和实施的过程。在今后的学习、工作中,我们还会更多地接触到答辩这种考验我们综合能力的形式。

活动四：写申遗成功特别报道

申遗模拟答辩会结束后,结合八年级上册学期系统学习的新闻知识,同学们将获得的感触与心得写成一篇申遗成功特别报道。

活动结束后,同学们参考课本上的"资料四",以"我与文化遗产"为话题,自拟题目,写一篇作文,谈谈你对文化遗产保护的认识和思考。

倡导低碳生活

——做好垃圾分类主题宣传

这颗美丽的蓝色星球，就是我们人类共同的家园——地球。随着人口的增多，人类活动的频繁，空气污染、土壤沙化、水土流失、温室效应等都在加剧，地球正遭受着越来越大的威胁。为此，我们应当倡导低碳生活，即尽可能采取减少能量消耗和温室气体（主要是二氧化碳）排放量的生活方式。

班级分工合作，参考课本上"资料夹"中的资料，组织一次主题宣传活动，宣传低碳生活、绿色环保的理念。

活动一：调查研究，确定环保主题

阅读课本上的"资料一"，围绕"低碳生活，我们可以做什么"这个话题，全班一起讨论，确定各组的活动主题。

活动二：收集资料，撰写宣传文稿

撰写宣传文稿，如编写宣传口号、创作宣传歌曲、给全校师生写倡议书、向有关部门提建议等。此外，同学们还可以创作有关垃圾分类的三句半、舞台剧、小诗歌和情景对话等艺术作品，积极倡导低碳生活。

（1）围绕专题，了解相关知识。同学们可以从相关网站收集一些最新的可靠数据，也可以从地理课本、百科全书中寻找相关的介绍，还可以访问权威人士、咨询相关学科老师。

（2）实地考察，获取直接资料。同学们可以走出校园，用笔记录，用相机拍摄环境被破坏的情况，如村边小河清水不再、泡沫四溢的现象，记下你的感受；拍摄一张雾霾天里行人戴口罩出行的照片，从中体会保护环境是多么迫切。

（3）参考资料，撰写宣传文稿。同学们参考课本中的资料二、资料三，结合具体情况撰写不同形式的宣传文稿，积极倡导低碳生活。

活动三：撰写报告，分享活动成果

（1）将收集到的资料分成不同栏目或板块，编写宣传材料。报告形式可以多样，如展板、小册子、海报、标语等均可。

　　（2）带着宣传材料，在学校或社区开展宣传，倡导环保理念，并提示大家在生活中践行；在宣传活动中，尽量采取环保方式进行；宣传结束，注意清理活动产生的垃圾。

活动成果：

垃圾分类之宣传标语

垃圾精减师生创，四减四分有妙方。
一减饮料塑料瓶，二减餐盒废纸张。
三减笔芯旧橡皮，四减剩菜剩饭汤。
环保观念不能忘，克勤克俭少年郎。

垃圾分类之三句半

天高气爽闻啼鸟，今天我们说环保，垃圾分类是时髦。真好！
以前垃圾靠焚烧，刺激味道随处飘，群情激奋呼声高。吐槽！
垃圾填埋费用高，东墙拆掉西墙倒，土地面积在减少。难搞！
狂风肆虐雨潇潇，白色垃圾把手招，各种疾病齐来到。糟糕！

……

笔芯电池过期药，有害分放效率高，果皮骨头属餐厨。记好！
纸张塑料可回收，除此之外算其他，垃圾分类有一套。重要！
室内垃圾寻不着，定时投放有情操，疑惑有人来指导。绝妙！
五学五进方法好，四减四分真奇妙，三定三查是王道。可靠！
垃圾分类千万条，以身作则第一条，长期坚持必有效。回报！
垃圾数量变得少，环境整洁更美好，校换新颜我含笑。骄傲！

岁月如歌

——制作我们的初中生活纪念册

相识犹如昨天，离别却并不遥远。回首逝去的日子，我们相聚在这个校园、这个班级，一起洒下过无数的汗水，共同收获过无尽的欢乐，而今心头不免涌起缕缕怅惘。人的一生必然要走过许多驿站，每个驿站既意味着结束，也是一段新征程的开始。

在初中生活的最后一个学期，全班同学分工合作，制作一本班史，为三年的青春时光留下一份永久的纪念。

活动一：成立编委会，做出人员分工

（1）推荐1名同学担任主编，并推举几名同学担任编委，共同组成班史编委会，拟定编写计划。

（2）参考课本上"资料一"的模式，由主编草拟班史编写思路，提交编委会讨论，确定编写方案。

（3）全班同学可做如下分组：

① 信息资料组：负责文字、图片、音像资料的收集、整理工作。

② 文字撰写组：负责主要文稿的撰写及文字统筹工作。

③ 设计制作组：负责班史的封面设计、版式设计、插图绘制及印刷等工作。

活动二：收集资料，创作文稿

（1）文字撰写组根据编委会拟定的编写思路撰写文稿；可以参考课本上"资料二"的示例，撰写班级大事年表、专题作品（如《我们的老师》《一次难忘的运动会》）、班级轶事等。

（2）班史里应该有所有同学的"素描"。可以参考课本上"资料三"的例文，每位同学写一篇"素描"文字介绍自己，也可同学互写，角度和写法可以多样，不要太长，两三百字即可。

（3）可以请班主任、任课老师等撰写序言，也可以由文字撰写组完成。

活动三：编辑加工，装帧制作

文稿全部完成后，交给编委会审校，编订目录，校正错误，完善文稿。然后将文稿交给设计制作组进行装帧设计（为文字配照片、配图等）。如有条件，同学们可以用电脑排版，打印成书，人手一册。

语文生活

文学部落

你还记得听过的第一个故事、读过的第一篇童话吗？你是从何时开始喜欢抄录那些让你心动的美丽句子的？当你读到特别感人的作品时，是否会流下眼泪？

文学是语言的艺术，以其独特的美感形式，陶冶性情，滋润心灵，伴随我们成长。当网络、游戏、电视、电影充斥我们的课外生活时，不要忘记文学这片精神的家园。让我们漫步其中，与优秀的文学作品对话，丰富人生体验，提高审美品位，让自己变得纯净、高贵而深刻。

与班级同学共同组建属于我们自己的文学部落——文学兴趣小组，可以分成小说、戏剧、诗歌、散文等组别。每位同学自愿加入感兴趣的小组，并开展如下活动，分享文学带给我们的诗意与美，也分享成长的快乐。

活动一：读书写作交流会

各个文学兴趣小组不定期开展读书和写作的交流活动。每次活动可以设立不同的主题。例如，大家同读一本书，做读书交流；每人为大家介绍一本自己最喜欢的书；分享自己最新的一篇文学创作，并请同学们点评；等等。活动形式可以多样化，要发挥各个小组的特点，如诗歌组可以用赛诗会的形式来组织写作交流，戏剧组用改编课本剧的形式进行读书交流等。各小组还可邀请老师作为特约指导，举办相关专题的文学讲座；用拍照、录像、录音等形式记录下小组活动情况，以便展示成果，与其他小组交流。

活动二：布置文学角

选择教室中的一角作为文学角，设立一个文学小书架和一块文学展示墙。小书架由各文学兴趣小组负责推荐、提供书籍，要有同学专门负责书籍借还，保管好图书。小书架的书籍要定期更换，以便同学们能够读到更丰富的图书。小书架上方的墙壁设计成一块文学展示墙，其内容和形式可以灵活多样，如可以由某一文学小组设计一期该小组的主题墙报，或展示各小组活动的阶段性成果，还可以展示班级优秀作文等。总之，文学角的设计要简洁、美观、大方，展示墙与书架要相互协调，充分体现文学角的特色，使其成为教室中的一个小亮点，为教室增添一份雅致，给同学们营造一个良好的读书氛围。

活动三：创立班刊

全班推选出四五名同学组成班刊编辑部，由编辑部向全班同学征集班刊的名称，确定班刊形式、栏目设置等。编辑部整理、归纳同学们的建议，拟出一份班刊策划书，确定班刊的整体框架。班刊编辑部根据具体需要设立图画组、设计组、文字组、宣传组、综合组等编辑小组，全班同学自愿报名参加其中一个编辑小组。编辑部按策划书分配任务，各小组各司其职，分工协作。

（1）拟一个朗朗上口的刊名。刊名要文雅，富有文学气质。

（2）精心设计几个精品板块。班刊可以增加一个"班级要闻"栏目，定期发布班级重要新闻；还可以设计类似"美图欣赏""笑话幽默"之类的休闲板块，增加班刊的可读性和趣味性。

（3）班刊要体现出班级特色，内容积极向上，成为凝聚班级精神、推动班级进步的重要纽带。班刊可以以手抄报的形式呈现；也可以拉来赞助，以印刷品的形式呈现；还可以利用软件，做成电子杂志的形式。

我的语文生活

学习语文，可以在课堂上，也可以在课外生活中。社会生活给我们的语文学习提供了丰富的资源，如各种书籍报刊、街上的招牌广告、门口的对联、广播电视节目、电影、网络等。语文学习的外延与生活的外延相等，语文学习的机会无处不在，只要留心就会有收获。今天我们就从几个小处着手来看一看生活中的语文。

活动一：正眼看招牌

商店的招牌是街市的"眼睛"。好的招牌能吸引人的注意，还能引起人们购物的兴趣。我们到街上走走，会看到有的招牌设计比较讲究，风格独特，有浓浓的文化感；有的招牌比较粗糙，没有特色，存在用字不规范、有错别字及汉语拼音有错漏等毛病；据此做一份调查，设计一个统计表，整理统计在招牌中发现的错别字及其他毛病，并选择一个你认为设计得最好的商店招牌，在全班说说你对这个招牌的评价；最后，形成一份报告："关于规范街头用字的建议"或"小议荧屏错别字"。

示例：

（2017—2018学年郑州市七年级下册期末考试题）下面是三个招牌，请任选一个，谈谈它的巧妙之处（至少说出两点）。（2分）

（1）故人庄饭店

（2）我在书店

（3）夕阳红养老院

参考答案：

（1）①巧用古诗《过故人庄》的题目，富有诗意和文化内涵。②故人意为老朋友，给人亲切感，有助于拉近商家与消费者的距离，增进消费者之间的情感。③容易让人联想起诗歌描述的情境，体现饭店的热情好客、古风犹存。

（2）①契合笛卡儿的哲学名言"我思故我在"，彰显书店的文化品位。②"我在书店"一语双关，既是书店名称，也是顾客所在的位置，独具匠心，富有情趣。③能给人一种参与感，更容易吸引顾客走进书店（能唤起顾客走进书店的潜意识）。

（3）①巧用诗句"夕阳无限好"，用夕阳比喻老人，突出养老的主题，富有诗意。②有最美不过夕阳红之意，能给老人以积极的心理暗示，鼓励老人树立信心，满怀希望地生活，继续发光、发热。③夕阳红给人以温暖明亮的感觉，寓意给老人温暖关爱，让他们安享晚年。

活动二：我来写广告词

提起广告，你首先想到什么？或许是看电视节目时被广告打断的懊恼，或许是某个夸张搞笑的画面。相信很多人可能是因为某句妇孺皆知的广告词而将一个广告深深地印在了脑海中。仔细回想一下，哪些广告词让你印象深刻？它们的独特之处在哪里？

（1）分小组收集不同媒体的广告，如报纸、杂志、广播、电视、网络、路牌、电子屏等，记录三条你喜欢的广告词。

（2）就收集到的某一条广告词思考：

① 这条广告词的目的是什么？

② 这条广告词是否精彩？精彩在何处？

（3）下面是四则广告词，前两则是茶叶的广告，后两则是图书馆的公益广告。自选角度，说说你的看法。你最喜欢哪一条？仔细品味，模仿这类广告的语言风格，为你喜欢的商品或某一公共场所写一则广告词。

① 闻香知好茶。

② 一杯茶，一份情，一生缘。

③ 轻轻地我走了，正如我轻轻地来。

④ 有了喧哗，自己无法心静；有了打闹，别人无法凝思。

我们先根据（2）中的问题分析一下这四则广告词的妙处：

第一则"闻香知好茶"。首先我们一看就知道这是有关茶叶的广告，其次我们还能够知道一杯茶是不是好茶从它的香味中就可以判断出来。

第二则"一杯茶，一份情，一生缘"。首先可以知道这是一则有关茶叶的广告，并且语言模拟了周华健的《朋友》中的歌词"一句话，一辈子，一生情，一杯酒"，因为大家比较熟悉，所以易于传播。同时广告也表达了一杯茶代表着一份情谊、一世的情缘，暗示消费者在泡茶、喝茶时都带有一份浓厚的情感，或许此时茶已不再单纯是茶了。

第三则"轻轻地我走了，正如我轻轻地来"，这是徐志摩的诗《再别康桥》中的句子，作为图书馆的广告词充满着浓郁的文化气息，同时又提醒读者进入和走出图书馆都要"轻轻地"，以保持图书馆的安静。

第四则"有了喧哗，自己无法心静；有了打闹，别人无法凝思"。这则广告语告诉我们走进图书馆要保持安静，这样自己才能静下心来读书，也不会打扰到别人的沉思。并且广告采用了对比的手法，主题突出、意思明了，让人一看就懂，便于记忆。

如何欣赏广告语：

首先我们要思考广告语的目的是什么，然后看一下这则广告语的语言特点（巧用名言名句、修辞等），最后分析它妙在哪里（从表意和方便传播方面考虑）。

如何写广告语：

广告的目的是让人一目了然，便于传播，所以广告语必须有创意，一般可从以下四个方面入手：幽默、悬念、以短拖长、化曲为直。其语言要简洁凝练、新颖独特、富有情趣、朗朗上口、内涵丰富。因此同学们写广告语的时候就要从句式、修辞和巧改名言名句等方面入手。

课下多积累：同学们可收集各媒体中的环保公益广告语、交通安全公益广告语、保护动物公益广告语、保护环境公益广告语等。

活动三：寻找最美对联

对联是我国传统文化的瑰宝和文化遗产，现在还普遍应用在我们的日常生活中。无论是在名胜古迹，还是在市井闾巷，我们常常会发现对联。这些对联与周围的环境相映成趣，充分体现了汉字的奥妙、魅力和传统文化的意蕴。

上联：越仙岁万水毫不刻己
下联：医数人治百病精益求精
横批：精神动人

2019级七（9）班王艺涵的对联作品

1. 查找对联资料

了解对联的基本知识要注意摘抄相关知识，并制作对联知识卡片，每张卡片上列一个对联知识，如对联的历史、种类、格律要求等。

对联的特点：对联分上下联、门心或横批。另外要求上下联字数相同，仄起平落，上下联对应位置的词语词义相同、相反、相关等都行，但词性是相同的，读起来要有韵律和节奏感。所以，我们做题时不妨先把给出的上联或者是下联划分节奏，然后根据节奏找对应位置上的词语，即找同义词、近义词、反义词等。例如：

上联：天/增/岁月/人/增寿

下联：春/满/乾坤/福/满门

这样对起来是不是就简单一些了。

2. 广泛收集对联

同学们不仅要利用书刊、网络收集对联，还要注意实地收集身边的对联，如居民住宅门口的春联、当地景区的对联等。各小组根据收集对联的种类，按照春联、寿联、名胜古迹联等分类整理，形成一个汇总表。

3. 评选最美对联

小组间分享各自的对联知识卡和对联汇总表；设置若干评选栏目，如最有趣的对联、最巧妙的对联、最长的对联等，全班投票评选出相应的"最美对联"。

我们的互联网时代

——利用互联网学语文

活动一：网络词语小研讨

收集3～5个近期网络流行词语，查找它们的含义与出处，记录在学习单上；以小组为单位，集思广益，制作一本网络热词小手册。

活动二：电子阅读面面观

互联网时代，电子阅读已经成为阅读的一种常见方式。无论是在公共汽车上、地铁里，还是在公园的长椅上，越来越多的人埋头注视着一块块小屏幕，浏览各种信息。你会用电脑或手机阅读书报吗？你喜欢这种阅读方式吗？在你看来，电子阅读有什么优缺点？

1. 设计一个调查问卷

调查内容包括：人们花费在电子阅读上的时间，电子阅读的方式或途径，电子阅读和纸质阅读在阅读中所占的比重，大家对电子阅读的态度和意见等。

2. 组织一次辩论研讨

研讨话题：电子阅读会不会替代传统阅读？

活动三：用互联网学语文

互联网最大的优势就是信息丰富，搜索便捷。善用互联网，有效利用其中海量的信息，可以扩大视野，提高学习效率；不善用它，沉迷其中，把时间花在游戏和无意义的浏览、聊天上，会造成时间和精力的浪费。我们可以通过以下活动，学习如何有效进行网络学习。

1. 举办专题讲座

讲座可分为三个板块：

信息游戏——掌握检索的要领。

求助和指教——运用社交媒体。

不期而遇——漫步网络图书馆。

2. 制作散文专册

我们在第四单元学习了不同类型的散文。利用课外所学的网络技能，同学们搜索一下有关散文的各方面知识，包括散文的文体特征、发展历史、分类、阅读策略等。然后，小组合作，制作一本题为《关于散文》的小册子。

3. 小组研讨辩论

话题：如何扬长避短，有效利用网络帮助我们学习？

网络热词是我们与这个时代互动的方式，只有在正确的互动与交互中让更多的人听见我们的声音、看见我们的观点，才能更好地参与互联网时代及社会生活实践。

古诗苑漫步

中国是一个诗的国度，特别是古典诗歌，源远流长，名家辈出，佳作如林，在中华文明史上蔚为壮观。今天，让我们漫步于古诗苑，含英咀华，接受一次美的洗礼吧。

活动一：声情并茂诵古诗

学习古诗离不开朗诵。选择一两首你喜爱的诗歌，以小组为单位，开展古诗朗诵活动。有条件的学校也可以开展唱古诗或吟诵诗歌活动。

选定诗歌后，同学们认真领会意境，揣摩语言，把握节奏；可以配上你喜爱的乐曲作为背景音乐，也可以自编音乐，声情并茂地朗诵。

活动二：别出心裁品古诗

我国古代诗歌一向追求诗情画意，苏轼评价唐代王维的诗和画是"诗中有画，画中有诗"。其实，不仅是与绘画，诗歌与很多艺术形式都有相通之处。我们只要用心体会，便会发现，许多诗歌都可以借助其他的艺术形式来表现；以小组为单位，任选一种艺术形式，表现某一首古诗的内容。

艺术形式可以是书法、绘画、音乐、舞蹈、戏剧等。比如，我们可以将柳宗元的《江雪》画成一幅画或写成书法作品；可以为李清照的《渔家傲》谱曲，并根据音乐和词的意境编一段舞蹈；可以把《木兰诗》改编成一个剧本，摄制成短片或制作电脑动画；等等。小组分工合作准备或排演，在班里集中展示。小组推荐代表发言，谈本组的创作思路，以及对不同艺术形式表现效果的认识。

活动三：分门别类辑古诗

同学们以小组为单位，选定一个专题，把记忆中的相关古诗辑录到一起，编成一本专题诗集。

1. 确定专题，选择古诗

按照古诗中的春夏秋冬、风花雪月、湖光山色、名胜古迹、离情别绪等主题进行分类，同学们可将相关古诗辑录起来，并按一定的顺序排列。

2. 注释评点

小组分工合作，给每首古诗做注释，并撰写简要的赏析、评点文字。

3. 编辑成集

同学们可以为诗集起一个新颖别致的名字，设计版式、插图、封面；还可以写一篇前言或编后记，简单记录这本诗集的编辑过程。

4. 交流分享

编好之后，小组之间互相传阅、评价，共享"编书"的快乐。

小说编辑部的故事

——走进小说天地

小说是大家喜闻乐见的一种文学形式。那生动的故事、曲折的情节、鲜活的人物、多样的表现手法，一定给你留下过深刻的印象。它们就像一部部生活的教科书，引领人们了解丰富多彩的大千世界，陶冶人们的性情，净化人们的心灵。

让我们一起走进小说天地，感受小说的美丽。

活动一：小说故事会

学校成立了小说编辑部，现在正在招聘编辑部小编。这张任务单是你走进小说天地的第一步，你准备好了吗？请认真完成以下几项任务：

编辑部想要做一个小说专栏，假定你是新手小编，请你回顾一下自己看过的小说，选择其中一篇，完成一张小说推荐卡。以下为参考格式，请另附纸。

书名：＿＿＿＿＿＿＿＿＿＿＿＿＿＿＿＿＿＿＿＿　　　☆☆☆☆☆（请先评级）

作者：＿＿＿＿＿＿＿＿＿＿＿＿＿＿＿＿＿＿＿＿

推荐理由：＿＿＿＿＿＿＿＿＿＿＿＿＿＿＿＿＿＿

主要人物：＿＿＿＿＿＿＿＿＿＿＿＿＿＿＿＿＿＿

主要情节：＿＿＿＿＿＿＿＿＿＿＿＿＿＿＿＿＿＿

　　请你按照开端→发展→高潮→结局的结构画出小说中你印象最深的情节曲线图，并在图上标注对应的人物和事件。

　　难忘的小说世界：从上学到现在，你一定有过被小说的情节深深吸引，被人物的悲欢离合深深打动的时刻吧？那种体验你一定还记得吧？想一想：那些小说的作者是怎样讲述故事让你沉浸其中欲罢不能的？你能否用自己的生动讲述把同学带入那难忘的小说世界中去？讲讲自己最难忘的小说故事、最喜欢的小说人物，也可以谈谈这些故事和人物为什么那么令你难忘和喜欢，还可以谈谈你读小说的有趣经历及小说对你的影响，等等，相信你一定能谈出自己独特的感受来。

　　活动二：小说人物大家谈

　　小说家通过对生活的细致观察和深刻体验，借助超凡的想象力，用语言塑造了一个个鲜活的人物形象：

　　"忘了？这真是贵人眼高……""阿呀阿呀，真是愈有钱，便愈是一毫不肯放松……"我们知道这是鲁迅笔下的杨二嫂；看到油灯里多点了一根灯草便不肯断气，我们知道这是吴敬梓笔下的严监生……有时只要指出这个人的一言一行，大家就会露出会心的微笑：说的就是那个人呀！现在，就请同学们进入缤纷的小说人物画廊，开展一个"小说人物大家谈"活动。

　　（1）梳理一份小说篇目表。

　　（2）建立小说人物档案卡。

　　用卡片的形式（纸质卡片或电子卡片均可）为小说中的主要人物建立档案，内容包括姓名、出处、外貌神态、典型语言、典型动作、相关事件等，还可以做一些简单的点评。

示例：

小说人物档案卡片

小说人物卡片（01号）	姓名	于勒
	出处	法国作家莫泊桑《我的叔叔于勒》
	外貌特征	早年不详，后来衣服褴褛，手上满是皱纹，一张又老又穷苦的脸，满脸愁容，狼狈不堪
	人物关系	"我"的叔叔，菲利普的亲弟弟
	典型事例	早年行为不端，家产挥霍殆尽；被家人送到拉丁美洲后，发了点财，希望能够补偿哥哥一家；写来的信件成为菲利普家的福音书；后来破产，成为流浪汉，穷困潦倒，只能在船上以卖牡蛎为生
	人物点评	年轻时行为荒唐；后来有所醒悟，挣钱后想弥补之前的过失，不失善良；破产之后，在贫困线上挣扎；能够自食其力，不愿拖累家人，不失良知

（3）开展"人物大家猜"活动。

（4）编写小说人物小词典。

活动三：展开想象的翅膀

小说离不开虚构和想象。我们读小说，实际上也就是随着小说家的笔触，神游于小说所虚构的世界，与小说中的人物同呼吸、共命运。其实，这种想象的快乐不是小说家的专利，你也可以通过自己的尝试获得。

编辑部收到某小说专栏约稿，请你在以下项目中选择一项完成。

项目1：个性改编，重新设计人物命运。

例如，假如闰土生活在现在，他的命运会发生怎样的变化？假如鲁滨逊没有获救，还待在荒岛上，后来还可能发生什么事情？请选取自己最喜欢的一个小说人物，发挥想象，重新设计人物命运。

项目2：个性续写，穿越时空的对话。

例如，《我的叔叔于勒》中的菲利普一家回到家里会发生什么事？假如闰土、于勒、杜小康等小说人物就站在你面前，你将会对他们说些什么？

项目3：个性创编，虚构一篇小小说。

让我们坐上时光机，穿越时空，写写十年之后你的同学将会怎样。寻找你周围生活中的小说素材，进行虚构、演绎，自由驰骋想象，可稍加虚构。用小说的笔法写人叙事，重在突出人物特点。

　　通过以上的练习，现在你已经成为一名会读、会评、会写的合格小编了，在"小说编辑部"的学习中，你最大的收获是什么呢?

第四章

跟着写作学写作

2011年版《义务教育语文课程标准》关于写作的论述：

1. 写作要有真情实感，力求表达自己对自然、社会、人生的感受、体验和思考。

2. 多角度观察生活，发现生活的丰富多彩，能抓住事物的特征，有自己的感受和认识，表达力求有创意。

3. 注重写作过程中搜集素材、构思立意、列纲起草、修改加工等环节，提高独立写作的能力。

4. 写作时考虑不同的目的和对象。根据表达的需要，围绕表达中心，选择恰当的表达方式。合理安排内容的先后和详略，条理清楚地表达自己的意思。运用联想和想象，丰富表达的内容。正确使用常用的标点符号。

5. 写记叙性文章，表达意图明确，内容具体充实；写简单的说明性文章，做到明白清楚；写简单的议论性文章，做到观点明确，有理有据；根据生活需要，写常见应用文。

6. 能从文章中提取主要信息，进行缩写；能根据文章的基本内容和自己的合理想象，进行扩写；能变换文章的文体或表达方式等，进行改写。

7. 根据表达的需要，借助语感和语文常识，修改自己的作文，做到文从字顺。能与他人交流写作心得，互相评改作文，以分享感受，沟通见解。

8. 作文每学年一般不少于14次，其他练笔不少于1万字，45分钟能完成不少于500字的习作。

平时作文课是日常的柴米油盐，是普通的麻鞋布衣，是每天的日月晨昏，简简单单。没有高深的理论，没有独创的体系，没有炫目的精彩，它只是尊重常识的构想、运用教材的创意和以学定教的实践。但是，人是吃家常的饭菜长大的，也是在日常的学习中成长的，因此，我们要努力让每一堂作文课都营养丰富，以帮助学生更快、更好地进步。

（1）阅读与写作：学会读写结合（阅读教学中要有作文要素）。

（2）观察与写作：学会看写联系（日常生活中要有作文理念）。

（3）模仿与写作：学会鉴赏假借（阅读朗读中要有作文积累）。

统编写作36个注意点

教材	第一单元	第二单元	第三单元	第四单元	第五单元	第六单元
七年级上册	热爱生活，热爱写作	学会记事	写人要抓住特点	思路要清晰	如何突出中心	发挥联想和想象
七年级下册	写出人物的精神	学习抒情	抓住细节	怎样选材	文从字顺	语言简明
八年级上册	新闻写作	学写传记	学习描写景物	语言要连贯	说明事物要抓住特征	表达要得体
八年级下册	学习仿写	说明的顺序	学写读后感	撰写演讲稿	学写游记	学写故事
九年级上册	尝试创作	观点要明确	议论要言之有据	学习缩写	论证要合理	学习改写
九年级下册	论述要集中	审题立意	布局谋篇	注意修改	注意合适的表达方式	有创意地表达

七年级

热爱生活　热爱写作

——人教版七年级上册第一单元写作

【学习目标】

（1）观察，让生活生动。

（2）关心，让生活可爱。

（3）观照，让生活智慧。

【教学过程】

（一）导入

一提起写作文，许多同学就感到头痛，提起笔望着题目发呆，总觉得无话可说。有这样一副对联就生动地描写出了同学们面对作文题时的痛苦情形：

上联：苦坐苦想苦不堪言

下联：愁事愁情愁眉苦脸

横批：写不出来

这恐怕是我们大多数同学写作的现状吧。其实老师以前也是一样，感觉无话可说，不知从何说起。那么今天就让我们一起重新认识写作，好吗？

设计意图：从学生的写作困惑来看，究其原因主要是对传统写作与生俱来的畏惧感，那么教师就要从学生写作困难的现状入手，这样，能感同身受，只有这样，才最容易走近他人，也最能够在互相理解中体会到学生写作的不易。第一节语文作文课，这样的导入，轻松惬意，避免学生提写作而色变的情状，使学生在心理上消除了畏惧，才敢于讲真事、说真话，才能达到抒真情的目的。

（二）活动设计

热爱生活就是不论你愿不愿意，只要你活着，就要面对千姿百态的生活；

热爱写作就是把写作当成生活的一部分，苦要写，乐也要写，山要写，水也要写……写是一个人的核心素养，缺乏写作基本功，思想就走不远。我们的喜怒哀乐都用文字表达了出来，我们的生活都用文字记录了下来。生活在我们的笔下变得有了烟火气，变得有了仪式感。其实，我们每一个人都有自己熟悉的人、事、物，它们就是我们独有的珍贵的写作矿藏。那么，我们该怎样把这一写作矿藏发掘出来呢？

设计意图：从自己的生活到他人的生活，由具体的文字实例引导学生关注真实生活中的故事，学生将其构成我们的写作内容。这样，拉近学生与生活的距离。

活动一：观察，让生活变得生动

北京大学曹文轩教授曾经在一次座谈会上说："我们每个人都有一双眼睛，基本上都做一个动作，扫视，还有一个动作，凝视。这个世界非常奇怪，如果你不凝视它，你将走不进这个世界。你必须凝视它，耐心地、目不转睛地凝视，才能有所发现，奇迹就会发生。……很多同学作文写不好的原因之一，是因为你只完成了第一个动作，没有完成或者干脆没有想到完成第二个动作，所以世界在你的眼里就没有什么新奇之处了。"这里揭示了学生写作的重要规律：既要扫视，又要凝视，并形成习惯和本能，最后成为特长。

所以，学生想要写好作文就要学会凝视观察法。它可以是冷静的凝视观察，也可以是主动参与的凝视观察，重要的是留心、用心、细心——"三心"俱全。同时，我们还可以通过揣摩、联想、思考，从观察中发现自然之美、自然之趣、自然之理。不论走到哪里，学生都要多一个心眼，留心观察，习惯性地凝视，并追问自己的情感判断。

学生要仔细观察生活，保持敏感和好奇心，时时捕捉生活素材。大自然的春华秋实、校园的一草一木、家庭的平凡琐事、社会的点滴见闻等都是我们的写作素材，如《春》一文，作者就是拿春天的花草风雨做素材的。

下面我们以《春》中的"春花图"为例，来分析观察的方法。

桃树、杏树、梨树，你不让我，我不让你，都开满了花赶趟儿。红的像火，粉的像霞，白的像雪。花里带着甜味儿；闭了眼，树上仿佛已经满是桃儿、杏儿、梨儿。花下成千成百的蜜蜂嗡嗡地闹着，大小的蝴蝶飞来飞去。野花遍地是：杂样儿，有名字的，没名字的，散在草丛里，像眼睛，像星星，还眨呀眨的。

小结：

（1）观察要有顺序。（空间、时间）

（2）观察要有角度。（视、听、嗅、味、触）

学生要选择自己最熟悉、最动情的生活细节写。最熟悉、最动情的东西往往是学生亲身经历的，有真实的体验和感受。要善于抓住事物的特征，如人物的语言、心理和周围的环境进行描写，才能写得见人见物见精神，才能绘声绘色，描述生动。我们要关心身边那些普普通通的人和事，用细腻的心去寻找真善美的所在，去挖掘生活中的智慧和哲理，培养观察的敏锐性、深刻性和全面性。

总结：其实我们每个人的生活都会有苦辣酸甜，无论快乐也好，痛苦也罢，我们都应该愉悦的接纳自己，直面自己，"我们永远都不知道人生的下一颗巧克力是什么味道"，而这味道就需要我们自己去品味。

设计意图：关注生活的最终目的是让学生能够认识自我，能够愉悦的接纳自己，明白自己的情绪，能自由做自己，有能力做自己，能够成为自己。

活动二：关心，让生活可爱

五光十色的生活是写作的矿藏。可是一些同学明明脚踏"富矿"，却浑然不觉，还有一些同学明知"富矿"所在却不知如何开采。莫言曾说："我从一个用耳朵聆听故事、用嘴巴讲述故事的孩子，开始尝试用笔来讲述故事。起初的道路并不平坦，我那时并没有意识到我二十多年的农村生活经验是文学的富矿，那时我以为文学就是写好人好事，就是写英雄模范，所以，尽管也发表了几篇作品，但文学价值很低。"莫言这样有写作天赋的作家，对生活和写作的关系依然有一个由浅入深的认识过程，这对我们应有所启发，有了写作资源还要会开发和利用，要学会观察和思考的方法。只有做生活中的有心人，你才能捕捉到那些被很多人忽视了的生活细节，也只有这样，你才能看见别人看不见的。

积累生活素材，不仅要用眼睛看，更重要的是要用心去思考生活、感悟生活。宋朝大诗人陆游说，写诗"功在诗外"，生活才是最好的老师。学生要学会将观察对象与自己的情感联系起来，产生鲜明生动、印象深刻的感受、体验，如看到燃烧的蜡烛，就会想起默默奉献的老师，产生赞美老师的想法。

示例1：

日　记

我的诗
就是我的日记
记录着，某些隐忍的情绪
记录着，每一寸微小的欢喜

当暮色降临
月光就要来了
想起，很久的朋友没再联系
想起，海子在戈壁之夜写的日记

夏天
是金钱草的花季
我把采来的野花抓在手里
暮色中，留下我和她们的回忆

星星草点亮了黄昏
记忆像天边的云一样翻涌
想起，小时候在水田边放牛的点滴
想起，小时候坐在书摊前看书的甜蜜

有多少往事被我们遗忘
犹如身旁的风
而我，就像一个勤劳的农妇
把风吹落的种子一粒一粒捡起

这就是我的日记

（2015年6月5日傍晚，于办公室）

这首诗的作者说在她诗中所呈现的，都是日常生活中微小的细节。可能是校园楼梯口，一个小男孩读书的侧影打动了她；可能是清晨阳光照在绿萝上、投射在桌面上的影子打动了她；可能是午间休息时，孩子们调皮的小动作打动了她……生活就是一堆细节，而她，就像一个勤劳的农妇，把这些点点滴滴的细节，写进文字、藏进记忆。如果不用心，这些细节就会被遗忘在岁月深处，你永远也发现不了。

所以，一个初学写作的人必须重视实际生活，同时应该把读书当作实际生活的一部分。这样，书本上的记载才不至于成为公式般的存在，而可以匀和地融化在自己的生活里，融化在自己的文章里。我对我的学生说："刚开始学写作文，大家都不必拘泥，只写你所想写的，只写你所深知的。"至于文章的句法、章法，这不是七年级起步作文应该重点关注的。

活动三：观照，让生活充满智慧

如何才能真正用文字写出自己呢？这就要借鉴课文的写法。那么，该如何借鉴写法呢？

1. 借鉴修辞手法

例如：朱自清《春》

（1）春天像刚落地的娃娃，从头到脚都是新的，他生长着。

（2）春天像小姑娘，花枝招展的，笑着，走着。

（3）春天像健壮的青年，有铁一般的胳膊和腰脚，他领着我们上前去。

小结：比喻、拟人、排比，结尾三段以人为喻，人是喻体，春天是本体。一方面，写出了三种人的各自不同的特点：春天是新的、生长着的；春天是漂亮的、欢快的；春天是强盛的、有力的；另一方面，显出人从小到大、由弱转强的成长，结尾用以比喻春天的进程，是一个动态的进程，非常生动形象。

2. 借鉴结构形式

例如：刘湛秋《雨的四季》

文章很长，一直在写雨，写了四个季节，却让我们感觉雨的特点明晰而精当，情感深挚，这也与文章的结构特点有着重要关系。全文在反复写景中明晰结构：总分结构，由景及人，清晰明确，中心突出，写出四季之雨的特点；描写四季的雨的段落先总后分或呈总分总结构，不仅使雨的特点更加清晰突出，也更有利于情感的抒发。全文采用总分总的结构，第一段总写"我喜欢雨，无论什么季节的雨，我都喜欢。她给我的形象和记忆，永远是美的"；中间四段分写春夏秋冬四个季节的雨，每一段结尾一句总结性概括。最后两段直抒胸臆，表达对雨的喜爱、赞美之情。

示例2：

雨的四季（摘选）

我喜欢雨，无论什么季节的雨，我都喜欢。她给我的形象和记忆，永远是美的。

春天，……只要经过一场春雨的洗淋……整个大地是美丽的。小草似乎像复苏的蚯蚓一样翻动，发出一种春天才能听到的沙沙声。呼吸变得畅快，空气里像有无数芳甜的果子，在诱惑着鼻子和嘴唇。真的，只有这一场雨，才完全驱走了冬天，才使世界改变了姿容。

而夏天，就更是别有一番风情了。夏天的雨也有夏天的性格，热烈而又粗犷。……

当田野染上一层金黄，各种各样的果实摇着铃铛的时候，雨，似乎也像出嫁生了孩子的妇人，显得端庄而又沉静了。……雨变得更轻，也更深情了，水声在屋檐下，水花在窗玻璃上，会陪伴着你的夜梦。……你只会感到更高邈、深远，并让凄冷的雨滴，去纯净你的灵魂，而且一定会遥望到一场秋雨后将出现的一个更净美、开阔的大地。

也许，到冬天来临，……雨已经化了妆，它经常变成美丽的雪花，飘然莅临人间……它既不倾盆瓢泼，又不绵绵如丝，或淅淅沥沥，它显出一种自然、平静。……

啊，雨，我爱恋的雨啊，你一年四季常在我的眼前流动，你给我的生命带来活跃，你给我的感情带来滋润，你给我的思想带来流动。只有在雨中，我才真正感到这世界是活的，是有欢乐和泪水的。……

啊，总是美丽而使人爱恋的雨啊！

由此我们可以学习一种总分总的文章结构：

形式一：三段式

①我爱四季的雨。

②春天……夏天……秋天……冬天……

③啊，总是美丽而使人爱恋的四季的雨啊！

形式二：六段式

①我爱四季的雨。

②春雨是清新、润泽、甜美的……

③夏雨是热烈、粗犷、奔放的……

④秋雨是沉静、端庄、深情的……

⑤冬雨是自然、平静、纯洁的……

⑥总是美丽而使人爱恋的四季的雨啊！

小结：课文是我们写作的重要资源，借鉴课文的写法就是打开读写结合的通道，是提升我们作文品质的重要手段；借鉴课文的写法可以让作文丰满而有文采，不借鉴写法作文则陷于贫乏而无文采，两种结果相去甚远。

【课堂结语】

投影展示：著名作家王安忆说她为何要写作——

我的写作，便是想要把我的工作，我的生活，我的欢乐悲哀，我的我，变得更博大，更博大。

投影展示：

期待着我们能够用写作爱上生命中的一切，用文字发现自己，认识自己，肯定自己，成为自己。

我们的记忆中有许许多多的人和事。有些事令我们刻骨铭心，有些事只在我们的脑海中留下模糊的影子；有些人，虽然陌生，却会在我们的心湖荡起涟漪，有些人，虽然熟悉，却总是被我们忽略。

从今天开始，我希望大家能够爱上写作、爱上文字。

同学们，善于留意生活、观察生活、品味生活就是热爱生活；善于书写观察、品味的结果，并形成习惯，就是热爱写作。让我们在座的每一位都能成为热爱生活、热爱写作的人。让我们铭记：文章能写多远，思想就能走多远。

设计意图：文字如人。你如何活，你就如何写。由认识生活到认识自己，最终学会表达自我，成为自我。

学会记事

——人教版七年级上册第二单元写作

【学习目标】

（1）抓住要素条理清楚地叙述，写清楚事情的起因、经过和结果。

（2）尝试写自己亲身经历的有真切感受的事，力求写得有感情。

（3）注意锤炼语言，在叙述中学习借助恰切的词语来表达情感。

【教学过程】

（一）导入

呈现问题，学策略。

呈现情境： 那天放学回家，我不小心摔了一跤，手受了伤，校服也磕破了。回到家里，爸爸、妈妈、爷爷、奶奶都很心疼，嘱咐我以后走路要小心。

学生1点评： 这段文字过于简单、平铺直叙，毫无亮点，跟我平时的写作风格很相似。

学生2点评： 我觉得他没把事情交代明白，我都不知道他咋摔的，摔了结果咋样。

指引： 如何让这段在孩子们看来很无趣的文字变得生动丰满、大放异彩，这时候就需要向课本上的名家取取经，为文字开枝散叶。

自读2019年版七年级上册课本第32页"学会记事"专题，圈画重点词句，总结交流记事的要求。

明确：

记事三原则：一是抓住要素，写清楚；二是添加细节，写具体；三是融入情感，写真切。

（二）活动设计

活动一：抓住要素，写清楚

借助课本所学知识，整理《散步》《秋天的怀念》的写作要素，并让学生从中概括自己在记事过程中所涉及的要素，尝试将情境文字进行要素补充。

回顾《散步》的六要素

时间：

地点：

人物：

起因：

经过：

结果：

经典案例：莫怀戚《散步》

时间：初春

地点：南方的田野

人物：我、我的母亲、妻子和儿子

起因：一家人在田野上散步

经过：发生分歧，母亲要走大路，儿子要走小路

结果：互敬互让，我背母亲、妻子背儿子走小路

思考：我们通过对《散步》这篇课文写作基本要素的回顾，同学们有什么启发呢？记事是传达感情、分享体验的最基本的功夫，记事能力是最基本的写作能力。怎样才能把事情写清楚，从而传情达意呢？同学们不妨记住以下这几个要素。

明确：

（1）记事要完整。写清楚是记事的基本要求，同学们要交代清楚事情发生的时间、地点、涉及的人物以及事情的起因、经过和结果，即所谓的六要素。

（2）记事要有详略。叙事不能没有重点、详略地从头说到尾，而应该有所侧重，因此，把握详略非常重要。要做到这一点，就得明白记叙类文章的要素：时间、地点、人物、事件的起因、经过、结果。如果记叙要素清楚，则能让读者一目了然。文章想要突出重点，有详有略，就要将和主旨（中心思想）有关的经过写具体，和主旨关系不大或者无关的情节则一笔带过甚至忽略。例如，史铁生的《秋天的怀念》，母亲要推着"我"去看菊花，母亲临终前的情景就写得特别具体，而和"我"看菊花无关的生活细节却几乎没有涉及，但是

读者已经能够感受到深深的母爱了。做到取舍得当，重点突出，我们的叙事能力就提升了一个档次。记叙的六要素中，事情的起因、经过和结果是构成事情最主要的环节。为了把事情写得清楚，同学们记叙时一定要写好这三者，特别要把事情的经过写具体，给人留下完整而深刻的印象。

（3）记事要有条理。要做到有条理，就得注意叙事的顺序。比较常用的顺序有：事情发展的顺序，时间顺序（年号、四季、早晚、制作程序），空间顺序（地点转换、方位变化）等。为了将事情叙述得曲折生动，同学们写作的时候还可以考虑在正常的叙述顺序（按照事情发生、发展的先后次序进行叙述）的基础上，适当进行变化，如采用倒叙（把事件的结局或某个最突出的片段提到前面叙述，然后再从事情的开头进行叙述）、插叙（指在叙述中心事件的过程中，由于某种需要暂时中断叙述的线索而插入的关于另一件事情的叙述）等叙述方式叙事。做到了条理清楚，事情就能够顺利记叙下来，如《散步》使用的是顺序，《秋天的怀念》则使用的是插叙。

活动二：融入情感，写真切

分析史铁生《秋天的怀念》"思考探究"专题的例句，让学生尝试在写作中融入情感。

1. 母亲就悄悄地躲出去，在我看不见的地方偷偷地听着我的动静。

通过对母亲的动作描写，作者准确传神地写出母亲强忍住内心的痛关心着"我"。

2. 母亲扑过来抓住我的手，忍住哭声说："咱娘儿俩在一块儿，好好儿活，好好儿活……"

通过对母亲的动作和语言的描写，作者写出了母亲努力克制着自己的悲痛，体现了母亲面对暴怒无常的"我"的强大毅力。

思考：对这些例句的分析给我们什么启发？

明确：

写自己的亲身经历，抓住细节，把人物的语言、神态、动作、心理活动等写细致，这样才能表现出人物的思想品质，才能更好地表达真情实感。

（1）记事要细腻。恰当地运用描写方法：语言、外貌、动作、神态、心理、环境描写。

（2）记事要有感情。单纯为记录发生的事情而写，就有记流水账之嫌，或者说像是在记录历史事件。我们写作文，大多数时候都有传情达意的需要。因此，如果能做到以情驭文，即用自己的感情来驾驭自己的文字，那么，这样的记事就能随时将自己的喜怒哀乐，将自己对人生社会的体验、看法表达出来。要做到这一点其实并不难，只要在记事之前先思考一下自己真正想表达的情感是什么，自己在事件中最真实的体验如何，然后真实地记录下来，这样，文字就能够灵动起来，感动自己，感动读者。例如，莫怀戚的《散步》一文，本来是极为平常的生活小事，但作者将一家三代人互敬互爱的深情渗入文字中，读者就很容易感受到文字背后的真情。作文要记事、要感染人，在于一个"真"字，是自己亲身经历的真人、真事、真感受，这样记事才能打动人。例如，《秋天的怀念》记叙的几件事都是有关母亲的，都是作者亲身经历的，字里行间透露着对母亲的热爱和怀念，以及对自己年少不懂事的追悔，读来令人落泪。

活动三：添加细节，写具体

记事要有细节。注重细节，则能够让叙事更加传神、感人。这里说的细节，主要是能够突出表现作者情感的某些细腻的动作、表情、语言等。例如，《散步》一文中，"我"背母亲、妻子背儿子的细节，就特别温馨、感人。那么，如何才能写具体呢？

写具体——聚焦瞬间，添加细节。

在叙述事件时，同学们可以捕捉有质感的画面，抓住某一个瞬间，将瞬间延长，铺排各种相关细节，多维度加以渲染，通过各种手法，把简单的事件写得丰富具体。

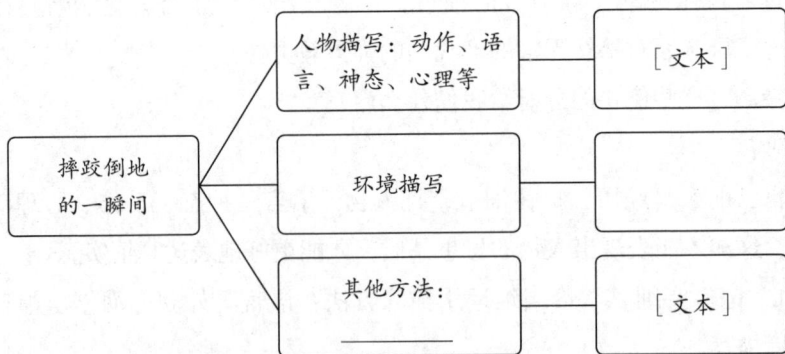

事件过程梳理图

学生1：要素虽然齐全了，可是老师，我觉得这样写还是很无趣、很平淡，怎么办？我想让摔倒的过程更有戏剧性一点。

下面这段文字记事过于简单，读起来让人兴味索然。请你帮作者"添枝加叶"，把它写得丰满、生动一些。

那天放学回家，我不小心摔了一跤，手受了伤，校服也磕破了。回到家里，爸爸、妈妈、爷爷、奶奶都很心疼，嘱咐我以后走路要小心。

提示：

可以从两个方面入手来"添枝加叶"：一是添加细节，二是融入情感。添加细节，如为什么摔跤，摔跤时的惨状，长辈看到后心疼的目光等；融入情感，就要写出自己的感受和心情，可以在叙事之中融入个人情感，也可以在结尾处抒发情感，以此点题。

方法引路：

（1）加入细节：学会有的放矢，多问几个"然后呢"，多想想"会怎样"。"我"是怎样摔跤的？伤得如何？我是怎样回家的？回到家里，家里人是怎么说的、怎么做的？表情、动作如何？可以适当加入对人物的动作描写、语言描写和神态描写，让事件具体生动。

（2）多角度描写：记叙当中要有场景描写，景物描写可以渲染气氛、烘托人物心情、推动故事情节发展、表现主题等。写作时，用生动的细节描写和心理描写塑造人物形象；要有自己独到的感悟，结尾议论点题。

（3）加入感情："我"摔倒时与摔倒后，有怎样的感受？是尴尬、沮丧，是难过、委屈，还是气愤？家人的关爱又让"我"感受如何？在叙事中穿插心理活动，有感情的起伏变化，结尾处增添议论、抒情句，给文章增添色彩。

修改示例：

好好的天说变就变，正是放学的时候却下起了小雨，还好早上出门的时候妈妈让我带了一把伞。因为雨不大，我把伞拿在手里懒得打开，就和几个好朋友有说有笑地回家了，说到高兴的时候禁不住嘻嘻哈哈你追我赶起来……突然，我脚下一滑，"啪"的一声摔在地上，立刻感到右手和膝盖火辣辣的疼，耳边听到他们在哈哈大笑。他们看到我龇牙咧嘴的样子就把我拉起来，我低头一看，原来我的右脚正好踩在湿滑的石块上，再一看，右手掌出血了，校服的裤腿也磕破了。我再也笑不出来，狼狈地回到家里。

妈妈看到我，问我怎么了，我低着头不出声，伸出右手。妈妈拿起我的手，立刻大叫起来："这是怎么了？怎么出血了？"爷爷奶奶闻声从里屋出来："怎么了？出什么事了？"我抬头看见他们脸上写满了着急。我小声地把事情的经过告诉他们。妈妈正在唠叨我"不好好走路"的时候，爸爸回来了，他赶紧抓起我的手看了一眼，快步走到摩托车旁，跨上摩托车说："赶快到医院去！"……

【课堂结语】

诺贝尔文学奖获得者莫言谈到写作时说："我该干的事情其实很简单，那就是用自己的方式，讲自己的故事。"如果善于"讲故事"，也就是擅长记事，写作就会变得简单起来。

记事不难，只要随时记住这"三写"：抓住要素，写清楚；融入情感，写真切；添加细节，写具体。如果做到要素齐全，事情就能够叙述清楚，情感就能够准确表达。当然，多练笔、多思考，才能真正做到"功到自然成"。

屏显《学会记事》打油诗：

学会记事

巧设情境学策略，抓住要素写清楚。

融入情感写真切，添加细节写具体。

捕捉细节悟真情，简叙细描传达爱。

学会记事也简单，情到深处文自成。

【写作实践】

以《那一次，我真_____》为题，先在题目横线上补充一个表示情感或心理活动的词语，然后完成写作构思单，最后写一篇以记事为主的作文，不少于500字。

思路导航：

《那一次，我真_____》，这是一个半命题作文，可以补充一个表示情感或心理活动的词语，如快乐、开心、感动、后悔、失落等。题目中的"真"，表明这件事带给你的情感冲击是很强烈的，让你印象深刻，甚至刻骨铭心，要注意有重点地开展叙述，突出事件中触动你情感的部分。"那"指回忆，"一次"指记叙一件事。在完成作业本上的写作任务单的前提下进行写作，可以让孩子们的思路清晰许多。

《那一次，我真_____》写作构思单

发生时间：_____

发生地点：_____

"那一次"这样开始……（描述那天在你心情发生变化之前的情况）

_____

_____

发生了什么事情？（解释一下发生了什么事让你"那一次"有不一样的感受）

_____

_____

描述你记忆最深刻的一幕。（截取画面，抓住瞬间，发掘细节，把握情感变化）

_____

_____

结束。（描述带给你情感冲击的事情是怎样结束的）

_____

_____

范文欣赏：

那一次，我真感动

街上很冷，风瑟瑟的，像是在削你的骨头。和那天一样，冷得让人想哭。

那天，我走在路上，脚趾头使劲地往脚心里蜷缩，我想它一定被冻得通红。前面有一个卖臭豆腐的摊位，就在街角，这很常见，围了一群人在买。我也一下子来了食欲，虽然我明知道那很不卫生。

"五块钱的臭豆腐。"废了很大力气才挤进去的我对裹着厚重棉袄的卖臭豆腐的大妈喊，看着她嘴里冒出的白色热气我不免有些心疼。这时，我注意到了一个男孩，他挤到大妈的身边，手缓缓地抬起来，放到大妈的腰间，那里有一个褪色的布袋子，是用来装钱的。没错，正如我们所想，他偷了里面的钱！我看到了，但我并没有说，因为我察觉到了大妈眼神中有一丝异样，但她也没有说什么。

那个男孩在得手后立刻跑开了，但在距摊位三四米的地方又停了下来，他看向摊位，眼中有某些东西在不停闪烁着，他的手揉搓着那几张皱巴巴的十元钱。他一直盯着大妈粗糙的手，一会儿后，他猛地冲进了人群，挤到大妈身边，低着头，轻轻地拽了拽大妈的衣袖。我看到了大妈嘴角泛起不易察觉的微笑。

"妈妈，您的钱掉了。"他怯怯地说。我想那一刻我的表情一定很有趣，我真的震惊了。

"哦，好孩子。"大妈装作不经意地夸道。

那一瞬间我想去拥抱他们，并为他们颁个奖。

外面依然很冷，可我的心不再冷了。

写人要抓住特点

——人教版七年级上册第三单元写作

【学习目标】

（1）细心观察抓特点。

（2）紧扣细节加描写。（重点）

（3）写活人物扣事件。（难点）

【教学过程】

（一）导入

同样是用一支妙笔，我们如何用同样的方式准确地把握人物的特征，并且鲜活地把人物特征表现出来呢？带着这样的问题，我们一起进入今天的学习。

（二）活动设计

活动一：细观察，抓特点（画肖像）

大家一起来看看这两幅漫画，谁知道这两幅漫画分别画的是谁？

（用课件展示图片素材——两幅肖像漫画：鲁迅和爱因斯坦）

为什么同学们很快就能猜出他们是谁？我们把两个人物的肖像漫画和照片对比一下，再看一看文学作品是如何刻画这两个人物的，请你谈谈画家抓住了人物哪些方面的特征，而文学作品中作者是运用了哪些个性化的描写向读者传达自己的独有认识的。

他的面孔是黄里带白，瘦得教人担心，好像大病新愈的人，但是精神很好，没有一点颓唐的样子。头发约莫一寸长，原是瓦片头，显然好久没剪了，却一根一根精神抖擞地直竖着。胡须很打眼，好像浓墨写的隶体"一"字。

——阿累《一面》

老人留着一撮短而硬的小胡子，眼睛深深陷在眼窝里，一头蓬乱的灰白头发。他一边埋头走路，一边像是在思考什么。冷不丁被小姑娘一撞，他抬起头，友好地冲她一笑："对不起，小姑娘，是我不小心。"说完，不等女孩回答，老人又低头向前走去。

女孩望着老人，只见他的衣服又肥又长，整个人就像裹在一床大被单里，脚下穿着一双拖鞋。

——佚名《爱因斯坦与小女孩》

明确：

（1）画家抓住了鲁迅很瘦、寸头、胡须浓重的特征。在文学作品《一面》中，作者阿累运用肖像描写，如面孔黄里带白，但是精神很好，头发约莫一寸长，直竖着，胡须好像浓墨写的隶体"一"字，表现鲁迅的顽强、正直。

（2）画家抓住了爱因斯坦头发蓬乱、眼睛很圆、鼻子很大、脑门有深深的皱纹的特征。在文学作品中，作者运用肖像描写，如短而硬的胡须、深陷的眼窝、蓬乱的头发，刻画了爱因斯坦潜心科学研究，不拘生活小节，伟大而又平凡的形象，同时又运用了人物的语言和动作描写，表现了他关爱孩子、很有礼貌的性格特点。

提示：学生可以通过一些人物的肖像描写，体会人物鲜活的个性，从而感受文字的魅力。

同学们一眼就能看出这张漫画画的是鲁迅先生，因为漫画用夸张手法强化了人物特点：鲁迅的"一"字形胡须，寸把长直竖的头发为其主要特征。

写人如同画漫画一样，要强化人物特征，才能使人物鲜活起来。那么，文学家的笔是怎样使人物鲜活起来的呢？这就是第三单元的写作任务：写人要抓住特点。

　　要使人物鲜活起来就要抓住人物特点，那么怎么才能抓住人物的特点呢？

　　学生要细心观察，抓住人物特点，凸显人物鲜活的个性，要综合调动视觉、听觉等感官，观察人物的外貌、神情和动作，并调动联想和想象，描写人物的内心感受，这样才能传神地表现人物的特点。例如抓住人物的眼神、胡子、眉毛、耳朵等部位的特点就可以使人物形象鲜活起来。

　　肖像"速描"看到的只是人物的外部特征，如果想了解他们的性格或者品质，你会怎么写呢？我们一起来看例文，寻找人物描写的金钥匙。请同学们自行朗读屏幕上的例文，边读边圈点勾画精彩的地方。

　　活动二：扣特点，加描写

　　所谓人物描写，就是以文字具体描绘出人物的形象。描绘人物不只是指描写人的身材、体态、容貌、表情等外貌特征，还包括人的内在气质和精神风貌等。运用准确、生动的文字，描写人物外形和内在的特征，是人物描写的主要任务。

　　写好一个人物，首先要学会细心观察，从而抓住人物的特点，凸显鲜活的个性。那么，该如何抓住人物的特点呢？

　　1. 外貌描写：抓住特征写外貌

　　外貌描写又叫肖像描写。外貌描写是指对人物的容貌、体态、神情、服饰等外貌特征进行的描写。外貌描写虽然写的是人物的外表，但描写的目的绝不止于使读者了解人物的外在形象，而是要反映人物的思想性格。描写人物的外貌要抓住给人印象最深刻、最突出的特征。有些同学写人时缺乏真情实感，描写人的外貌往往千人一面，如"圆圆的脸蛋，水汪汪的眼睛，乌黑的头发"，不管男女老少都一样。实际上，"此人"之所以不同于"彼人"，往往只体现在某一个或几个主要的特征中。"眉毛胡子一把抓"，外表写得很全，实际是湮灭了人物的主要特征，达不到目的。所以，我们在写人的外貌时，一定要根据文章主题的需要，抓住特征，善于取舍。

　　指导：抓住外貌特征，做到写谁像谁。

　　外貌描写：善于观察找不同，扩大细节找特征。

　　同伴"速写"。从班上选择一个你熟悉的同学，先仔细观察，然后抓住对方的特点，用200字左右给他"画"一幅肖像。描写过程不能出现对方姓名，当你写好后读给同学们听，看看他们能否猜出你写的是谁。如果被很多同学猜中了，那就说明你写得很棒。

提示： "画"肖像时，即描写人物外貌时，可以写人物脸形、五官、头发与胡须，也可以写脸色、神情，尤其是眼睛，还可以写衣着、体态等，但不见得写其全貌，抓住其不同于他人的地方落笔，如忧郁的眼神、乐观的笑容等，更能准确描摹。

"画"好肖像我们只是迈出了写活人物的第一步，如果想使这个人物形象更加栩栩如生，我们就要抓住人物特点具体描写：外貌、神态、语言、动作、心理等。

提示： 要想极俭省地画出一个人的特点，就要画他的眼睛。

这句话让我想起了一个学生，她写了一篇作文——《我的老师》，写的就是我。其中外貌描写就一句话"她的眼睛很小，但是目光很温柔"。同学们，你们知道吗，这句话让我铭记至今，温暖至今。为什么？你们看，我的人就站在这里，她不写我的头发、脸形、眉毛、鼻子，因为她感觉这些都不太突出，她就是看我的眼睛有特点，所以就抓住这一点来写。我的眼睛很小，这是事实，人家的眼睛小而聚光，我的眼睛——散光（笑嘻嘻）。

对，散发着温柔的光，这也是事实，她能透过眼睛看到一个人的内心。瞧，观察得多么细致，又是多么用心。所以说，外貌描写可多可少，你可以抓住特点浓墨重彩，细细勾画，也可以三五笔大体勾勒，让读者心里有一个清晰的轮廓，让这个人物能鲜活地呈现在读者面前。

2. 语言描写：仔细聆听抓语言

语言描写也是塑造人物形象的重要手段。成功的语言描写总是鲜明地展示人物的性格，生动地表现人物的思想感情，深刻地反映人物的内心世界，使读者"如闻其声，如见其人"，获得深刻的印象。"言为心声"，一个人的语言表达是展示他性格特征的镜子。正如鲁迅先生所说，人的语言"能使读者由说话看出人来"。所以，写人一定要重视语言描写，选择他有代表性的语句，来刻画他的内心世界，表现他的个性和思想。

指导： 把握语言风格，避免众口同腔。

语言描写： 符合人物身份性格，简洁生动去表达。

实例： 变一变、加一加、绘一绘，体会下面三种语言描写的不同。

对话1：

"听我说吧，"我父亲说，"不要想着距离有多远。你只要想着你是在走一小步。"

"听我说吧，不要想着距离有多远。你只要想着你是在走一小步。"我父亲说。

我父亲说："听我说吧，不要想着距离有多远。你只要想着你是在走一小步。"

归纳：提示下文用冒号话语停顿点逗号意思完整加句号。

（1）生动传神写对话的方法一：变一变——变换对话的形式。

变换对话的形式，可以让对话的形式灵活多样，可以强调不同的对话内容，可以形成先声夺人的效果。

对话2：

小萌说："我——忘了。"

小萌（　　）说："我——忘了。"（添加神态）

小萌（红着脸）（　　）说："我——忘了。"（添加动作）

小萌（　　）说："我——忘了。"（添加语调）

小萌低着头，红着脸，两手不安地绞着衣角，支支吾吾地说："我——忘了。"

（2）生动传神写对话的方法二：人物+神态、动作、语调等描写+语言描写。

对话3：

有家哥俩闹分家，几天也没有分清，就请裁缝、厨师、船老大、车把式四人来说和。这四个人觉得事情很棘手，于是相邀先到厨师家碰个头，讨论一下。

甲说："我看咱们去了要快刀斩乱麻，别锅里碗里分不清。"

乙说："咱们做事不能太偏了，要针过去线也过去才行。"

丙接过话茬儿："咱原先也不是没有管过这号事，前有车，后有辙，别出格就行。"

丁听得不耐烦了："我看别在这里啰唆了，不如到他家见风使舵。"

厨师的媳妇"扑哧"一声笑了："你们四个真是三句话不离本行，卖什么吆喝什么。"

（3）生动传神写对话的方法三：绘一绘——绘出鲜明的个性。

对话要符合人物的年龄、职业、性格、所处的特定的环境，要能揭示出人物的心理面貌。

小结：

变一变——变换对话位置，让对话更灵活。

加一加——加些描写方法，让对话更生动。

绘一绘——绘出人物个性，让对话更传神。

课堂练笔：请学生完成片段，然后全班展示。

桃花盛会（节选）

龙泉驿区一年一度的桃花节又开始了，听闻龙泉人杰地灵，繁花似锦，鹿晗也来参加龙泉桃花会啦！满园的桃树上，满是桃花，赶趟儿似的，花里带着甜味，闭了眼，树上仿佛已经满是饱满多汁的桃儿！花下成千成百的蜜蜂嗡嗡地闹着，大小的蝴蝶飞来飞去。望着满眼的桃花，鹿晗不禁感叹道："_____。"

3. 动作描写：锤炼词语绘动作

动作描写是指对人物的举止动作等的描写，其作用是通过描写人物富有特征性的动作，以表现人物的性格、品质、身份、地位、处境、状态等。老舍是塑造人物的高手，他的秘诀是："只有描写动作，人物才能立起来。"成功的动作描写可以交代人物的身份、地位，可以反映人物心理活动的进程，可以表现人物的性格特征，有时候还能推动情节的发展。我们该如何进行动作描写呢？首先要准确选用动词，其次要细绘连贯动作，此外还要注意精心修饰动词。恰如其分地使用表示动作的词，能够把内容写得充实、具体，把人物刻画得活灵活现，能够表现人物的思想品质，避免空洞干巴。连续性动作的描写一定要先想到动作的先后顺序，除了写出做了什么，还要写出是怎么做的，在什么背景下做的。

指导：推敲个性特征，遴选恰切动词。

动作描写：推敲个性精挑选，描绘动作要连贯。

4. 心理描写：揣摩内心写心理

心理描写就是对人物内心的思想情感活动进行描写。描写人物的思想活动能反映人物的性格，展示人物的内心世界，交代人物的思想基础和行动的内在根据。心理活动分两种：一种是对文中人物的心理描写，另一种是作者的心理描写。比如，在读过的文章中，我们经常会见到这样一类话："我想……""他在心里盘算着……"这些都是对人物内心世界的描写。心理描写可以直接由作者进行描绘，也可以由作品中的人物表白、倾吐，还可以通过描写人物外在形态，间接地显示，通过环境、景物、氛围等来进行折射。其表现形式是多种多样的，如内心独白、表情描摹、展开联想等。心理描写经常与动作描写结合在一起，目的在于准确地传情达意，但无论用哪一种方式表现，一定得合情合理。有了心理描写，人物就鲜活起来，文章就生动起来。

指导：透过表层现象，再现人物内心。

心理描写：内心独白加动作，展开联想细描写。

5. 神态描写

实例：人物神态描写。

神态描写就是通过突出描写人物的面部表情、神色状态以及脸、眉、眼、鼻、嘴巴的变化，来刻画人物肖像的一种写人的方法。人物神态，是一个和人物相貌、语言、动作等结合得相当密切的概念。

神态描写能反映人物的性格特点及内心世界。

方法：

（1）抓面部，写变化。

昨天语文周考，我只考了29分，到了办公室，只见老师……

采用所学的秘诀——"抓面部，写变化"进行扩写。

（2）选修辞，摹神采。

① 他像飞蛾见了火似的，在我身前身后转悠。

② 他吓到了，嘴巴张得大大的，仿佛能塞下一个鸡蛋。

采用所学的秘诀——"选修辞，摹神采"进行扩写。

（3）用妙词，显性格。

① 她把嘴一抿，羞答答地低垂着头，嘴角微微翘起，浅浅的笑意从她的嘴角溢了出来，浮现在脸上。

② 她眼睛、鼻子、眉毛全都被挤作一团，满脸通红，额头上青筋鼓起，恐怖的笑声夹着眼泪鼻涕，如山洪暴发般喷涌而出。

采用所学的秘诀——"用妙词，显性格"进行扩写。

今天公开课，我表现得非常好，老师叫我到办公室，只见老师……

采用今天学习的秘诀（至少两种），对你到办公室后老师的神态进行描写（1~2句话）。

小结：

神色变化笔中绘，态度表情面部写；

描写妙词显性格，写法修辞勿忘记。

所有方法的提炼和归纳只是为了帮助学生能够在写好记叙文的基础上写出人物特性，让人物在学生的作品中真正"立"起来，让人物形象显得更加丰满。

活动三：绘人物，扣事件

人从来都不是孤立的，而是处在一件件事情中。要把人写得个性分明，栩栩如生，还要注意对各种素材加工、提炼，选择有代表性、能反映人物特征的事件详细记述，摒弃或一笔带过不能表现人物特征的事件，做到详略得当。

写大事固然重要，但细节描写也不能忽视，有时人物性格特点往往通过一些细节表现出来。茅盾说，要善于描写典型动作，用大事来表现人物性格，同时也不放松任何细节描写。恰当的细节描写能见微知著，增强可信度和感染力。

指导：提炼典型事件，抓住细节刻画鲜明个性。

（1）《我们班的_____》以课堂小练笔为基础，将题目补充完整，将其扩展成一篇以写人为主的记叙文。题目自拟。不少于500字。

（2）围绕"我的偶像"这个话题，自拟题目，完成一篇以写人为主的记叙文，不少于500字。

【课堂结语】

金钥匙：写人，首先要抓住人物的主要特点，然后选择典型事例，最后对能突出人物特点的神态、动作等进行细致描写。今天我们找到了一把写人的金钥匙（板书钥匙形状）。老师希望你们能用这把金钥匙打开写作之门，在以后的学习生活中，写出更多精彩的文章，让自己的写作园地变得郁郁葱葱、鲜花盛开。

写人要抓住特点

人物描写抓特点，用心观察是关键。

外貌动作和语言，处处隐含新发现。

以目传神画外貌，语气语态显腔调。

放慢动作写过程，展示个性看事件。

外在内在心常念，形神兼备才全面。

课后分层小练笔：

（1）初级挑战：改写自己的人物描写。

（2）中级挑战：创设情境（将不同人物放在特定情境中，用文字展现人物特点）。创设情境：下课啦！开饭啦！

（3）高级挑战：经过这堂课的相处，你是否对我有了一定的观察？我又给你留下了怎样的印象？

亮剑行动：

给下列人物写外貌描写语段。

朱自清、老舍、史铁生、泰戈尔、冰心、鲁迅、海伦·凯勒、孔子。

要求：抓住特征，绘形传神，刻画性格，显示灵魂。

示例1：

鲁　迅

他那隶书"一"字的胡须，是他泰然自若的表现；他那根根直立的头发，是他正义凛然的表现。他那消瘦的脸庞泛出黄色的暗光，虽倍显憔悴，却毫不颓废。他额头很亮，但却并不光滑，劳作的皱纹袭上了眼角与额头，变得略有粗糙。浓浓的眉毛下面，是那双炯炯有神的眼睛，如尖刀般看透当代的现状，为唤醒民族团结的精神而拿起手中的笔来战斗。眉宇间显现出儒雅的君子气概，但也有丝丝的忧愁与悲愤在其间交融。转瞬之间，这位伟大的文豪，又开始用自己尖锐的眼光和犀利的笔锋，继续揭示那些社会的昏暗了。

示例2：

孔　子

《史记》上记载说他"生而首上圩顶，故因名曰丘云。……长九尺六寸，人皆谓之长人而异之"，方面大耳，两目圆睁，双唇紧闭，长髯，身着冕服，双手抱在胸前作揖。

示例3：

冰 心

头稍稍向后仰，发髻梳得一丝不苟，嘴角俏皮地向上微翘，微笑漾在了那儿。最美的还是眼睛，浅浅眯起，明亮而清澈，像点点秋水，在我的眼睛里，只有孩子才有类似的眼睛。这双眼睛纯净、善良，没有一丝杂质，像草尖上的露珠，又像被双眼皮夹住的黑葡萄，即使到了最黑的夜也同样扑闪流转。而我印象中老人的眼睛一般是浑浊的，那里面储满了太多的记忆与经验。一个人的老去，是从心和眼开始的。心，我们不易看见，它就像果仁被包裹在黑暗的壳里。但眼睛可以，一个有着这样一双眼睛的人，他是不会老的！透过冰心的眼睛，我看到了她的心。

思路要清晰

——人教版七年级上册第四单元写作

【学习目标】

（1）提供示例，了解不同文体的基本结构以及行文顺序。

（2）设计提纲，学会谋篇布局并体验拟写提纲的好处。

（3）写作实践，在作文中注意行文线索，追求条理清楚。

【写作指导】

叶圣陶先生说："思想是有一条路的，一句一句、一段一段都是有路的，好文章的作者是决不乱走的。"那些言之有物、言之成理的好文章，都是建立在思路清晰、言之有序的基础上的。

所谓思路清晰，就是要在布局谋篇中做到结构完整、层次分明，让读者明白文章先说了什么、后说了什么、主要在说什么。如果没有布局谋篇的意识，习惯于想到哪儿写到哪儿，行文便会杂乱无章、颠三倒四，令人不知所云。作文只有做到思路清晰、层次分明，才能清晰地表达作者的思想情感。

那么，我们怎样才能做到思路清晰呢？

1. 读透文题，审清题目要求

任何一篇作文题目都有出题者的目的及意图，在审题时，我们要认真、仔细地研读作文题目，明确写什么、怎么写，避免文不对题、偏离中心的毛病。

为此，我们需要关注以下两点：

（1）重点分析题眼。命题作文题中一般都有关键词，这些词就是所谓的"题眼"。把握住题眼也就抓住了文章要突出的重点，尤其要注意题目中起着约束、限制作用的修饰词语、限制词语和补充词语。

（2）注意副词隐含的信息和要求。"最""也""还""再""更""其实"等副词出现在题目中，都不是可有可无的点缀，往往有着明确而又丰富的语意指向。

2. 明确中心，果断取舍材料

只有确定了中心，才能围绕选材确立重点，安排详略。在这个过程中，有些材料比较重要，可以写入文中，有些不那么典型，就要果断舍弃。紧紧围绕中心选择直接可信、新颖独到的材料，才能使文章中心明确、深刻地表现出来。注意，纳入作文的选材也要有所侧重，根据中心做出详略的安排。

3. 依据文体和题材，确定写作顺序

怎样才能使文章思路清晰、层次分明呢？常见的安排层次的方法如下：

（1）按事情发展的顺序安排层次，即以写人记事、表情达意为主的记叙文在布局谋篇时，我们可以选择按事件的起因、经过、结果为序，对事件的来龙去脉进行具体的描述，以表现人物的精神世界或者表现某种主题；如果要写的事件不止一件，则可以按几件事情发展的先后顺序来写。

（2）按空间顺序安排层次，即按事物空间结构的顺序来说明，或从外到内，或从上到下，或从整体到局部来加以介绍。这种说明顺序有利于全面说明事物各方面的特征。

（3）按逻辑顺序安排层次。逻辑顺序是按照事理关系来安排先后顺序的，这样安排符合人们认识事物的规律。逻辑顺序一般按由浅到深、由易到难、由具体到抽象、由简单到复杂、由主要到次要的顺序进行说明或论述。

【教学过程】

（一）导入

我们经常用思路清晰评价一篇优秀的文章，可是如何才能做到思路清晰呢？有什么方法能让作文思路清晰呢？现在就让我们重温经典课文，开启思路的发现之旅吧！

（二）活动设计

活动一：经典重温

任务一：阅读《再塑生命的人》，填写下表，试着说说作者的思路。

"我"与莎莉文小姐第一次见面

任务二：阅读《植树的牧羊人》，试着梳理其行文思路，填写下面的示意图，体会作者是如何做到叙述思路清晰的。

1913年"我"偶遇牧羊人

设计意图：激发学生的兴趣，引导学生自主发现文章的思路。

学生合作完成表格，展示交流；明确作者思路，体会思路清晰的效果。

任务一示例：

"我"与莎莉文小姐第一次见面
莎莉文小姐教"我"认识具体事物
莎莉文小姐教"我"区分大小关系
莎莉文小姐教"我"区别"水"和"杯"
莎莉文小姐用水唤醒了"我"的灵魂

《再塑生命的人》的作者思路：按时间顺序组织材料，对"我"的教学由浅入深，突出表现了莎莉文老师充满爱心和善于教育的性格特征。

任务二示例：

1913年"我"偶遇牧羊人
借宿时目睹其生活，深为敬慕
亲见牧羊人种树的情景
战后重访，见牧羊人仍在种树
最后一次相见，荒原已大为改观

《植树的牧羊人》的作者思路：按照事情的发展顺序叙述故事，通过牧羊人种树前后生活环境的巨大变化，赞扬牧羊人坚持种树的壮举，引发读者的思考。

技巧提炼：

通过以上梳理，我们可以总结出要做到思路清晰的几个步骤：

① 不同文章有不同的行文顺序。

② 思路的本质就是一种逻辑关系。

③ 严密的逻辑关系可以起到突出主题的作用。

那么，我们如何构架这种逻辑关系呢？看看作家是怎样做的。

设计意图：教师通过示例，让学生自主发现不同文章的行文顺序，体会行文顺序对表现文章主题的作用；引入学写提纲的环节。

活动二：学写提纲

1. 怎样列提纲

（1）明确题目要求，确定主题。

（2）自由联想相关内容，设计好整体结构。

（3）围绕主题选择材料，安排好详写、略写。

（4）按逻辑关系排列材料顺序，确定好写作顺序。

确定写作顺序：是按照时间、空间的顺序，还是按照事理的逻辑顺序去写，这要根据文体特点和题材需要来确定。例如：

时间——《植树的牧羊人》。

空间——《济南的冬天》"薄雪覆盖下的山"这一文段。

逻辑——《纪念白求恩》。

2. 整体构思训练

围绕"他是一个热爱学习的学生"这一主题编写提纲。

预设：

A. 他放学之后总是先写作业。

B. 他上课认真听讲，认真记笔记。

C. 他写完作业之后常常进行体育锻炼。

D. 他经常在学习上帮助成绩不好的同学。

E. 他经常参加学校组织的公益活动。

F. 他家离学校很远，但每天坚持骑自行车上学，从不让父母接送。

G. 他热爱课外阅读，经常出入图书馆和书店。

排列顺序：

B. 他上课认真听讲，认真记笔记。

A. 他放学之后总是先写作业。

G. 他热爱课外阅读，经常出入图书馆和书店。

归纳思路：

按照学习的规律排列材料，从课上到课下，从课内到课外，突出热爱学习的主题。

小结： 找题眼—明中心—选材料—定详略—确结构。

3. 思路清晰训练

下面是一位同学的周记提纲，请你运用所学知识，评判一下他的提纲是否做到了思路清晰。如果没有，请你帮他修改一下，并说明理由。

主题：母爱

（1）母亲从不私拆我的信件，也不干涉我交友，但却经常注意我与什么样的人往来。

（2）每天下班回家，母亲都会询问我当天的学校生活情况，还会为我准备丰盛的晚餐补充营养。

（3）我悄悄把别人的文具盒拿回家，母亲看见了，狠狠地教训了我一顿，然后要我连夜送回别人家去。

修改建议：三件事都可以表现母爱，但是三件事的顺序缺乏条理性。可以按照递进的顺序重新编排这三件事，达到突出"母爱"这一主题的效果。

母爱的境界：照顾—教育—尊重，递进的层次。

设计意图：通过学习编写提纲的训练，引导学生在写作前理清思路。

活动三：牛刀小试

清代戏曲家李渔认为写文章好比建造房屋，"何处建厅，何方开户，栋需何木，梁用何材"，都必须先筹划好。工匠们不可能在没有图纸和统筹安排的情况下就贸然开工，写文章同样需要有一个设计蓝图，就是预先设计写作提纲。写提纲，首先要围绕立意设计好文章的整体结构，然后安排好详略，并设计出主体内容的写作顺序。写提纲的好处正如老舍先生所说："有了提纲，心里就有了底，写起来就顺理成章了；先麻烦点儿，后来可省事。"所以说作文提纲是写好作文的基础。编写作文提纲要坚持简单、快捷、实用的原则。当然，作文提纲只是作文的一个思路、一个框架。因此，作文提纲既要完整，又不能过于烦琐；既要简洁，又要达到写作目的。

以《这天，我回家晚了》为题，写一篇记叙文，自定立意，不少于500字。

点拨：

（1）找题眼：本文应用第一人称来叙述，体裁记叙文，内容是回家晚的原因或结果。

（2）明中心：文章的重点是要讲述回家晚的原因，交代清楚这件事的意义。

（3）选材料：选择自己印象最深、最能触动自己的事情来写。

（4）定顺序：可采用顺叙，也可采用倒叙。

（5）确详略：如果要强调导致"回家晚了"的原因，则回家后的情况可以略写；如果要强调导致"回家晚了"的结果，则原因可以略写。

那就请同学们回想下你记忆中回家最晚、给你印象最深的一天，列出提纲，在所列提纲的基础上完成作文。

小练笔：

假如写一篇题目为《_____二三事》的作文，你会选择人物怎样的两三件事或生活片段来写呢？如何安排这几件事的先后次序呢？请你根据自己的思考，列出结构提纲，并标注出详写的地方。

请以《_____二三事》为题，写一篇600字左右的文章。

设计意图：学会布局谋篇，体验拟写提纲的好处；注意行文线索，体会条理清晰对于表达主题的作用。

提示：选择典型素材来体现人物的典型性格。我们可以按照"总—分"或者"总—分—总"的结构布局谋篇。注意这两三件事要安排合理：①主次分明，详略得当；②全班交流展示，评价同学的习作，并提出修改意见；③教师提炼技巧，学生自主修改提升。

范例：

爸爸的二三事

第一段：爸爸是个球迷。（略）

第二段：爸爸爱订球类报刊，爱看球类报刊。（详写神态）

第三段：爸爸爱看球赛。（详写神态、语言和动作）

第四段：爸爸爱打篮球。（详写动作）

第五段：总结全文，照应开头。（略）

我们来归纳一下使文章条理清楚的基本方法：

（1）对写作内容要有整体构思（找题眼—明中心—选材料—定顺序—确详略）。

（2）要确定好写作顺序。

（3）列出写作提纲。

【课堂结语】

叶圣陶说过："思路，是个比喻的说法，把一番话、一篇文章比作思想走的一条路。思想从什么地方出发，怎样一步一步往前走，最后达到这条路的终点，都要踏踏实实摸清楚，这就是注意思路的开展。"

遵路才能识真，我们在写作中一定要根据表达的中心，选择恰当的表达方式，合理安排内容的先后和详略，条理清楚地表达自己的意思。

思路要清晰

整体构思

确定顺序

拟列提纲

如何突出中心

——人教版七年级上册第五单元写作

【学习目标】

（1）通过层级训练，明确中心，学习如何突出中心。

（2）借助课本、例文，帮助学生认识分析文章中心。

（3）学会依据中心进行选材，恰当处理详略来突出中心。

【教学过程】

（一）导入

中心，是文章中传达出来的作者的基本观点、态度、情感和意图，也就是作者写作文章的主旨所在。每篇文章都有一个相对集中而明确的中心。有了中心，文章也就有了主心骨；没有中心，或者中心不明确，文章就像一盘散沙，杂乱无章，叫人不知其所云。

中心思想有多远，作文分就有多高！

清代王夫之名言："意犹帅也，无帅之兵谓之乌合。"

鲁迅先生也曾说，他的写作过程是"静默观察，烂熟于心，然后凝神细想，一挥而就"。

可见，"意"是生成于文章之前的中心思想，它是文章的灵魂，统帅着全篇的内容。我们作文只有先将"意"立起来，才能写出有神采的文章。

（二）活动设计

静心阅读，认真思考这篇《餐桌前的谈话》是否可以突出"父母关爱孩子，孩子理解父母"的中心。

示例：

餐桌前的谈话

自从姐姐上了高中，每周五一起吃晚餐就成了我们全家最隆重的一件事。

盼望着、等待着，周五如期而至。

"呦，闺女回来啦！饿了吧？饭菜都准备好了，咱们马上开饭！"于是，妈妈炒，爸爸端，不一会儿桌子上就摆满了各种各样的好吃的，我们一家四口团团而座。我和姐姐看了又看，闻了又闻，"哇！真香！"我和姐姐情不自禁地感叹道。妈妈呢，一个劲儿地询问姐姐这个那个的，姐姐呢，耐心地一一回答了妈妈，让妈妈不要担心。

老爸倒了一杯小酒，妈妈不想让爸爸喝酒，因为爸爸总爱喝醉。但我和姐姐为爸爸求情，"妈，就让老爸喝一杯吧，今天咱们不是都高兴嘛。"一听这话，爸爸乐了，"还是我闺女最理解我。"但姐姐还是劝爸爸平时不要喝太多酒。妈妈给我和姐姐一人倒了一杯豆浆，说："饮料对身体不好，喝这个又暖和又营养。"我和姐姐点了点头。"来，咱们干一杯！"爸爸提议，我们都纷纷响应，那一刻，我们都很开心。

妈妈最担心姐姐在学校吃不好，所以一直在问姐姐的伙食问题。姐姐一点也不嫌烦，一一地告诉妈妈，妈妈这才放了心。尽管这样，妈妈还是不停地给姐姐夹菜，红烧肉呀，韭菜炒鸡蛋呀，都是姐姐爱吃的。正当我要调侃一下妈妈偏心时，爸爸笑呵呵地说："来，你的。"一块排骨落到了我的碗里。我笑了，大家都笑了。紧接着，妈妈也给我夹了一块红烧肉，我冲妈妈做了个鬼脸，说："这还差不多。"

爸爸又询问了姐姐在学校的学习情况，当得知姐姐周测考得不好时，爸爸一脸平静，温和地说："闺女，没事，别急！这不才刚刚开始吗？慢慢适应，一定会好起来的。"妈妈也怕姐姐因为学习的事着急，一边吃一边鼓励姐姐。姐姐也说，她有信心成为一个品学兼优的好孩子，让爸爸妈妈放心，还叮嘱我要打好学习基础。

一顿饭，我们吃了很久，聊了很久，欢声笑语萦绕在我家的每一个角落，我爱这充满关怀、尊重和理解的家！

集体讨论：

（1）请你将能够充分体现中心的语句勾画出来并简要分析。

比如，作文第三自然段写姐姐为爸爸求情，并叮嘱爸爸平时不要喝太多酒，体现了姐姐对爸爸的理解；妈妈准备豆浆，并告诉"我们"少喝饮料，体现了妈妈对"我们"的关心；姐姐对妈妈的提问都能耐心回答，体现了姐姐对妈妈的理解。

（2）请你将能够体现中心但内容不够具体充实的内容勾画出来。

比如，作文第四自然段"妈妈最担心姐姐在学校吃不好，所以一直在问姐姐的伙食问题。姐姐一点也不嫌烦，一一地告诉妈妈，妈妈这才放了心"。这个内容可以体现中心，但"谈话"内容不具体，不能很好地突出中心。

总结：《餐桌前的谈话》这篇作文，"谈话"是重点，所以只有将谈话的内容、谈话时的语气和表情等具体写出来才能突出中心。另外，结尾处"我爱这充满关怀、尊重和理解的家！"用直接点明主旨的方式再次突出了中心。

围绕中心写作是作文的基本要求，那么，我们该怎么做才能突出中心呢？

活动一：学名家，设置一条线索

郑振铎先生写《猫》，围绕着猫带给人的情感波澜这一线索，叙述了三次养猫的经历，叙述清晰，不蔓不枝，有效地突出了猫的命运带给"我"和家人的情感冲击。

		来历	外形	性情	地位	结局	感受
第一只猫		从隔壁要来的	花白的毛，带泥土的白雪球	很活泼	视为小侣	病死	难过辛酸
第二只猫		从舅舅家要来	浑身黄色	很有趣更活泼	亲爱的同伴	失踪	怅然愤恨
第三只猫		从门口捡的	花白的毛，不好看，很瘦	不活泼很忧郁懒惰	若有若无	冤屈致死	更难过良心受伤

三次养猫的经历

那么，这篇《餐桌上的谈话》我们是否可以考虑设置一条贯穿全文的线索呢？

《餐桌上的谈话》——三次谈话（三个人每人一次、一个人三次）。

活动二：细描写，安排主次详略

突出中心，还要注意安排好内容的主次和详略；要强化中心的内容，不妨详细叙述，细致描写，甚至着意强调；相反，与中心关系较远的或不太典型的内容则简略叙述。

如《猫》一文中，前两只猫虽然可爱，但它们的亡失都是因为偶然的因素，对"我"的情感冲击较浅，所以略写；而第三只猫的受屈与死亡却引起了"我"深深的自责和反思，情感冲击力最强，所以作者以最多的篇幅来写。这样有主有次、有详有略地选取材料，组织文字，中心就会突出起来。

教师小结：突出中心是要讲究详略的。首先要围绕中心进行选材，然后对材料进行取舍、详略的安排。对于表现中心的关键事件，要详写，要细致地刻画；而次要事件，可以略写，以保证文章情节的完整性，并对主要事件进行必要补充。（板书：选材、详略）

活动三：多角度，采用一些方法

突出中心，还可以采用一些具体的方法。

1. 开门见山，点明题旨

例如，刘湛秋的《雨的四季》，作者开篇即说："我喜欢雨，无论什么季节的雨，我都喜欢。"其后围绕这一中心分别描绘了四个季节的雨的不同形态、"性格"。

卒章显志：在文章结尾处，用一两句话点明中心、主题的手法，也叫篇末点题。恰当运用这种手法可以增加文章的深刻性、感染力和结构美，有画龙点睛的艺术效果，如蒲松龄的《狼》一文，叙述了屠户与狼斗争的经过，结尾以议论的形式点题，突出了人的智慧。

教师小结：一个漂亮有力的结尾能够起到画龙点睛的作用，使文章中心突出。

2. 综合运用技法修改（从第二自然段修改）

"呦，闺女回来啦！饿了吧？饭菜都准备好了，咱们马上开饭！"于是，妈妈炒，爸爸端，不一会儿桌子上就摆满了各种各样的好吃的，瞧，那鸡蛋炒西红柿，焦黄的鸡蛋绽开了笑脸，红色的西红柿乖乖地躺在盘子里。还有那红烧牛肉，松软的土豆，嫩嫩的牛肉，冒着香喷喷的热气，还有……（细节描写体现妈妈的用心）

我和姐姐不约而同地说道："哇，好香呀。"我们睁大眼睛看了又看，伸长脖子闻了又闻，"香！香！太香了！人间美味呀！"我调皮地说道。"老妈，您的厨艺好棒呀！"姐姐伸出大拇指赞叹道。就这样，我一言，姐姐一语，把老妈夸得合不拢嘴，她连连说："小馋猫，好吃就快吃吧。"（运用动作描写和语言描写写出了我们内心的惊喜，流露出对妈妈厨艺的赞赏，对妈妈的辛苦付出给予肯定）

"闺女，你今天几点从学校出来的？有伴吗？路上堵车不？……"妈妈一连串问了好几个问题。姐姐呢，放下筷子，笑呵呵地说："妈，您就放心吧！我每次都和同学一起回来，我们约好放学就走，路上也比较顺利。"姐姐就像个小学生似的认真地回答着妈妈的问题。（将谈话内容具体展开）

看着姐姐认真的样子，我笑了，我们都笑了，整个空气中都充满了快乐的气氛……（点明中心）

设计意图：引导学生运用描写和点明主旨的方法，充实内容，突出文章中心。

【课堂结语】

意犹帅也。无帅之兵，谓之乌合。

——王夫之

如果你不立意，你的材料是一盘散沙，而且每一颗沙粒都是死的。

——王鼎钧

那么，如何"突出中心"呢？

一个中心，恰当选材。细节刻画，详略得当。

设置线索，贯穿全文。开门见山，点明题旨。

卒章显志，画龙点睛。前后呼应，反复扣题。

铺垫渲染，抑扬对比。

审题目、定详略、强技法。

与中心密切相关的——泼墨如水

与中心无关的——滴水不沾。

中心被认为是一篇文章的灵魂。突出中心，就是抓住了文章的灵魂。

希望通过这节课的学习，同学们能够学会运用围绕一个中心恰当选材、细节刻画使文章详略得当、卒章显志的方法，像蜘蛛织网一样写出一篇篇中心突出的好文章！

咏记叙文之中心

文章观主旨，选材一脉通。

线索分明暗，详略呈重轻。

细节唯灵动，描写去平庸。

人事心头立，佳篇天外行。

发挥联想与想象

——人教版七年级上册第六单元写作

【学习目标】

（1）进一步了解联想和想象，深入体会联想和想象对于写作的作用。

（2）在写作中主动运用联想和想象，使文章内容更丰富，表达更生动。

（3）培养发散性思维能力。

【教学过程】

（一）导入

圆形，会让人想到镜子。镜子不仅能照出人外表的美丑，还能照出人的灵魂。李世民就说："以铜为镜，可以正衣冠；以人为镜，可以明得失；以史为镜，可以知兴替。"你还可以将圆形想象成什么？试着说一段话，100字左右。

示例：

圆，使我想起了"长河落日圆"，满是光彩的云朵流过太阳，慢慢地，向上飘去。大圆球似的夕阳，涨红着脸，俯视着万物，迟迟不愿离去，把自己最后一抹光辉洒向人间，带着羞涩的笑，隐在五彩云朵中。一轮更圆、更红的太阳，将在明朝升起。

同学们五花八门的答案都源于大家丰富的联想和想象。这节课就让我们一起展开联想和想象的翅膀，去探索、发现一个精彩的世界。

（二）活动设计

放飞思维，谱写华章。

活动内容：用以下四个图形"△△—○"（两个三角形、一条直线、一个圆），展开联想和想象，写一段文字，100字左右。每个图形都用上，并且只用一次，图形的大小、方向、顺序不限，把它们组合成一幅图画，并给这幅画起一个充满诗意的名字。（你可以选择其中的一幅图，或用所给的图形自由组合成一幅画；可以写成小诗，也可以是散文的一个片段，还可以是小故事）

写作建议（可以从以下几个方面中任选其一来写）：

（1）以活动过程为内容来写，行文中要清晰阐述活动的环节，注重同学的表现和自己的感受，重点写你印象深刻的几幅画，做到详略得当。

（2）以自己创作的画为话题发表看法，写出自己由这幅画想到的道理、含义等。

（3）根据自己创作的画编一个小故事，展开丰富的想象，可以采取画中事物自述的形式。

要求：各小组组员写好后，大声地朗读给本组组员听，由本组组员评议修改；最后选出本组最优秀的作品在全班展示；展示时各组在组内选一名朗读比较好、声音洪亮的同学来朗读；然后让指定的互评小组来点评，其他小组可以做补充。

活动一：联想要自然恰切

所谓联想，就是由一个事物想到与之相关的另一个事物的心理过程。联想有相似联想、因果联想、相关联想和相反联想等多种方式。我们在联想的时候，必须根据两个事物之间的相关性做出合理联想，才会显得自然恰当。

（板书1：联想要自然恰切）

联想：

（1）触类旁通，注意从事物的相关方面去联想。这种联想的特点是作者由对某一事物的感知，引发对跟它在时间或空间上相近或相关的其他事物的联想。

（2）逆向思维，朝着事物相反的方向去联想。这种联想的特点是作者由对某一事物的感知，引发与它在性质或特点上相对或相反的事物的联想。

（3）寻找特点，抓住与事物相似的特点去联想。这种联想的特点是作者由对某一事物的感知，引发对跟它在性质或形态上有某种相似点的事物的联想。

活动二：想象要合情合理

所谓想象，就是在现有形象的基础上在头脑中创造出未曾有过的新形象的过程。联想是"实"的，由此物到彼物，联想出的事物是客观存在的；而想象是"虚"的，是人创造出来的，想象出来的事物在现实生活中并不存在。联想和想象都来源于客观现实，都有着现实生活的影射，所以要合乎生活的逻辑，显得合情合理才行。

（板书2：想象要合乎情理）

想象：

（1）立足生活，巧妙编织。想象作文，作者可以上天入地、探奥搜奇；可以和草木交往，与鸟兽倾谈；可以历洪荒远古，访古人来者。

（2）合理组合，移花接木。这种想象也就是把两个或两个以上的人或事物拼凑在一起，形成新的人物形象、新的事情。

（3）大胆扩展，添枝加叶。所见所闻可能是简单、抽象或粗糙、模糊的，可借助想象，使其变得清晰、细腻、生动、形象。

（4）借助梦幻，更富魅力。借助梦境或幻觉描绘出眼前并不存在的情景，以表达某种愿望或抒发某种情感。

活动三：联想、想象有新意

我们刚刚畅想过美妙的星空，浩瀚而神秘的宇宙令人心驰神往。假设我们现在正坐在太空站里，突然"咚咚咚"响起了一阵急促的敲门声……接下来会发生什么事情呢？

请大家拿起手中的笔，合理发挥联想和想象，写成一个故事。

要求：以小组为单位，组长第一个写，然后按照组员编号顺序依次接着上一个人的情节写下去，直到写成一个完整的故事。大家写完后先在小组内部讨论修改，然后提交到全班。

小组代表展示，师生共评。

教师小结：在合理的基础上，同学们要发散思维，大胆创新，让人有耳目一新之感。

（板书3：联想和想象要新颖独特）

【课堂结语】

通过这节课的学习，相信同学们都了解了联想和想象，同时知道联想和想象要自然恰当，合乎情理，并且要有新意。生活是作文的源泉，读书是作文的向导，想象是作文的翅膀。希望同学们在今后的写作中，多体验生活，多阅读积累，插上联想和想象的翅膀，创新思维，让文章灵动飞扬！

联想和想象被人们称为写作的翅膀。现在，让我们展开联想和想象的双翅，放飞思维，抒写华丽的篇章吧。

【布置作业】

你有没有憧憬过未来的生活？你觉得10年以后的你是什么样子的呢？在哪里？做着什么工作？又有着怎样的精神面貌呢？请以《十年后的我》为题，发挥想象，写一篇作文描述一下10年后的生活吧。

提示：

（1）可以大胆想象10年后你的相貌、心态、所从事的工作等，所想象的内容要符合你的性格发展逻辑；不仅要想象你自己的生活，还要想象一下10年后社会的发展，因为这是10年后的你所生活的环境。

（2）不要只是概括地叙述，要在具体情境中展开故事，通过一件或几件小事，结合语言、动作等的描写，具体地展现你的性格、心态，以增加真实感。

写出人物精神

——人教版七年级下册第一单元写作

【学习目标】

（1）理解写人物不仅要写出外在特点，还要注意写出内在精神。

（2）学习选取典型事件表现人物的内在精神。（重点）

（3）学习在叙述和描写的基础上，运用抒情、议论的表达方式，叙议结合，突出人物内在的精神品质，升华文章的主题。（难点）

【教学过程】

（一）导入

世界上没有完全相同的两片树叶，同样，每个人都是独一无二的。所以，我们无论写谁，即使他是时代最伟大的人物，也要在他身上找到不一般的，哪怕乍看起来是奇怪的特征，当读者窥见这些特征时，也会使他们从内心发出微笑。

本单元的四篇课文就让我们感受到邓稼先、闻一多、鲁迅、吕蒙等杰出人物的非凡气质，因为他们个个独具个性，所以形象鲜明。这是作者认真观察不同人物的特点，切身感受人物的思想感情和精神品质，充分展示不同人物的不同个性的结果。无论是英雄、劳模还是普通百姓，都有闪光点和与众不同之处。接下来，我们一起研究作文怎样才能写出人物的精神风貌。

（二）活动设计

活动一：说一说，看人物魅力

在刚刚学习的第一单元的几篇文章中，给你印象最深的人物是哪一个，为什么？

引导学生说出人物的特点、精神品质、魅力所在。

教师范文示例并点拨。

例如，阿累在《一面》中这样描写鲁迅先生："他的面孔黄里带白，瘦得教人担心，好像大病新愈的人，但是精神很好，没有一点颓唐的样子。头发约莫一寸长，显然好久没剪了，却一根一根精神抖擞地直竖着。胡须很打眼，好像浓墨写的隶体'一'字。"这里说头发"一根一根精神抖擞地直竖着"，就是抓住外在特点而透射出内在精神，表现出人物不屈不挠的精神。

"你要买这本书？"他看了我一眼。那种正直而慈祥的目光，使我立刻感到身上受了父亲的抚摩——严肃和慈爱交织着的抚摩似的，这是把作者自己的感受渗透在对人物的描写中。

写人物的理想境界是将外在表现与内在精神合二为一。

活动二：写一写，抓人物性格

你的好朋友很多，可是谁的个性最鲜明呢？他的个性在哪个环境或事件中表现得最突出呢？

把人物放在具体环境或事件中：

（1）抓住气质，还原情境。教师确定要写的人物及其性格特点，指导学生把人物还原到具体的环境和事件中。

教师和学生选定最感兴趣的活动场景，如课间十分钟或一节体育活动课、一次劳动卫生活动。

（2）观察表现，确定写法。好朋友的哪些外在表现最能体现其内在的精神气质呢？

也许是他充满个性化的口头禅或滑稽的动作，也许是他极具个性的表情或某种标志性行为，总之，描写人物的外在表现应体现人物的个性特点、典型气质。现在请同学们用下面的表格梳理写作思路，找准角度。

环境或事件	外在表现（语言、外貌、行为等）	性格或气质

想要刻画好朋友的个性，既要写好事件或场景，同时还要思考几个问题：事件是选取几个节点还是按照时间顺序一一写呢？运用人物刻画的方法有哪些？是打算把自己的感受渗透在字里行间，还是以抒情、议论的方式画龙点睛？请同学们带着这样的思考再次完成下面的表格。

写作对象	性格特征	"我"的感受	素材（场景、细节、事件）	描写方法

学生填写表格，教师巡视指导。在此基础上，教师引导学生根据填好的表格完成"××在……"（劳动中、课间时、体育课上）的写作提纲。

活动三：想一想，用表现方法

师生一起认真阅读2021年版五年级下册语文课本44页，进一步明确人物的精神，包括思想、气质、品格、个性等，写人物如果只写外貌、语言等外在表现，却没有思想、气质等内在精神，就如同画龙而没有点睛一样，笔下的人物就会泛化，很难给人留下深刻的印象。教材中的人物之所以给大家留下深刻的印象，是因为这些人物具有个性魅力。我们是如何了解到他们的个性魅力的呢？当然是作者善于观察人物特点，选取典型事例，并用如花妙笔为我们描画出了他们的个性特征。

可以说，作文源于生活，基于阅读，成于思练。

1. 精心选取典型事件刻画人物，表现人物的个性特征

一个人的内在品质和精神追求往往通过他所做的事情得以彰显，如曹文轩的《草房子》中，写桑桑得了重病后开始懂得照顾妹妹："桑桑硬把柳柳拉到背上。他吃力地背起柳柳，沿着台阶，一级一级地爬上去。不大一会儿，冷汗就大滴大滴地从他的额上滚了下来。"他不再是那个将橱柜造成鸽子笼，将秃鹤的帽子挂上旗杆的调皮的桑桑了。读到这里，我们便忽然被桑桑面对苦难与疾病的坚强所感动，他此时的善良更令我们敬佩！面对死亡，桑桑终于长大了，他表现出来的优雅和悲壮、勇敢和坚强、善良和爱心，多么令人震撼！而这种震撼，就来自于典型事件对表现人物的突出力量。

2. 细心抓住人物的个性化特征描摹人物，体现人物的思想品格

直接通过对人物的肖像、语言、动作、神态、心理等方面的描写，表现人物的性格、品行和技能，如在林林总总的鲁迅回忆录中，萧红的《回忆鲁迅先生》是一枝独秀。作者通过女性的细心体察，敏锐地捕捉到了鲁迅先生许多有灵性的生活细节，表现出鲁迅超群的智慧、广阔的胸襟和可亲可敬的个性品质。

文章开头就是神来之笔："鲁迅先生的笑声是明朗的，是从心里的欢喜。若有人说了什么可笑的话，鲁迅先生笑得连烟卷都拿不住了，常常是笑得咳嗽起来。"寥寥几句，一个乐观爽朗、平易近人的鲁迅形象便跃然纸上，跟一些人心目中"多疑善怒""冷酷无情"的鲁迅形成了鲜明对比。这是萧红用自己的心灵感受的非常个人化的鲁迅，是一个使常人敢于走近并能够伸手去触摸的可亲的鲁迅。但描摹人物不要面面俱到，因为面面俱到就失去了人物独有的个性和精神了。所以，如果描写不能反映人物的内在精神，无论自己多么喜欢，都要忍痛割爱。

3. 借助合理的写作手法，突出人物的性格品质

在塑造人物的过程中，我们可以选择运用合理的写法，以期达到突出人物的效果。侧面描写、对比、衬托、比喻等修辞手法都可以。

在《孙权劝学》中有这样一段文字："及鲁肃过寻阳，与蒙论议，大惊曰：'卿今者才略，非复吴下阿蒙！'"本句运用了侧面描写，写出了鲁肃的吃惊与赞叹，从侧面反映吕蒙因"学"而使才略有了令人难以置信的长进。这是侧面描写，又叫间接描写，作者通过刻画次要人物来表现所要描写的对象，以使其鲜明突出，常常可以起到正面描写无法替代或者很难达到的艺术效果。

4. 恰当使用抒情或议论句，对人物的精神品质进行点睛式的概括

《散步》一文，以"我"为中心人物，以"我"和母亲的关系为主系，渐次展开了一家四口祖孙三代互敬互爱的关系，特别是主旨句："我的母亲虽然高大，然而很瘦，自然不算重；儿子虽然很胖，毕竟幼小，自然也很轻。但我和妻子都是慢慢地，稳稳地，走得很仔细，好像我背上的和她背上的加起来，就是整个世界。"起到了画龙点睛的作用，体现了中华民族尊老爱幼的传统美德，渗透着肩负重任的中年人对于生活的高度使命感。

活动四：练一练，凸显人物精神

生活中我们会遇到各种各样的人，有的让你尊敬、有的让你佩服、有的让你感动、有的让你叹息……以《这样的人让我_____》为题，写一篇作文，不少于600字。

提示：

（1）题目横线处应该填上一个能体现自己情感态度的词语。

（2）"这样的人"可以是你熟悉的人，如你的同学、邻居，也可以是陌生的人，如路人、新闻报道中的人，可以是某个具体的人，也可以是某一类人。

（3）"这样的人"应是具有某种精神品质，或代表某种风气的人。要着眼于这个人的个性、品质去描写，写出你的情感倾向。

【板书设计】

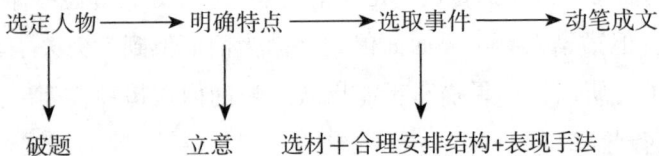

选定人物 ——→ 明确特点 ——→ 选取事件 ——→ 动笔成文

破题　　　　　立意　　　　选材＋合理安排结构＋表现手法

学习抒情

——人教版七年级下册第二单元写作

【学习目标】

（1）结合本单元学习的课文，引导学生了解直接抒情和间接抒情这两种抒情方式。

（2）引导学生善于发现生活中的美并通过抒情这一表达方式写出来。

【教学过程】

（一）朗读导入

（1）请同学们齐读纪伯伦的《美》（节选）。

（2）请你们仔细观察地暖春回、晨光熹微，你们必定会观察到美。

（3）请你们侧耳倾听鸟儿鸣啭、枝叶窸窣、小溪淙淙，你们一定会听出美。

（4）请你们看看孩子的温顺、青年的活泼、壮年的气力、老人的智慧，你们会看到其中的美。

（5）请歌颂那水仙花般的明眸、玫瑰花似的脸颊、罂粟花样的小嘴、那被歌颂而引以为荣的就是美。

（6）请赞扬身段像嫩枝般柔软、颈项如象牙似的白皙、长发同夜色一样黑，那受赞扬而感到快乐的就是美。

生活处处有美景，美景时时动人情，我们要善于发现美，学会抒发真情实感。

（二）活动设计

活动一：写作指导

（1）什么是抒情？抒情就是表达情思，抒发情感。抒情并不神秘，下面这些话我们经常说，其实就是抒情。

这几朵月季花真漂亮啊！

我有好几年没见到爷爷了，我很想他。

（2）抒情的好处：真挚的情感能打动读者。恰当抒发自己的真情实感，能增强文章的感染力，并深化主题。

比如，《黄河颂》的结尾句："我们祖国的英雄儿女，将要学习你的榜样，像你一样的伟大坚强！像你一样的伟大坚强！"这里鲜明、直接地抒发了作者对黄河的景仰，对黄河哺育下的祖国英雄儿女的赞颂之情。

（3）抒情要抒真情，情贵在真，要抒发自己的真情实感，如《最后一课》中，小弗郎士心里反复交织、酝酿，最后凝为一句："啊！这最后一课，我真永远忘不了！"感人至深，且毫不突兀。

①抒发健康的、高尚的情感，反对抒发低级的、颓废的和庸俗的感情。

②抒发真挚的、实在的情感，杜绝虚情假意、无病呻吟，也不能故作多情，为文造情。

对情感的深刻体验和细致揣摩是恰当抒发情感的关键。所谓恰当抒发，一是指要把握好抒情的度，二是指要选择好抒情的方法。

（4）常见的抒情方式有两种：直接抒情和间接抒情。

① 直接抒情，即直抒胸臆，是指作者或人物不借助别的事物，直接抒发自己的情感。

② 间接抒情，就是没有直白的抒情语句，将情感融入叙事、描写和议论当中。

第一，通过叙述抒情。这是一种寓情于事的抒情方法，称为叙述性抒情。其特点是用充满感情的笔调进行叙述。这是在叙事中传达情感的写法，叙事中带着强烈的主观感情，是饱含情感的叙述，这种写法多用于叙事类作品，如杨振宁的《邓稼先》。

化虚为实显真情，真情源于真人真事，写真人真事、亲身经历，最容易做到感情真挚，最易写出动情点。

第二，通过描写抒情。这是在描写人物尤其是描写景物时进行抒情的方法，可称为描写性抒情；写作时须把感情倾注、融会在描写之中，使描写带有鲜明的感情色彩，如朱自清的《春》。

细节描写动人心。在现实生活中，有时一句话、一个动作、一个眼神都能让我们感动。我们在写作时应对人物动作、语言、神态、心理、肖像以及环境的某一局部、某一特征做具体的描绘。运用好细节描写可以增强作品的真实性，可以深化文章的主题，可以达到"一瞬传情，一目传神"的动人艺术效果。

第三，通过议论抒情。这是一种寓情于理的抒情方法，可称为议论性抒情。同学们应注意这种抒情方法与一般的议论有所不同，这里的议论只是抒情的手段，是为抒情服务的，如臧克家的《说和做——记闻一多先生言行片段》。

在文章的开头、结尾或者其他关键处加入议论、抒情句，既能使记叙文更具真情实感，又能达到升华主题、点明主旨的作用。

第四，通过状物言志。同学们要选择自己真正有感触的事物来写，要把自己的思想感情与所写事物的特点联系起来。

托物言志，即将个人之"志"依托在某个具体之"物"上。于是，这个"物"便具有了某种象征意义，成为作者的志趣、意愿或理想的寄托者。作者的个人之"志"，借助于这个具体之"物"，表达得更巧妙、更完美、更充分、更富有感染力。例如，"松、竹、梅"岁寒三友常用于表示高洁的志向，"泥土"常用于抒发谦逊的情怀，"蜡烛"常用于颂扬无私奉献的精神。

志与物要有某种相同点或相似点：

第一，记事抒情（融情于事）。

第二，借景抒情（融情于景）。

第三，托物言志（融情于物）。

第四，议论抒情（融情于理）。

（5）在一篇文章中，常常兼用直接抒情和间接抒情这两种抒情方式。

① 直接抒情的效果强烈、鲜明。

② 间接抒情则含而不露，耐人寻味。

例如，《土地的誓言》铺排描述"参天碧绿的白桦林""红布似的高粱""黑色的土地"等富有关东气息的事物，从中我们可以体会到作者对故乡的炽热爱恋；《邓稼先》一文，写到"邓稼先是中国几千年传统文化所孕育出来的有最高奉献精神的儿子"，在议论中饱含敬仰之情。

活动二：温故知新

温故知新——文章不是无情物。

（1）我呆呆地望着她，止不住流下了眼泪。我觉得我是世界上最伤心的人！因为我对朋友反悔了。我做了一件多么不光彩的事呀！

——《羚羊木雕》

（2）母亲啊！你是荷叶，我是红莲，心中的雨点来了，除了你，谁是我在无遮拦天空下的荫蔽？

——《荷叶·母亲》

（3）在一个孩子的眼睛里，他的老师是多么慈爱，多么公平，多么伟大的人啊。

——《我的老师》

（4）记得那个美好的夜晚，我独自躺在床上，心中充满了喜悦，企盼着新的一天快些来到。啊！世界上还有比我更幸福的孩子吗？

——《再塑生命的人》

（5）这南方的初春的田野，大块小块儿的新绿随意地铺着，有的浓，有的淡；树枝上的绿芽儿也密了；田里的冬水也咕咕地起着水泡……这一切都使人想着一样东西——生命。

——《散步》

（6）又是秋天，妹妹推我去北海看了菊花。黄色的花淡雅，白色的花高洁，紫红色的花热烈而深沉，泼泼洒洒，秋风中正开得烂漫。我懂得母亲没有说完的话。妹妹也懂。我俩在一块儿，要好好儿活……

——《秋天的怀念》

（7）记得那年春上，奶奶生日，家里又揭不开了锅，你从外边借回一元钱，买了三斤豆腐。豆腐做好，你一筷子夹给奶奶，一筷子夹给我，我让你吃，你说你嫌豆腐有一股豆味儿，反胃。婶娘，我那时真傻，还以为那是真的，就三口两口扒吃了豆腐，后来在厨房里，却见你吞着野菜吃，我才知道你是哄了我。我后悔地哭起来，你却笑了，说我懂事，让我以后长大有钱了，再给你买多多的豆腐吃。可到现在，我一块豆腐也还未给你买了吃，你却死了。

——《哭婶娘》

（8）曲曲折折的荷塘上面，弥望的是田田的叶子。叶子出水很高，像亭亭的舞女的裙。层层的叶子中间，零星地点缀着些白花，有袅娜地开着的，有羞涩地打着朵儿的；正如一粒粒的明珠，又如碧天里的星星，又如刚出浴的美人。微风过处，送来缕缕清香，仿佛远处高楼上渺茫的歌声似的。

——《荷塘月色》

（9）那是力争上游的一种树，笔直的干，笔直的枝。它的干通常是丈把高，像加过人工似的，一丈以内绝无旁枝。它所有的丫枝一律向上，而且紧紧靠拢，也像加过人工似的，成为一束，绝不旁逸斜出；它的宽大的叶子也是片片向上，几乎没有斜生的，更不用说倒垂了；它的皮光滑而有银色的晕圈，微微泛出淡青色。这是虽在北方风雪的压迫下却保持着倔强挺立的一种树！哪怕只有碗那样粗细，它却努力向上发展，高到丈许，两丈，参天耸立，不折不挠，对抗着西北风。

——《白杨礼赞》

精彩结语：诗人白居易有云："感人心者，莫先乎情。"徜徉雨中，我们或许会有无可名状的哀愁；沐浴月光，我们或许会感到漫无边际的孤独；仰望苍穹，远眺大海，我们心胸开阔；俯视大地，近观流水，我们豪情万丈。生活处处有美景，美景时时动人情，我们要善于发现美，学会抒发真情实感。

活动三：写作实践

（1）片段作文。写一段话，抒发某种情感，如幸福、喜悦、痛苦、忧伤、渴望等；200字左右。

提示：

①可以描写场面、事物，也可以叙述故事。情感的抒发要有内容、有根据。

②根据内容特点和表达需要，选择合适的抒情方式。

（2）在《土地的誓言》里，作者以饱满的热情描绘了他那美丽而丰饶的家乡。你的家乡是什么样的？你对它还有怎样的情感？以《乡情》为题，写一篇作文；不少于500字。

提示：

①关于家乡，你应该有许多内容可写：家乡的景色、物产、风俗以及你在家乡的生活……不必面面俱到，要有侧重地写作。

②直接抒情应基于相关的记叙、描写，顺势而发；间接抒情时，所写内容要与表达的情感相协调。

③写完初稿后，读给同学听听，看看你的作文是否能打动人。如果效果不好，和同学讨论，看看问题出在什么地方，然后做出相应的修改。

（3）我们每个人都会有烦恼，烦恼后面也许有一段小故事；以《我的烦恼》为题，写一篇作文；抒发自己的真情实感；不少于500字。

提示：

① 每个人可能都会有烦恼，如妈妈总是拿你和别人比，说你这不行那不行；你很喜欢跳舞，家人却不支持；你唱歌总是跑调，每次上音乐课都很尴尬……想一想，你有什么烦恼？哪些可以作为写作的素材？

② 同学们写烦恼题材的作文的时候，要把事情、原因写清楚，还要写出当烦恼时的具体感受，让人读了以后能体会你的处境和心情。

③ 作文写完以后，你可以和同学们互相交流，看看大家的烦恼是什么，并相互开导、帮助，争取消除这些烦恼。

抓住细节

——人教版七年级下册第三单元写作

【学习目标】

（1）品读范文，了解什么是细节，理解细节描写在写作中的作用。

（2）动笔实践，学会捕捉生活中的细节，运用恰当的方法描写生动的细节。（重点）

（3）升格训练，学会运用典型生动的细节来表达真情实感。（难点）

【教学过程】

（一）导入

老子说："天下难事，必作于易；天下大事，必作于细。"阅读和写作也是如此。只有抓住细节，读者才能更好地领悟文章的内涵和作者的情感，创作者也才能更好地用文字表达自己的情感。

（二）活动设计

活动一：品赏范文，了解细节

1. 找范例，明细节

请同学们回忆本单元我们学过的课文《阿长与〈山海经〉》《老王》《台阶》《卖油翁》，这几篇课文里的人物都给我们留下了深刻的印象，谈到他们，你首先想起了谁？你印象最深的是有关他（她）的什么画面、哪句话，抑或是什么场景？

请同学们交流。

示例：

（1）一到夏天，睡觉时她又伸开两脚两手，在床中间摆成一个"大"字。

（2）"哥儿，有画儿的'三哼经'，我给你买来了！"

（3）有一天，我在家听到打门，开门看见老王直僵僵地镶嵌在门框里……简直像棺材里倒出来的……

（4）那时已经是深秋，露水很大，雾也很大，父亲浮在雾里。父亲头发上像是飘了一层细雨，每一根细发都艰难地挑着一颗乃至数颗小水珠，随着父亲踏黄泥的节奏一起一伏。

（5）有卖油翁释担而立，睨之，久而不去。见其发矢十中八九，但微颔之。

为什么我们对这些印象深刻？因为以上句子，描写的都是细节，它把人物或景物的某一特征具体地刻画出来，形成一种画面感，给读者留下了深刻的印象，甚至达到了让人过目不忘的效果。那么，什么是细节呢？

明确：

（屏幕出示）

细节：不起眼的环节或情节，细枝末节，即细小、微小之处。

细节描写是对人物、景物、事件等表现对象的细微而具体的刻画，是把细小事物，如一个动作、一种表情、一个特点用特写镜头把它放大，通过准确、生动、细致的描绘，使读者如见其人、如睹其物。或者说所谓细节描写，就是对某些细小而又能很好地表现人物思想性格的环节和情节加以具体描写。好的细节描写能使人物性格丰满、活灵活现、惟妙惟肖，增强文章的形象性、生动性和真实性。细节描写是记叙文的血肉，没有细节描写，就没有形象的鲜明性和事件的生动性。并不是所有的描写都叫细节描写，只有那些于微小之处表现事物特征或作者情感态度，能够给予读者深刻印象的描写才可称为细节描写。

细节描写往往能起到以小见大、画龙点睛的作用。

请同学们再看以上这些句子，你能看出细节描写一般都从哪些角度入手？

（屏幕出示）

（1）一到夏天，睡觉时她又伸开两脚两手，在床中间摆成一个"大"字。（动作细节）

（2）"哥儿，有画儿的'三哼经'，我给你买来了！"（语言细节）

（3）有一天，我在家听到打门，开门看见老王直僵僵地镶嵌在门框里……简直像棺材里倒出来的……（肖像细节）

（4）那时已经是深秋，露水很大，雾也很大，父亲浮在雾里。父亲头发上像是飘了一层细雨，每一根细发都艰难地挑着一颗乃至数颗小水珠，随着父亲踏黄泥的节奏一起一伏。（景物细节、人物外貌细节）

（5）有卖油翁释担而立，睨之，久而不去。见其发矢十中八九，但微颔之。（神态细节、动作细节）

明确：

（屏幕出示）

根据表现内容，细节可以分为肖像细节、神态细节、语言细节、动作细节、景物细节等。

2. 赏范例，构支架

我们了解了什么是细节描写，也知道了细节描写可以从哪些角度入手，恰当的细节描写对刻画人物有重要作用。这些细节描写为什么被人们称为经典，作者为什么要选取这些细节进行描写呢？接下来，我们挑选两处认真赏读。

（1）"哥儿，有画儿的'三哼经'，我给你买来了！"

这处细节描写是语言描写。这句话，声音是高亢喜悦的，感情是浓烈诚挚的。"哥儿"的称呼里有说不出的疼爱，把《山海经》误听、误记、误说为"三哼经"，既暗示了不识字的长妈妈买书的不易，又体现了她简单率性的快乐，看似不经意实际却匠心独运的一句语言描写，就把"可感可亲、鲜活生动"的阿长的形象光彩夺目地立起来了。

作者为什么这么写呢？它深刻地表现了作者的情感。我们不妨来倒推："我"怀念感激长妈妈——→为什么？——→她做了一件让"我"情感受到强烈冲击的事：买来"《山海经》"——→当时怎样的情形？——→阿长给我"《山海经》"的细节——→她说的话。

结论：细节越真实细致，表明作者的情感体验越深刻，就越能引起读者的情感共鸣。

（2）那时已经是深秋，露水很大，雾也很大，父亲浮在雾里。父亲头发上像是飘了一层细雨，每一根细发都艰难地挑着一颗乃至数颗小水珠，随着父亲踏黄泥的节奏一起一伏。晃破了便滚到额头上，额头上一会儿就滚满了黄豆大的露珠。

在这篇小说中，语言具有很浓文化的抒情意味。"那时已经是深秋，露水很大，雾也很大，父亲浮在雾里"是景物描写，描写了浙东农村秋天清晨的景物特色，营造了一种诗意又虚无缥缈的氛围，所表达的情味隐隐地与文末的感伤相一致。作者用"飘""挑""踏""晃""滚"五字细致描写了父亲额头上的露珠，生动形象地写出了父亲为造新台阶而付出的努力，表现了父亲充满活力的农民形象，表达了作者对父亲无比热爱和敬佩的感情。

作者为什么这样写？我们依然可以采用倒推的方法：单从人物情感来说，小说中的"我"对自己老实本分、吃苦耐劳、坚忍不拔、追求生活理想的父亲充满了热爱、敬佩、感恩之情，还有一种隐隐的心疼——→为什么？——→父亲吃苦耐劳、坚忍不拔——→晨雾（特有的场景）——→劳动的细节，而且是极富地域特色的典型细节。

结论：细节越典型丰富，表明作者的内心情感越丰富，情感体验越深刻，就越能给读者留下深刻的印象。

（3）有卖油翁释担而立，睨之，久而不去。见其发矢十中八九，但微颔之。

"睨之"，侧着头斜着眼看，是神态细节，一副见惯不惊的样子，"但微颔之"，一个"微"字，体现了卖油翁对陈尧咨的箭术不以为意，虽"颔之"却也并不十分赞赏。这些微妙生动的细节惟妙惟肖地表现出卖油翁虽自负却又沉着内敛的性格，让人物形象更鲜明。

结论：细节越微妙生动，表现人物形象越鲜明，作品的主题越深刻，就越能引起读者的思考。

小结：由此看来，同学们对生活进行细致的观察，在描写细节的时候要真实，要善于抓住最能反映人物性格特征的细节来写，用语要生动，让读者如见其人、如睹其物。

活动二：学以致用，小试牛刀

1. 小练笔

同学们，每次考试完，我们或欢喜，或忧愁，自然回到家里也会上演几家欢喜几家愁。当你把试卷摊在爸爸或妈妈面前的那一刻，发生过什么？请同学们选取你印象最深的一次，以"当我拿出试卷的那一刻"为第一句，续写200字左右的小片段。

注意：

（1）要有对爸爸（妈妈）某一方面（神态、动作、语言等）的细节描写。

（2）细节贵在精而不在多，描写要力求真实、典型，要善于抓住最能反映人物性格特征的细节来写。

（3）语言要尽可能的生动、简洁，让读者如见其人、如睹其物、如临其境。

2. 修改

同学们写完后结合屏幕上的要求进行同桌互评。

教师明确修改要求：用红笔圈画，好的地方画波浪线，还有不足的地方在原句旁边修改。

教师将一位学生的作品投影展示，由其他学生点评，教师即时同屏修改。讲评完毕，学生各自修改自己的语段。

教师给出范例——

例文：

回到家后，我把试卷拿给父母看，并承认了自己的错误。可是令我惊讶的是，爸爸妈妈都没有批评我，而是帮我找出错的原因，继续鼓励我，这下我可偷着乐了。

修改1：

爸爸看见了，故意逗我说："考得不错吧！"我听了之后，脸上火辣辣的，因为我之前给爸爸保证过要门门考第一，结果考砸了，这下爸爸要大发雷霆了。但让我出乎意料的是爸爸却亲切地看着我，眼里满含慈爱，语重心长地对我说："没事，这一次的失败不算什么，失败是成功之母嘛，要把这次的失败当成教训，以后要努力学习，认真做题，争取下次取得好成绩。"我听了，心里充满了感激之情，还是爸爸理解我！

修改2：

妈妈带着笑容向我迎来时，泪水浸湿了我的眼眶。当我把成绩告诉妈妈时，从妈妈的眼神里我看到了一丝失望，我竭尽全力地不让自己落泪，可最终还是没控制住自己。妈妈把我拉进她的怀里，轻轻地拍拍我的背，鼓励我说："不要紧的，这次没考好，下次继续努力，哭是没有用的，应该找出自己的错误并加以改正，这样才能使自己变得更好、更完美，找到最适合自己的学习方法，争取下次考出好成绩。"

小结：

（1）描写人物一定要注意能表现人物的外貌、语言、动作或心理特点的细节。

（2）描写人物要带上自己的情感，可以在用词或语气上有所体现，也可以直接加入自己的评价。

【课堂结语】

同学们，学会写作，要有一双敏锐的善于捕捉细节的眼睛，更要有一颗善感的心，善于发现生活中每一细微处的真实，用心观察，用情感悟，用文字去把它生动地记录下来。

【作业布置】

我们的记忆中总会有许多难忘的时刻。所谓难忘，可能是惊喜、兴奋、有趣，也可能是惭愧、尴尬甚至是难堪；回忆一个自己难忘的时刻，并以《_____的那一刻》为题，写一篇作文；不少于600字。

【板书设计】

抓住细节

真实　　典型　　生动

怎样选材

——人教版七年级下册第四单元写作

【学习目标】

（1）复习一篇，总结一种写作的模式。

（2）学习一篇，强化一个描写的意识。

（3）创作一段，收获一点进步的喜悦。

【教学过程】

（一）导入

今天我们来尝试实践一种新的选材方法：复习一篇、学习一点、创作一段。

（二）活动设计

活动一：复习一篇，总结一种写作的模式

最使我难忘的，是我小学时候的女教师蔡芸芝先生。

（回想起来，她那时有十八九岁。嘴角右边有榆钱大小的一块黑痣。在我的记忆里，她是一个温柔和美丽的人）

她从来不打骂我们。仅仅有一次，她的教鞭好像要落下来，我用石板一迎，教鞭轻轻地敲在石板边上，大伙笑了，她也笑了。我用儿童的狡猾的眼光察觉，她爱我们，并没有存心要打的意思。

在课外的时候，她教我们跳舞，我还记得她把我扮成女孩子表演跳舞的情景。在假日里，她把我们带到她的家里和朋友的家里。在她的朋友的园子里，她还让我们观察蜜蜂，也是在那时候，我认识了蜂王，并且平生第一次吃了蜂蜜。她爱诗，并且爱用歌唱的音调教我们读诗。直到现在我还记得她读诗的音调，还能背诵她教我们的诗：圆天盖着大海，黑水托着孤舟。

今天想来，她对我的接近文学和爱好文学是有着多么有益的影响！像这样的教师，我们怎么会不喜欢她，怎么会不愿意和她亲近呢？

写了哪些事？怎么处理的？

小结：事例、抒情、议论、做小结。

重点事件处理与加工事件。

活动二：学习一篇，强化细节描写的意识

1. 扩句

他在大街上走着。

（1）身穿黑衣服、戴着墨镜的他慢慢地在大街上走着，不时地左右观看。

（2）身穿黑衣服、戴着墨镜的他慢慢地在大街上走着，不时地向四周张望，目光始终瞄着行人的口袋和背包。

（3）身穿黑衣服、戴着墨镜的他慢慢地在大街上走着，贼眉鼠眼地向四周张望，目光始终瞄着行人的口袋和背包。突然一阵警笛声使他身子一颤，但他立刻又恢复了常态。

2. 病文

放假回来后，我告诉父亲，想买一本词典。父亲听了，没有说什么。我有点后悔，因为我知道家里没有钱，我提出买一本词典的要求有些过分。后来，父亲出去了。我知道他又去借钱了，心里很难受。

第二天一早我上了汽车，心里还在想着昨晚的事。忽然我看见通往我家的小路上跑出一个人，我认出那是父亲。于是我探出头大声喊他，父亲望见了我，便挥动了一下手臂，我看见他手里的一把零钞。原来，父亲给我送钱来了。父亲跑到车窗边，问我二十元够不够，我点点头说够了。父亲松了口气，把钱递给我，我去接那把零钞，可是有一股风把一张五角的纸钞吹跑了。父亲转身去捡，风却把钱吹向远处。父亲花了不少力气才捡到，交给了我。

由于父亲拿得紧，我一下把钱撕成了两半，钱变成了半边钱，我们两个人都愣住了。

问题： 哪些地方需要做细节加工处理？讨论发言。

明确： 描写（环境、神态、心理、动作、侧面）。

活动三：创作修改一段，收获进步的喜悦

（1）修改自己作品，展示总结。

（2）一句一事例，抒情议论做小节。

（3）重点事例细节描写增神韵。

文从字顺

——人教版七年级下册第五单元写作

【学习目标】

（1）了解写作时做到文从字顺、有条不紊地表情达意的方法，探讨写景状物的技巧。（重点）

（2）学会抓住中心，刻画细节，写出真事、真情。（难点）

（3）培养自觉读书、合作探究的好习惯，养成热爱祖国语言文字的好品质。

【教学过程】

（一）导入新课，了解含义

今天学习的内容是文从字顺，它最早是由唐宋八大家之首、唐朝的大文学家韩愈提出来的。他在《南阳樊绍述墓志铭》说："文从字顺各识职，有欲求之此其躅。"什么是文从字顺呢？

从字面上解释，从：服从，顺从。顺：通顺。我们可以理解为文章通顺，就是指语言表达明白准确，行文通顺流畅。文从字顺是写作的基本要求，它反映着写作的人驾驭书面语言的能力。

那么，我们又为何要做到文从字顺呢？大家来看一看下面的文字：

志者诗之本也。

——朱熹

写作文就为的是写出自己想说的话。

——叶圣陶

我手写我心。

——里尔克

唯有发自心灵深处的作品才能获得桂冠。

——叔本华

看到这些文字，你了解了文从字顺的目的了吗？是的，我们就是要能够运用好词句表达出我们内心的思想、情感，表达出我们"自己想说的话"。

（二）注重积累，准确表达

出示任务：

（1）魏琳同学看到校园的玉兰花盛开，想表达对这种花的生命力与美丽的赞叹，她对同学说："校园里的玉兰真是好看极了！"但又感觉一句"好看极了"完全不能表达出她心里的感受，你能帮帮她吗？

（2）美丽的花朵总能触发人们的情感。宗璞在《紫藤萝瀑布》一文中就生动传神地描绘了紫藤萝花开的美好与盛况，让我们一起来读一读。

每一穗花都是上面的盛开、下面的待放。颜色便上浅下深，好像那紫色沉淀下来了，沉淀在最嫩最小的花苞里。每一朵盛开的花像是一个张满了的小小的帆，帆下带着尖底的舱。船舱鼓鼓的，又像一个忍俊不禁的笑容，就要绽开似的。那里装的是什么仙露琼浆？

教师指导学生通过诵读体会作者观察的细致深入，描绘语言的准确生动，运用修辞的恰当形象；引导学生分析此段景物描写所用的方法。教师引导学生总结景物描写的方法：①感官角度；②修辞手法；③动静结合；④联想想象；⑤一定顺序。

让我们来仿照上面这段话，也紧抓玉兰花的特点来写一写我们校园中的玉兰花吧。

学生展示：

（1）玉兰花开了，有的似一只凤蝶展翅飞来，有的像一排铃铛摇动，更有的像雄壮的军号在吹奏着。

（2）玉兰花迎着春风开了，一树洁白的花朵，像雪、像玉、像云、像飞逸的浪花。

（3）白玉兰花的绽放是那么的不显山、不露水，纯粹得连叶都多余，在那秃枝上，洁白的花萼，似圣洁的精灵，高雅地绽开，亭亭玉立，袅袅身姿，风韵独特，每一个花瓣上都凝着一层淡淡的从容。

（4）玉兰花有一种让人沉醉的清香，那朵朵盛开的花姿，有的简约，有的张扬，有的玲珑洁雅，巧笑嫣然地展示着生命的美丽。

教师小结：积累与模仿是非常重要的，能够很好地提升同学们驾驭文字的能力。但同学们想要有条不紊地表达自己的所思所感，还需要紧抓重点，使句段之间逻辑清晰，直指中心。

（三）细致观察，条理连贯

出示任务：

得到了帮助的魏琳很高兴，她写了这样一段话：

那白白的玉兰花，长在光秃秃的枝干上，有的才展开两三片花瓣，仿佛是等待破壳而出的丑小鸭；有的花瓣全展开了，像玲珑剔透的玻璃盏一样；有的还是骨朵儿，仿佛一个个半抱琵琶的羞涩少女。朵朵洁白无瑕，花香扑鼻。从远处看，一朵朵玉兰好像一只只粉白色的蝴蝶停在枝头上，又像一盏盏美丽的花灯被春姑娘挂在枝头上。

但是老师指出，只有单纯的写景是不足够的，我们还要表达出内心的情感或者志向，所以让魏琳再去观察玉兰花，魏琳犯了难。

老师今天给大家带了个礼物，可以协助同学们学会观察，这个礼物就是一双筷子。筷子，大家几乎天天看到，但如果让你用语言描述一下你天天看到的东西，你说得出来吗？

（引导学生从形、色等各方面观察）

观察事物，要多角度，仅仅观察外表并不是真正会观察，真正会观察要看出它的作用和本质。你得到了什么启示？

引导学生得出对人生的思考。

从筷子的长短、形状相同、同尝三餐，得出亲人、朋友之间要同甘共苦。

从一根筷子易折，两根筷子不易折，得出团结就是力量。

从筷子的广泛使用，得出，我们要做对人民有用的人。

……

那你再次观察玉兰花，又能观察到什么？得到什么启示呢？

（温暖人间、纯洁高雅、淡定从容、顽强的生命力等）

小结：写作就是这样，细致观察、抓住重点，理清你要表述的中心，这样文意就会清晰起来，语句就会连贯起来。

（四）真事真情，主线清晰

出示任务1：

学会了观察，魏琳又去看玉兰花，她发现在寒冷的早春，高雅莹洁的白玉兰花开了，在这个季节里，总会有一些温暖藏在彼此的心中。

于是她写了一篇作文，叫《温暖的白玉兰》。文中写到了自己父母双亡，在冰冷的人生境遇里，一位爱心人士资助了她，抚养她长大的故事。她写完了很得意，拿给老师看。老师看完作文，连连摇头。原来，老师和她的父母熟识，而且今天早上她妈妈还送她来上学呢！老师感慨道："岂能为了感人，牺牲了爸爸妈妈、爷爷奶奶而在所不惜？"

对于这种现象你怎么看？

教师出示：王国维在《人间词话》中说："境非独谓景物也。喜怒哀乐，亦人心中之一境界。故能写真景物、真感情者，谓之有境界。"

总结指导：在老师的教导下，魏琳终于明白了真事真情是无法替代的，因为只有真实的经历才能带给我们感人至深的细节。同学们要切实地认识到写真事、诉真情的重要性。

出示任务2：

我们一起读一读史铁生的作品《秋天的怀念》选段。

双腿瘫痪后，我的脾气变得暴怒无常。望着望着天上北归的雁阵，我会突然把面前的玻璃砸碎；听着听着李谷一甜美的歌声，我会猛地把手边的东西摔向四周的墙壁。母亲就悄悄地躲出去，在我看不见的地方偷偷地听着我的动静。当一切恢复沉寂，她又悄悄地进来，眼边儿红红的，看着我。"听说北海的花都开了，我推着你去走走。"她总是这么说。母亲喜欢花，可自从我的腿瘫痪后，她侍弄的那些花都死了。"不，我不去！"我狠命地捶打这两条可恨的腿，喊着："我可活什么劲儿！"母亲扑过来抓住我的手，忍住哭声说："咱娘儿俩在一块儿，好好儿活，好好儿活……"

文中的哪些内容打动了你？大家一起分享一下。

教师要引导学生树立围绕中心刻画细节的理念。

总结指导：只有真实的事情、真实的情感、真实的细节描写才能够将中心文从字顺地表达出来，做到我手写我心。

（五）学以致用，探讨交流

出示任务：

一粒沙里见世界，半瓣花上说人情。无论是一朵花、一片落叶还是一支笔、一幅画，又或者是一个玩具、一把乐器，这世间总有那么一个东西寄托了你的情感或总有一件曾触动你内心的事情。请同学们以小组为单位，说一说自己想写什么景或物的哪个特点，想表达什么样的情感，交流完毕后，记录在笔记本上。

总结指导：写作时我们要写真人、叙真事、描真景、说真话、抒真情，作文才会血肉丰满，才能写出自己心里想说的话。

【布置作业】

（1）请同学们回家后继续认真观察、认真回忆、抓住特点，以"我心中的_____"为题，写一件曾打动你心灵的故事。

（2）推荐阅读：鲁迅的《秋夜》、林清玄的《清欢》、张抗抗的《牡丹花的拒绝》。

语言简明

——人教版七年级下册第六单元写作

【学习目标】

（1）通过学习示例，理解语言简明的含义。

（2）把握使语言简明的方法技巧，并运用于语言实践。（重点）

（3）力求将语言简明灵活地运用到实践中。（难点）

【教学过程】

（一）导入

今天，老师给大家上一堂"语言简明"的作文课，让老师先来给大家出示学习目标，然后我们来看课本第六单元的作文习作课"语言简明"，请大家先读课文。

同学们觉得老师的课堂导语如何呢？听懂了吗？

对，太啰唆，语言重复，中心不明确？怎么才能做到语言简明，准确地表达自己的意思呢？让我们今天一起走进习作课"语言简明"。

（二）活动设计

活动一：研读课本

请同学们认真阅读2021年版七年级下册语文课本第157页"语言简明"中"立体书""我要给妈妈买眼霜"的示例，删掉语段中多余的词语和语句，使文段言简意赅，文从字顺，最好能总结出"语言简明"的写作方法。

写作方法：

（1）要明确主题，明白易懂，即行文时要围绕中心来写，不旁生枝叶，语言表达要明白易懂。要做到词语选择能让人明白易懂，必须注意避免用冷僻的词语，避免用已经"死去"的词语，避免滥用外来词语与方言词语；在没有特殊的表达需要时，要避免词语的重复，还要注意不要堆砌词语，如文中的示例"我"去商店给妈妈买眼霜，表现"我"对妈妈的感恩之情。文中"我想，眼霜那么贵，利润一定很高，看来卖化妆品能挣不少钱呢！"一句，分散了叙事主题，使语段不明了，应该删掉。

（2）注意表达效果。我们在表达时使用词语要准确、规范，为的是不生误解，不生歧义。这就要求把语言中许多近义词之间的细微差别分辨清楚，按照词语约定俗成的用法来运用，以使别人能准确地理解自己想要表达的意思。

小结：语言简明：简，即简要、简洁；明，即明白、清楚。

语言简明就是用简洁的语言传递尽可能多的信息，达到尽可能高的准确度。

活动二：锤炼词语

我们学习了语言简明、准确的表达方法，现在来小试牛刀，看看我们掌握得怎么样。

选用准确贴切的动词，改写这段话。

要迟到了。我掀（踹）开被子，从床上爬（跳）起来，拿（拉）过衬衣，穿（套）上鞋子，几步跑（冲）进洗手间，找（抽）出牙刷，挤（涂）上牙膏，胡乱刷（戳）了几下，然后拿（扯）起毛巾，在脸上洗（抹）了几下，穿（抓）上外套，跑（飞）出寝室。

月光如流水一般，静静地泻（照）在这一片叶子和花上。薄薄的青雾浮（升）起在荷塘里。叶子和花仿佛在牛乳中洗（浸）过一样，又像笼（罩）着轻纱的梦。

出示示例，学生书写。

181

学生展示，学生点评。

教师小结：例文善用准确的动词生动地写出起床晚的慌乱场景，我们同样也可以添加生动形象的修饰词，增强语言的生动性，活学活用，但要记得简洁、准确。

活动三：实战演练

（1）语言的运用在生活中无处不在，恰到好用的运用让人印象深刻。好的宣传标语朗朗上口、吸引目光、发人深省。面对现在的流感情况，请你为小区设计一条宣传标语，呼吁大家配合社区人员的管理，居家防疫。

宣传标语：＿＿＿＿＿＿＿＿＿＿＿＿＿＿＿＿＿＿＿＿＿＿＿＿＿＿＿

提示：

① 考虑接受人群。标语的接受人群是师生，倡导大家在家上好空中课堂；是医务人员，可以鼓舞士气、感谢英雄；是社区居民、社会人员，倡导居家防疫等。面对不同的受众群体，要使用适合他们的语言。

② 宣传标语要语言简短、朗朗上口，让小区居民配合工作人员居家防疫，让大家不走亲访友、不串门，达到配合管理的目的。

请大家根据黑板上的提示，完成一则倡议居家防疫的宣传标语。

示例：

少出门　多居家　网络拜年乐大家喜

全区动员　全员参与　联防联控

小结：语言简明在不同语境中发挥的作用不同。广告语、颁奖词、墓志铭、说明简介等文体也常运用。今天我们学习的是在广告语中的运用，知识的迁徙也可以运用到其他文体中。

（2）下面这段话不够简明，请加以修改。

篮球比赛结束后，比赛完的队友们一个个都坐上大巴走了。大巴是学校的车，学校有好几辆大巴和小轿车，我没有上车，而是一个人默默地走回家。我在回家的途中，紧锁着眉头，无奈地叹息，我心里很难受，不禁为比赛的失利感到难过。那个夕阳西下的黄昏，我一个人站在家门口，独自伫立在余晖之中。

提示：

（1）抓住叙事的主题，去掉偏离中心的语句。

（2）删掉语义重复的词语，使表达更加简明。

（小组讨论，选代表上台展示，教师点评并出示范例）

解析：文段主要表达的意思是篮球比赛失利后的难过心理，对于"大巴和小轿车"的交代没有必要，"那个夕阳西下的黄昏""独自伫立在余晖之中"，这类的语句没有时间上的衔接，也不搭配。所以，偏离中心的语句是"大巴是学校的车，学校有好几辆大巴和小轿车"和"那个夕阳下的黄昏，我一个人站在家门口，独自伫立在余晖之中"，而在词语的使用上，一方面是词语重复，"比赛结束后"和"比赛完的"意思重复，"走回家"和"在回家的途中"字面重复；另一方面是词语堆砌，"紧锁着眉头，无奈的叹息，我心里很难受"和"为比赛的失利感到难过"，这几个词语意思相近，放在一起词语堆砌。

修改后：篮球比赛结束后，队友们一个个都坐上大巴走了，我没有上车，而是一个人默默地走回家。途中，我不禁为比赛的失利感到难过。

小结：明中心，语言也要简明。能用一句话说明的坚决不用两句话。

【课堂结语】

鲁迅先生曾说："写完后至少看两遍，竭力将可有可无的字、句、段删去，毫不可惜。"梁实秋认为，写作需要"忍痛割爱"，要将那些不扼要的描写、不恰当的字词，大刀阔斧地加以削删。要想写出简洁明了的文章，我们应该不断地修改、锤炼。

语言简明的方法：

（1）语言简明，围绕中心。

（2）语言简明，准确用词。

（3）语言简明，避免重复。

【板书设计】

八年级

新闻写作

——人教版八年级上册第一单元写作

【学习目标】

（1）掌握消息的特点、要素和结构。

（2）通过具体实例帮助学生学会写标题、导语。（重点）

（3）树立读者意识，培养学生言必有据、负责任的表达意识，激励学生善于发现生活中有意义的事情，发现美、宣扬美。（难点）

【教学过程】

（一）导入

新闻作品是社会事件、时代风云的记录，也是传播信息的重要途径。报纸、广播、电视、互联网向我们及时传递着发生在世界各个角落的重大事件、热点话题。请看以下材料：

本报北京10月1日电 壮阔七十载，奋进新时代。10月1日上午，庆祝中华人民共和国成立70周年大会在北京天安门广场隆重举行，20余万军民以盛大的阅兵仪式和群众游行欢庆共和国70华诞。中共中央总书记、国家主席、中央军委主席习近平发表重要讲话并检阅受阅部队。

《人民日报》（2019年10月2日01版）

通过阅读以上材料我们发现这是一则消息的导语部分，向我们简明扼要地报道了庆祝中华人民共和国成立70周年大会在京隆重举行的重大事件。那么如何才能写好一则消息呢？

（二）活动设计

消息指的是报道事情的概貌，而不讲述详细的经过和细节，以简要的语言文字迅速传播新近事实的新闻体裁，也是最广泛、最经常采用的新闻体裁。

消息作为一种文体，具有鲜明的特征：

第一，要用事实说话，也就是回答"5W+1H"的问题。

第二，要短小精悍，概括性强。

第三，时效性最强，要求分秒必争，迅速完稿。

第四，具有固定的结构，通常将最重要、最吸引人的新闻事实放在最前面报道，形成倒金字塔结构。

第五，大多数消息要有电头或"本报讯"作为外在标志，也就是要有"消息头"。

回顾了与消息相关的基本知识内容，相信大家都跃跃欲试了，接下来我们就通过活动具体探究如何写好一则消息。

活动一：标题导语不简单

（1）请同学们阅读下面一则消息，试着为其将标题补充完整。

本报讯（记者郭青）来自中国科学院等机构的研究团队，在陕西省西安市蓝田县境内发现了迄今为止中国最早的人类活动痕迹。7月12日，《自然》在线发表的这一突破性发现将中国的人类史向前推进了约40万年。

这项研究由来自国内外11家单位的11位学者共同参与。文章报告位于黄土高原南部、秦岭北麓的陕西省西安市蓝田县上陈村一带新发现了一个早更新世的古人类旧石器遗址，其所处时代距今126万年到212万年。上陈旧石器遗址拥有连续性较好的人工制品文化层序列。研究人员在遗址黄土—古土壤序列的17个原生层位（S15–L28）中发现了96件石器。

自2004年起，中国科学院广州地球化学研究所朱照宇团队开始在上陈村周边进行考古发掘。朱照宇团队详细描述了上陈旧石器遗址早更新世黄土—古土壤序列S15至L28层位中82个被打击过的石头和14个未经打击的石块。这些被打击的石头包括石核、石片、刮削器、尖状器、钻孔器和石锤等，是古人类早期使用工具的证据。上陈旧石器遗址17个文化层的时间跨度约为85万年，出土的96件石器大部分位于11个古土壤层中，少量位于6个黄土层中。

学术界普遍认为古人类可能起源于非洲。目前已知的人类最古老的化石，是来自埃塞俄比亚的一块约280万年前的骸骨。到目前为止，非洲以外发现的最古老的古人类是位于格鲁吉亚的德马尼西人。在德马尼西遗址发现了大量约185万年前至178万年前的多种古人类遗骸与人工制品。中国云南元谋曾发现两颗可能属于直立人的门牙，其历史在170万年以上。此前在蓝田公王岭发现的直立人头盖骨，最近确认其历史大约距今163万年。而这次发现上陈村有古人类存在过的证据，主要是分布在发育完整和连续沉积的风成黄土——古土壤地层中人工打制的石器。该发现将古人类离开非洲的时间前推到约212万年前，比格鲁吉亚的德马尼西遗址显示的时间还要早约27万年。

（第二十九届中国新闻二等奖获奖作品）

学生思考后分享答案，教师评析。

原标题：蓝田发现迄今为止中国最早的人类活动痕迹。

关于标题，大家可以有自己的发挥，但在写作过程中，最基本的原则我们一定要遵守，那如何才能规范地拟写一则消息的标题呢？

①消息的标题要简明、醒目。

②消息的标题要求能够概括、揭示报道的主要事实。

③通常采用人物+事件的格式，句中通常不停顿，文末不用标点。

（2）学习了如何写消息的标题，接下来我们再来看一下消息的导语应该如何拟写，同样请看下面一则消息，并为其补写导语。

苏明娟设立助学基金传递"希望"

本报讯＿＿＿＿＿＿＿＿＿＿＿＿＿＿＿＿＿＿＿＿＿＿＿＿。6月19日，记者从安徽省青少年发展基金会、安徽省希望工程办公室获悉，以苏明娟本人名字命名的"苏明娟助学基金"在当天收到了首笔善款。该助学基金成立于一周前，由苏明娟个人拿出3万元家庭积蓄作为启动资金。

1991年，在中国希望工程的宣传照上，一双渴望读书的"大眼睛"分外醒目，照片上的小女孩就是金寨县桃岭乡张湾村的苏明娟，她的人生也从此发生了转变。在希望工程的资助下，苏明娟成功步入了大学校园。2005年，苏明娟参加工作后，把领到的第一个月工资全部捐给了安徽省希望工程办公室。从此，她每年都会去省希望工程办公室捐献1000元助学金，至今从未间断。

多年关注公益事业的苏明娟，在2017年12月15日当选共青团安徽省委副书记（兼职）。"这半年多，我一直考虑做点事情，所以有了设立助学基金的想法。"苏明娟昨天告诉记者，她是在希望工程的关怀与支持下成长起来的，滴水之恩当涌泉相报，于是在6月12日，她来到安徽省青基会、安徽省希望工程办公室，办理了设立"苏明娟助学基金"的相关事宜，并拿出3万元家庭积蓄作为助学基金的启动资金。

昨天，安徽省青基会、安徽省希望工程办公室相关负责人在接受记者采访时表示，已经按规定程序和章程办理了设立基金的相关事宜，同时将严格按照希望工程基金管理办法管好、用好这些善款。6月19日，有一笔500元的善款指定捐给"苏明娟助学基金"，这也是该基金收到的第一笔善款。"当年是希望工程改变了她的人生，作为希望工程的受助生，她希望通过这种方式来回报社会。"这位负责人说，该基金今年将首次资助5名2018级贫困大学生。

"愿社会各界能源源不断为助学基金注入善款，以汇聚更多公益力量，帮助更多贫困学子圆梦。"苏明娟说，目前助学基金主要关注贫困大学新生，在基金逐步壮大之后，还将用于留守儿童教育、贫困地区优秀教师奖励及农村学校基础设施建设等诸多方面。

新安晚报安徽网大皖客户端记者　陈牧夏　丽霞

（第二十九届中国新闻二等奖获奖作品）

学生思考后分享答案，教师评析。

原导语：她曾受助于希望工程，如今设立助学基金为更多贫困学子传递"希望"。

导语是新闻开头的第一段或第一句话，起领起下文的作用，在写作时一定要注意以简练而生动的文字介绍新闻事件中最重要的内容。

小结：标题和导语是一则消息的重中之重，与消息的主题相比，标题和导语写起来更有难度，更需要运用新闻写作的技巧，也更需要我们在实践中不断练习，如果能够准确把握消息的标题和导语，写作就已经成功了一半。

活动二：读者意识要树立

新闻作品报道效果的好坏取决于许多因素，除了作品本身的因素外，还有很重要的一点就在于其是否合乎读者的需求。因此，无论是报道题材的选择，还是确定题材后报道角度的选择，抑或是具体的语言表述，都要具备读者意识。事实上，即使是报道同一事件，在面对不同读者群体时，报道的效果差别也是很大的。接下来我们就通过两个实例一起来了解一下树立读者意识在新闻写作中的重要性。

2015年11月7日15：00，习近平、马英九在新加坡进行了历史性的会面，简称"习马会"。两人在新加坡香格里拉饭店进行"世纪之握"的动作，就推进两岸关系和平发展交换意见。《人民日报》和《新京报》都对此事做了详尽报道，下面是两则消息的部分内容：

本报新加坡11月7日电（记者王尧、丁子）中共中央总书记、国家主席习近平于11月7日下午同台湾方面领导人马英九在新加坡会面，就进一步推进两岸关系和平发展交换意见。这是1949年以来两岸领导人的首次会面。

习近平指出，今天是一个很特别的日子。两岸领导人见面，翻开了两岸关系历史性的一页。历史将会记住今天。曾几何时，台海阴云密布，两岸军事对峙，同胞隔海相望，亲人音讯断绝，给无数家庭留下了刻骨铭心的伤痛，甚至是无法弥补的遗憾。然而，海峡隔不断兄弟亲情，挡不住同胞对家乡故土的思念和对家人团聚的渴望。同胞亲情的力量，终于在上世纪80年代冲开了两岸封锁的大门。2008年以来，两岸关系走上和平发展道路。过去7年，台海局势安定祥和，两岸关系发展成果丰硕。两岸双方和广大同胞为此付出了大量心血。正因为有了这7年的积累，两岸双方才能迈出今天这历史性的一步。

（《人民日报》）

新京报快讯（记者颜颖颢）7日下午，马英九在香格里拉酒店召开记者发布会。记者会开场时马英九表示，会面的气氛"很融洽"，他还评价说，习近平"务实、坦率"。

被问及跟习近平握手感觉如何时，马英九称，"很好哇，我们两个人（握手）都很用力。"会面时有一个细节，马英九在挥手时解开了西装扣子。记者问马英九为何解开扣子，马英九回答说，因为西装很紧，解开扣子挥手会比较舒服，引发现场一阵大笑。

（《新京报》）

明确：

《人民日报》的这则消息主要面向的是全国乃至世界各国人民，他们对这件事情将会为海峡两岸关系带来什么影响比较关注，因此《人民日报》主要报道了会面过程以及概述这件事情引起的影响，以满足人们探求事件背后意义的需求，作为党报，《人民日报》站在正面的官方立场上对该事件表达了肯定，以及对两岸关系有着理性的评判；《新京报》则是本着贴近群众、贴近实际、贴近生活的原则，对马英九跟习近平握手时的感觉这一百姓喜闻乐见的事件做了报道，行文比较轻松，作为都市类报纸更能吸引读者，使读者更有亲切感。由此可见，在面对不同受众时，对同一新闻事件也要有不同的定位才可以。

活动三：新闻写作及评析

我们的新闻写作活动进入了尾声，学习了标题、导语的写作方法，树立了读者意识，那么接下来我们就要真刀实枪的运用所学知识上战场了。在本单元"新闻采访"任务中，我们已经完成了对我校师生课外阅读量的相关调查，那么接下来请同学们写一则消息来报道相关情况。

学生动笔书写。

学生写完后结合黑板上的要求进行同桌互评。

教师明确修改要求：用红笔圈画，不足的地方帮助同学补充完整。

教师将一位学生的作品投屏展示，由其他学生点评，教师随即修改。讲评完毕，学生各自修改自己的作品。

示例：

调查显示我校师生课外阅读量逐年提升

学校新闻社2月26日电　我校教学处2月26日公布的"2019年全校师生课外阅读调查"结果显示，与前两年相比，我校师生课外阅读量逐年稳步提升。

阅读调查的数据显示，我校师生2019年人均课外阅读图书量为9本，比2018年人均增长1.15本，比2017年人均增长1.8本。调查结果还显示，随着年级增加，师生的课业负担也同步增加，但在日益紧张的学习生活中，师生的阅读热情不减，各年级人均课外阅读量均高于上一年。课外阅读量呈逐年上升趋势。阅读介质调查数据显示，在师生阅读的课外书籍当中，电子书约占三分之一。阅读图书种类统计显示，各年级课外阅读比例最高的是文学类书籍。

明确：

这则消息要素齐全，标题醒目，概括了主要事实，导语部分简明扼要地介绍了这则消息的核心要点，正文部分采用的是倒金字塔结构，把重要信息放在了前面，文章所报道的主要事实都是读者所感兴趣的，且语言朴实，通俗易懂。

【课堂结语】

我们每个人都随时与外界发生联系，通过新闻，我们可以更快速准确地知道外界发生的事情，更好地与世界相处，所以希望同学们在今后的学习生活中，养成关注现实、关心时事、自主思考的习惯，形成求真求实、冷静客观的思维方式，同时学会准确、负责任、言必有据的表达。

【板书设计】

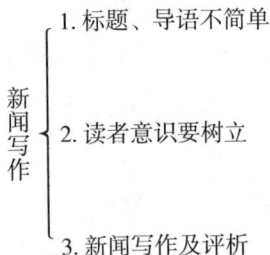

新闻写作
1. 标题、导语不简单

2. 读者意识要树立

3. 新闻写作及评析

学写传记

——人教版八年级上册第二单元写作

【学习目标】

（1）阅读课文，掌握人物传记的基本特点和写法。

（2）收集材料，抓住人物特点学会写简单的人物传记。

（3）理清思路，舍弃烦琐铺垫，简洁概括地说事情。

【教学过程】

（一）导入

有同学问："什么是人物传记？是不是写人物事迹的文章都是人物传记啊？"带着这个问题，我们今天不妨在课堂上先交流一下，然后说一说人物传记有什么特点。

（二）活动设计

活动一：了解概念，整体感知

1. 了解什么是人物传记

传记是一种常见的文学形式，主要记述人物的生平事迹，根据各种书面的、口述的回忆、调查等相关材料，加以选择性地编排、描写和说明而成。作者可以为别人做传，也可以写自传。

传记大体分两大类：一类是以记述翔实史事为主的史传或一般纪传文字，另一类属文学范围。传记作者在记述人物事迹过程中，可能会渗透自己的某些情感、想象或者推断，但和小说不同，传记一般不虚构，纪实性是传记的基本要求。

2. 写小传时要注意的问题

（1）真实准确。

凡是文中涉及的时间、地点、人物、事件等都必须是真实准确的。要使传记真实可信，首先必须全面收集、占有丰富翔实的资料，使传记所反映的人物生平事迹准确无误、完整无缺。这些资料一般包括五个基本方面的内容：①人物的姓名、性别、籍贯、民族；②人物的生卒年月；③人物的学历、简历、党派、职务；④人物的贡献、功绩、科技成果、著作；⑤能反映人物思想风貌本质特征的典型事件。

（2）典型关键。

小传比较简略，因此更要集中写一个人的主要经历，将笔墨着重放在一些典型的，特别能体现人物个性特点的事件上即可。记述事件要具体表现人物的典型语言和关键行动，让人物"自行"展现他们的思想感情、性格特点等。

（3）简洁生动。

人物小传虽不能偏向华丽的辞藻、烦琐的描写、多余的形容、曲折的情节，但它又不同于生平简介、履历表，语言可以生动形象，用词可以精当贴切；句子要流畅，层次要分明，布局要合理；还可以发挥想象，生动传神地表现人物，使人物饱含真情，富有感染力。

活动二：例文引路，感受特色

母亲小传

生活中总会有一些人深深影响着我们。在我的生命中，那个影响我一生的人便是我的母亲。我特别爱在闲暇时缠着她，听她讲述过去的故事。

儿时轶事

我的母亲出生于××（籍贯）。小的时候，她家里还算富裕。但是因为那个时代孩子多，母亲又是家中的大姐，所以她的童年自然就不太平静了。那还是一个重男轻女的年代，这种思想在乡下尤为严重，一般的家庭是不会让女孩子读书的，女孩子长到10岁左右就要下地干活。而母亲发誓要读书，于是凭着韧性，母亲的学习成绩始终在学校名列前茅，老师也不断上门劝说，外祖父母同意了母亲继续读书，就这样她坚持读完了初中，并以优异的成绩考入当地的一所重点高中。入学通知书已经下来了，但是那年外公患病，家中困难。为了照顾年幼的弟弟妹妹，母亲毅然放弃了学业，年仅15岁的母亲挑起了生活的重担。

创业艰辛

等到弟弟妹妹们都长大了，母亲决定进城找工作。因为只有初中学历，母亲找到的也就只有保洁员、营业员等工作。尽管每天工作时间很长，但母亲很珍惜自己的工作，无论做什么事她都不怕吃苦，干活又比一般人勤快，两年后便升职为推销经理，就在这时，她认识了我的爸爸。他们彼此欣赏，互相照顾，于是一年后他们结婚了，第二年，便迎来了我的出生。

三口之家

母亲告诉我，她怀我时，父亲总是无微不至地照顾她，后来干脆让母亲辞了工作，待在家里休养。在××年11月8日的下午，我出生了。

我的出生，给父母带来了前所未有的喜悦。母亲每天忙完了家务就对着什么也不懂的我咿咿呀呀地说个不停，给我唱歌谣、讲故事，带着我做"体操"，忙得不亦乐乎。母亲守着我一点一点地长高、长胖，兴奋地和下班回家的父亲讲我每一天的不同和进步，每一天都是那么的值得期待。她说这段时光是她最幸福的日子。

良师益友

渐渐地，我可以上幼儿园了，母亲又出去工作了。再后来，我读学前班了，开始有了学习任务。从此，母亲又多了一项"使命"：陪读。十几年来，她只要不上班，都会和我一起做功课，帮我复习。后来她感到实在没有能力辅导我了，就默默地坐在我身边，看着我做功课，在我需要的时候陪我聊聊天、递一杯热茶。

当我埋怨同学不真诚、不善良时，开导我的是母亲，她说："无论别人如何对你，你问心无愧就好。"当我在考试中失败了，鼓励和安慰我的也是母亲，她说："只要你尽力了，妈不怪你。"当我偶尔耍小性子冲母亲发火时，她总是走到一边不理我，用行动逼迫我记住"生气是惩罚自己"。

或许在别人眼里，母亲只不过是个不起眼的小人物，但是在我心里，母亲是我这辈子最敬爱的人。是她教会了我如何做人，如何化解同学、朋友之间的矛盾，如何面对困难与挫折。

母亲对我的关怀无微不至，我会以母亲为榜样。我发誓要做得和母亲一样，甚至超越母亲，用母亲的话来讲就叫："用责任，为梦想努力。"

点评：

小作者用小标题的方式深情地记述了母亲的生平经历，将笔墨着重放在一些典型的，特别能体现人物个性特点的事件上。小作者生动传神地表现了母亲好强、勤劳、能干、任劳任怨等优秀品质。文章层次清晰，结构完整，符合人物传记的特点，值得我们借鉴。

活动三：实战演练

（1）你和家人朝夕相处，但是你知道他们的生日、爱好和经历吗？请为你的一位家人写一篇小传。不少于500字。

（2）从呱呱坠地到成长为一名花季少年，你已经有了十多年的人生经历。写一篇自传，回顾自己过去的经历，也说说自己对未来的想法。不少于500字。

（3）选择一位自己喜欢的名人，收集他的生平事迹和相关材料，为他写一篇小传。不少于500字。

【课堂结语】

方法一：真实准确

传记要求真实，但是，传记又不是枯燥的生平介绍或履历表，作者可以发挥想象，以填补事实的空隙，生动传神地表现人物。

比如，茨威格写《伟大的悲剧》，严格按照探险队留下的日记等材料还原斯科特等人的经历，又通过合理的想象，表现人物的内心世界与英雄气概。这样使得人物形象跃然纸上，令读者过目不忘。

又如，刘邦曾经到咸阳去服徭役，有一次秦始皇出巡，允许人们随意观看，他看到了秦始皇，长叹一声说："唉，大丈夫就应该像这样！"通过合理想象，一声长叹，既体现了人物此时的内心，又彰显了高祖不甘平庸，胸有壮志的品格。人物跃然纸上，令读者过目难忘。

方法二：典型关键

传记不需要像散文、小说那样对人物做细致入微的描摹，记录典型语言和关键行动往往就能达到所需要的表达效果。

比如，在《美丽的颜色》中，作者对居里夫人的描写并不多，只撷取几个细节，稍加点染，如"头发被风吹得飘起来""轻轻地笑了笑""玛丽的身体前倾，热切地望着，她此时的姿势，就像一小时前在她睡着了的孩子床头看着孩子一样。她的伴侣用手轻轻地抚摩她的头发"等，简洁的描写却让读者生动地感受到居里夫妇从事科学工作的艰辛和独特的个性气质。

方法三：简洁生动

人物小传虽不能偏向华丽的辞藻、烦琐的描写、多余的形容、曲折的情节，但它又不同于"生平简介""履历表"，语言可以生动形象，用词可以精当贴切；句子要流畅，层次要分明，布局要合理；还可以发挥想象，生动传神地表现人物，使人物饱含真情，富有感染力。写人物小传在讲究简洁生动的基础上，还要讲究文采。所以，写人物传记时，我们应当重视文字锤炼，讲究艺术手法。

学习描写景物

——人教版八年级上册第三单元写作

【学习目标】

（1）学会用多种感官感知景物特征，把景物写具体。

（2）学会用修辞和联想、想象的方法，把景物写生动。

【教学过程】

（一）导入

"春有百花秋有月，夏有凉风冬有雪"，一年四季，景色各异。如何把这些美景描绘出来呢？今天我们就上一节作文训练课。

（板书课题：学习描写景物）

其实，除了四季景物，自然界中的日月星辰、蓝天白云、风雨雷电、山川河流、一草一木、一沙一石，都是景物描写的对象。只要我们用善于发现美的眼睛去观察生活，生活就会给我们满眼的诗意。不管是在学校、在小区，还是外出旅游，总会有一处景物让我们眼前一亮，记忆犹新。遇见，是一种美丽；分享，是一种快乐。现在就请同学们拿起笔，把你曾经遇见的美景写到作文纸上，与大家一起分享。

（二）活动设计

活动一：多种感官写特征

第一次写作活动，4分钟左右。

PPT出示写作要求。

（1）要写出景物特点。

（2）字迹要工整规范。

学生写完后统计，5行以上的给予表扬，4行左右的学生进行展示。

展示时，教师要提醒学生带着问题：文段写了几种景物？有什么特征？你是用哪个感官感知到的？

适时出示PPT：妙用感官。

刚才同学们更多地用了视听感觉，我们还可以用到其他的感觉。朱自清描写春风时，说"春风像母亲的手抚摸着你，风里带来些新翻的泥土的气息，混着青草味，还有各种花的香"，就用到了触觉和嗅觉。通过联想和想象，人的感觉甚至可以相互沟通，如宗璞的《紫藤萝瀑布》中"香气似乎也是浅紫色的"，这种用法叫作通感。其实同学们都用过这种修辞，比如你看那位同学笑得多甜，这就是通感；我们夸奖朋友的歌声很甜，也是通感。

写景时要综合运用各种感官，才能写出景物的特征。

眼耳口鼻手，写景好帮手，五个一起上，作文不用愁。

总结：你写的那朵红花，你闻它的香味了吗？一片落叶，你拿在手里观察它的叶脉，感觉它的温度了吗？

运用各个感官对景物进行全方位的感知，这就是对景物的细致观察；运用各种感觉对事物进行绘声绘色绘形的描写能让人有身临其境的感觉。

活动二：动静结合写具体

刚才几位同学展示的景物哪些是静态的？有没有动态的？我们不仅可以描写静态的景物，还可以描写静态景物周围的动态景物。

夜空里的流星、天上的浮云、落雨飞雪、黄叶飘零，以及花上的蜜蜂、蝴蝶都是景物。你写的那棵树，春天有没有早莺争暖，夏天有没有鸣蝉长吟，秋天有没有落叶飞花；你写的那片水，水面上有没有碧波荡漾，水下有没有游鱼细虾……

总结：描写景物时只有静态太呆板，只有动态又缺少稳定性，所以动静结合可以让描写的动景和静景相互映衬，相得益彰。

这就是把景物写具体的两种方法：运用多种感官法和动静结合法。

（板书：具体）

下面请同学们用以上学到的方法，丰富你刚才的片段，也把你笔下的景物写具体。

第二次写作活动，4分钟左右。

PPT出示写作要求：

（1）至少用两种感官感知景物。

（2）试着运用动静结合描写景物。

（3）字迹工整规范，可以使用修改符号。

学生展示，同桌相互交流，找出自己用了几种感觉描写景物，有没有动态的景物？

（利用学生习作中的拟人句、比喻句过渡到下一教学环节）

活动三：联想想象写生动

刚才这位同学描写时用了_____一句话，这是什么写法？（学生回答比喻、拟人、排比等）这种修辞的作用是可以把景物描写得生动形象。

我们不仅要把景物写具体，还要把景物写生动、写形象。

（板书：生动）

把景物写生动，同学们最熟悉的方法就是恰当运用修辞手法。同学们，你觉得景物描写时常用的修辞手法有哪些呢？

联想和想象也可以把景物写生动。我们一说到蓝天就想到白云，这就是联想，季羡林在《枸杞树》中由缺口的叶片想到地图、想到水彩画、想到被雨水冲过的墙上的残痕、想到宇宙、想到梦影。

朱自清的《春》写春花时，"花里带着甜味，闭了眼，树上仿佛已经满是桃儿，杏儿，梨儿"，就是由春花想到了春果。

总结：

联想、想象可以让景物描写更有意境。

请同学再次润色你的文段，请看写作要求。

PPT出示写作要求：

（1）景物描写要生动形象，注意使用修辞手法。

（2）字迹工整规范，可以在原文上用修改符号。

学生第三次展示。

【课堂结语】

当我们用一个个方块字把曾经遇见的美景诉诸笔端的时候，我们已经置身于诗意盎然的语文世界。我们不仅用文字描写景物，还可以用景物传达情感，这就是语文学习的魅力，也是写作的魅力。景物描写的方法还有很多，如虚实相生、融情入景、情景交融、细描白描等，我们在以后的写作训练中将陆续学习。

【板书设计】

学习描写景物

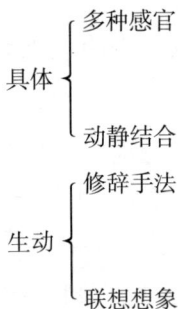

具体 ┤ 多种感官

动静结合

生动 ┤ 修辞手法

联想想象

【教学反思】

作文是语文学科工具性与人文性统一的体现，写作是运用语言文字进行表达和交流的重要方式。写作教学应贴近学生实际，让学生易于动笔，乐于表达，应引导学生热爱生活，表达真情实感；同时也要让学生把作文的书写当作练字的过程。这一节课就是在新课标的这一理念下设计的。

学会描写景物是八年级上册第三单元的写作活动。我首先对教材安排的教学内容进行了切割，选取了多角度感知景物，注意描写动态景物，写作时要运用联想和想象把景物写生动这几个点制定了本节课的两教学目标：第一，学会多感官感知景物特征，动静结合把景物写具体；第二，学会运用修辞和联想想象的方法，把景物写生动。整个教学过程安排三个写作环节：第一次写作，让学生确定景物描写的对象，自由书写，确定本节课学生的写作基础，是学生课堂成长的原点；在此基础上教学景物观察的方法和把景物写具体的方法，让学生学以致用，进行第二次写作；第三次写作，重点在于学生对所写文段的润色，在前两次写作的基础上再次提升。这节课整体上还是以"写什么，怎么写"为主线，让学生对描写景物的相关知识进行重新建构。

关于景物描写，知识点很多，本着一课一得的原则，其他如情景交融、虚实结合等都没有在这节课进行训练。当然，每一个知识点也应该是一节完整的课，这就是作文的序列化教学。

语言要连贯

——人教版八年级上册第四单元写作

【学习目标】

（1）研读课本，理解语言连贯的含义。

（2）示例学习，掌握语言连贯的方法。（重点）

（3）修改习作，能够灵活运用语言连贯的方法。

【教学过程】

（一）导入

写文章就像说话一样，只有语言连贯，中心突出，逻辑严密，才能吸引读者的目光。前后脱节、条理混乱的文章，语言再优美，思想再深刻，也不会被承认、被肯定。足见写文章语言要连贯是多么重要。

今天我们共同学习一节"语言要连贯"的写作指导课，让语言表达得更加条理清晰、语意连贯。

（二）活动设计

活动一：研读课本

请同学们认真阅读2019年版八年级语文上册课本第91页"语言要连贯"中第一段的内容和《昆明的雨》的第六段，在对比中说说哪一段文字是围绕一个话题展开，突显语句连贯，试着总结出使语言连贯的方法。

提示：

（1）保持所述话题一致。作文中的每一句、每一段都要统一于一个话题，围绕着一个中心，语意才能顺畅。话题往往就是主语，在连续表述中，最好不要轻易改变主语，否则语言的连贯感就会随之减弱。话题前后统一是保持语言连贯的首要条件，如《昆明的雨》。

（2）两段文字都各围绕一个话题展开，并无偏离话题、语序颠倒的现象。

（3）用简洁的语言总结出一条语言连贯的方法。

小结：语言连贯是指写文章和说话一样，应当做到语言连贯，衔接紧密，围绕一个话题，不能前后脱节，条理混乱。

活动二：语言衔接

文章要做到语言连贯，要围绕中心，有一个小窍门，我们来一起找找，请同学们先做这道练习题，看能不能有什么发现。

示例1：

中国民间最深广的文化，莫过于"年文化"了。中国人过年，与农业关系较大。年在农闲时，便有大把的日子可以折腾，年又在四季之始，生活的热望熊熊燃起。所以，对于中国人来说，过年是非要强化不可的了，一切好吃好穿好玩以及好的想法，都要放在过年上。在过年的日子里，生活被理想化了，理想也被生活化了，这生活与迷人的理想混合在一起，便有了年的意味。年，实际上是一种努力生活化的理想，一种努力理想化的生活。

①所以，对于中国人来说，过年是非要强化不可的了。

②这生活与迷人的理想混合在一起，便有了年的意味。

③年在农闲时，便有大把的日子可以折腾。

④一切好吃好穿好玩以及好的想法，都要放在过年上。

⑤在过年的日子里，生活被理想化了，理想也被生活化了。

⑥年又在四季之始，生活的热望熊熊燃起。

感悟：文章要注意句子间的衔接过渡。关联词语、提示语及过渡语可以帮助我们衔接句子。

请同学们接着来看这段示例，找找它的语言问题出在了哪里？

示例2：

四周的景色非常秀丽。盈盈的湖水一直荡漾到脚边，又缓缓地退回去。水里小小的鱼儿，还有调皮的小虾，在眼前游来游去。像慈母拍着将睡去的婴儿似的，它轻轻地拍着石岸。

对，同学们找得很对。应该将第三句与第四句的顺序对调一下，这样第四句中的"它"才能指代"湖水"，整个语段读起来才连贯。这也就是说语言要连贯，句子间的顺序要合理，否则读起来同样让人感到不连贯。

小结：

语言的衔接要恰当。

关联词语要恰当搭配。关联词表明了句子之间的关系，关联词语是句子与句子衔接的重要枢纽，是保证句子连贯的重要条件。

句子间要注意过渡照应。使用恰当的关联词，或表时间、空间的词语，要注意句子间的过渡照应，这样可以使表达的层次更清楚、明确，使句子间的关系更紧密。过渡分为三种：过渡词、过渡句、过渡段。什么时候需要使用过渡呢？一般有这样几种情况：描写内容发生变化，通常要用过渡；表达手段改变，用过渡显得更加自然；文章思想层次的递进，也可以用过渡。

语言连贯要注意顺序连贯。文章做到语言连贯可以遵循时间顺序、逻辑顺序、空间顺序来写，其中，记叙文也可以按照顺序、倒叙、插叙、补叙等写作顺序。

要点：

语言连贯，抓中心。

语言连贯，重衔接。

语言连贯，注顺序。

活动三：实战演练

请同学们修改这段话，注意话题是否统一，句子顺序是否合理，可以运用适当的关联词，使句子衔接自然。

爸爸是一个热爱工作的人。爸爸工作出色，经常在单位被评为先进工作者，我们家里贴的那些奖状有很多都是爸爸的。爸爸单位里有台机器坏了，大家修了一天都找不出问题。爸爸下班回到家里，吃饭时突然想起国外有过这方面的材料，就马上查阅了资料，并且连夜赶回单位抢修了，终于把机器修好了。爸爸不仅上班忙工作，下了班都在惦记工作。爸爸花很多时间陪家人。周末，他常会领着全家人去郊游。我们每次郊游，都看到了很美的风景，玩得非常开心。为此，他还专门买了本地郊区旅游攻略的书，研究了好多条路线。

提示：

（1）先浏览这段文字，看看写的内容是否保持了话题的统一性，可以加一个中心句来统领这段话。

（2）调整不合理的句子顺序。比如，可以把具体的例子放在要表达的观点后面，"爸爸单位……把机器修好了"应该放在"爸爸不仅上班忙工作，下了班都在惦记工作"的后面。

（3）重写时，可以补充一些关联词、过渡句等，使句子之间衔接自然。

学生交流展示，教师点评。

爸爸是一个热爱工作，也热爱家庭的人。他因为工作出色，经常被单位评为先进工作者，我们家里贴的那些奖状有很多都是爸爸的。爸爸不仅上班忙工作，下了班都在惦记工作。比如，他单位里有台机器坏了，大家修了一天都找不出问题。下班回到家里，他吃饭时突然想起国外有过这方面的材料，就马上查阅了资料，并且连夜赶回单位抢修，终于把机器修好了。爸爸也花很多时间陪家人。周末，他常会领着全家人去郊游。为此，他还专门买了本地郊区旅游攻略的书，研究了好多条路线。我们每次旅游，都看到了很美的风景，玩得非常开心。

小结：俄国作家列夫·托尔斯泰说："黄金要经过淘洗才能得到，精辟的、被表达得很好的思想也是这样。"百炼才能成金，文章也是不厌百回改，语言的魅力亦是如此。希望同学们能够把语言简明、连贯，灵活地运用到表达、写作中，体现语言文化的魅力，展现我们个人的语文素养。

【课堂结语】

语言连贯，就是要做到围绕一个话题或中心，按照合理的顺序，注意语言的衔接和呼应，文从字顺地表达自己的意思。

【板书设计】

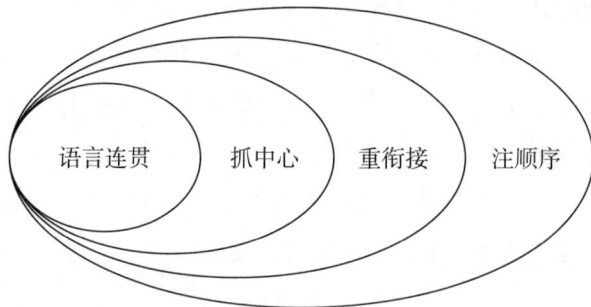

语言连贯　抓中心　重衔接　注顺序

说明事物要抓住特征

——人教版八年级上册第五单元写作

【学习目标】

（1）结合本课学习，启发学生说明事物要抓住特征。（难点）

（2）利用写作实践，引导学生找出说明事物抓住特征的方法。（重点）

（3）联系相关要求，指导学生合理使用多种说明方法。

【课前准备】

学生课前预习"说明事物要抓住特征"，并从以下两个题目中选择一个自己感兴趣的，根据要求准备写作素材。

题目1：以家乡富有特色的建筑或自己的校园为说明对象，抓住它的特征，写篇500字左右的说明文。

题目2：选择自己喜欢的一种小动物，用500字左右的篇幅，向大家介绍它外部形态、生活习性等方面的特征。

要求学生利用课余时间仔细观察写作对象，可根据需要，通过网络、书籍等渠道收集资料，进行基本的归纳整理。有些观察和了解很难在课上完成，所以，教师要指导学生在课前把准备活动做充分，才能保证课上有话可写、写得准确。

【教学过程】

（一）导入

德国哲学家莱布尼茨有一句名言："世界上没有完全相同的两片树叶。"一棵树上的叶子，看上去样子好像差不多，但你仔细观察就会发现，没有两片树叶是完全一样的。这告诉我们，即使看起来十分相似的事物也是有差别的，它们各有各的特点。所以，要想把一个或一类事物说清楚，首先就要抓住其特征。今天的写作指导课，我们就来学习"说明事物要抓住特征"。

（二）活动设计

活动一：明确特征

屏显：橙子、橘子、柚子三幅图片。

（1）请同学们仔细观察图片，哪一张图片是橘子？

橘子和橙子从外观上看很相似，但同学们能快速分辨出来，是因为抓住了橘子的主要特征。

（2）根据自己的理解，说说特征这个词的含义；并结合特征一词的词义，讨论说明文为什么必须抓住事物的特征来写。

教师明确：所谓特征，是一个事物区别于其他事物的显著的征象、标志，也就是这一事物区别其他事物的不同之处。正是因为特征的存在，才让我们把"这个（类）"事物从众多事物中区分出来。所以，我们要通过介绍说明让别人准确了解事物，就必须把它与众不同之处介绍清楚。

（3）请同学们认真阅读课本2019年版八年级上册118页的内容，找出说明事物抓住特征的方法。

教师明确：

（1）要善于观察和比较，既要注意事物的总体特征，也要观察其局部特征。

（2）除了突出每个事物的独特之处，还要注意表现一类事物的共同特点。

（3）恰当引用资料，有利于说清楚事物的特征。

（4）运用一些生动形象的说明方法。

小结：

想要准确抓住事物的特征，还需要掌握一些观察方法，如"比较法"，即选取参照对象，在比较中凸显观察对象的特征。

活动二：抓住特征

请同学们用两分钟的时间，进行一场小型的"头脑风暴"，根据自己前期的经验，快速在一张纸上列出橘子的特征，越多越好。

教师明确：

橘子的生长环境：稍耐荫，喜温暖湿润的气候，不耐寒，气温低于-8℃时，发生冻害。

形态：椭圆形或者圆形，果皮薄而光滑，或厚而粗糙，容易剥离，里面橘络呈网状，易分离，通常柔嫩，瓤囊7～14瓣。

颜色：成熟的橘子颜色鲜艳，一般呈橘黄色。

味道：酸甜可口。

种类：品种很多，常见的有砂糖橘、贡橘、金钱橘、黄岩蜜橘等。

药用价值：全身是宝，具有润肺、止咳、化痰和止渴的功效，肉、皮和叶皆可入药，在日常生活中有许多的作用。

橘子文化：在广东，小辈给长辈拜年时要叩头作揖贺年，而长辈就用红纸包着钱或拿柑橘赏给小辈。在潮州，人们把柑橘叫大橘，它的谐音又是"大吉"，因而，到亲戚家贺年都要带柑橘，主人就拿自家的大橘和贺客带来的互换，以表示互尽好意，各得吉祥。

选购事项：一看大小和颜色。橘子个头以中等为最佳，太大的皮厚、甜度差，小的又可能生长得不够好，口感较差。二摸光滑程度。甜酸适中的橘子大都表皮光滑，且上面的油胞点比较细密。

禁忌：橘子性温，多吃易上火，会出现口舌生疮、口干舌燥、咽喉干痛、大便秘结等症状。因橘子的果肉中含有一定的有机酸，为避免其对胃黏膜产生刺激引起不适，因此，最好不要空腹吃橘子。

此外，同学们还可以运用间接观察法，即借助查阅相关资料，深入把握观察对象的本质特征。

屏显：

材料一：许多人吃橘子时，都喜欢将橘瓣外白色的筋络扯得一干二净。其实，这种吃法没有做到物尽其用。橘瓣外白色的网状筋络就是"橘络"，它具有通络化痰、顺气活血之功，不仅是慢性支气管炎、冠心病等慢性疾病患者的食疗佳品，而且对久咳引起的胸肋疼痛还有辅助治疗作用。

材料二：橘子富含维生素C与柠檬酸，前者具有美容作用，后者则具有消除疲劳的作用；橘子内侧薄皮含有膳食纤维及果胶，可以促进通便，还可以降低胆固醇。

上面两则材料分别从哪些方面介绍了橘子呢？

明确：橘子的食用禁忌和营养价值。

请同学们把刚才学到的这些特征进行筛选，删去自己认为不重要的。然后再对剩下的特征进行梳理，确定自己深入研究的角度。

小结：以头脑风暴的形式说明事物的特征，希望同学们在写说明文时能从多个角度概括说明对象的特征，学会全面地观察说明对象；在筛选的过程中，要善于通过归纳和整合，抓取事物的主要特征。

活动三：详说细解

根据刚才介绍橘子的方法，请同学们对自己课前准备的文章进行修改整理，以做到准确具体地把握事物特征。

找两名同学向大家口头介绍自己选取的建筑或小动物，其他同学仔细倾听，并从以下两个方面进行评价：

（1）是否有条理地向大家介绍了事物的主要特征。

（2）有没有借助恰当的说明方法展现事物的特征。

注意：教师要随机归纳、梳理学生的发言与点评，从中提炼出说明顺序和说明方法，及时给予学生指导。

【课堂结语】

同学们，抓住事物的特征，除了认真观察，还需要我们平时重视积累，扩大生活视野、阅读范围，积累写作材料，注意间接经验的获得，提高理证认识水平。

说明文写作也可以是一件很快乐的事情，只要用心，抓住特征，安排得体的说明顺序，运用一定的说明方法，就能写出思想，写出生活，写出文采，让事物在你的笔下熠熠生辉。

【板书设计】

说明事物要抓住特征

观察和比较

查找分析资料 → 抓特征　巧成文

归纳整合

确定主次详略

安排说明顺序

使用说明方法

表达要得体

——人教版八年级上册第六单元写作

【学习目标】

（1）多阅读，理解语言表达得体的全面含义和重要意义。

（2）巧模仿，揣摩在运用书面语言时，应该怎样根据不同的语境条件和语体特征，选用恰当的语句来表情达意。（重点）

（3）勤练习，能分清不同的对象、场合、目的等要素，使语言表达发挥最佳效果，努力提高自己的综合素养。（难点）

【教学过程】

（一）导入

今天我远道而来，大驾光临，为这个寒舍蓬荜生辉，今天我有幸来给你们上课你们可要认真聆听。

同学们觉得老师这个开场白好不好？

对，这个开场白实在很不得体，不符合场合。

一句话能让人笑，也能让人哭。那么，如何做到表达得体呢？今天我们就来探讨这个问题。我们一起来上一节"表达要得体"的写作指导课。

（二）活动设计

得体的表达表面上来看是语言运用的问题，其实关系到一个人的语文核心素养。有了严密流畅的思维、有了情趣高雅的审美趣味、有了自觉的文化追求，语言文字的运用能力自然会提高。人的品质提升了，表达得体就不是难事了。

活动一：跟着课本学方法——缩文成诗

请同学们认真阅读2019年版八年级语文上册课本第142页《表达要得体》中第三、四、五段的内容，然后用精练的语言浓缩成一首小诗来高度提炼或概括"表达要得体"的写作要点。

1. 考虑写作的目的

不同的写作目的，意味着言语的方式、言语的态度应有所不同，以适应特定的需求。比如要表示感谢，用语应恭敬，而不能流露出自高自大的态度；若是想获得对方的原谅，表达上应诚恳，以期得到对方的谅解；若是想反映某个问题，则应观点鲜明，指出问题要害，提出合理化的建议。

2. 要注意读者对象的特点和应用的场合

因读者对象的年龄、性别、职业等不同，写作时的用语也应有所不同。比如对象是长辈，说话要尊敬；对象是平辈，用语可以亲切。文章使用的场合，也是需要考虑的。比如，为隆重的集会发言而写一篇有关集会主题的演讲稿，庄重是合情合理的，如果演讲稿中夹带太多调侃的语言，就不合时宜了。

3. 要注意使用恰当的词语和句子（恰当使用礼貌用语）

比如，到人家做客，应用"拜访"；邀请他人来做客，应说"光临"。再如，向别人提建议时，应考虑说"我这些不成熟的看法，请批评指正"。

要点：

要做到表达得体，应考虑写作目的（感谢，用语应恭敬；原谅，表达应诚恳）。

要做到表达得体，还要注意读者对象的特点和应用的场合。

要做到表达得体，要注意恰当使用礼貌用语（谦敬辞）。

打油小诗：

> 得体遵循四规则，称呼文体和场合。
>
> 还有目的和对象，口语考查逐渐多。

小结： 语言表达得体就是要根据语境使用语言，理解不同场合、不同时间、不同身份、不同对象、不同目的等要素，选用恰当的语句来表情达意。语境有内部语境（指上下文的具体语言环境）和外部语境（指言语交际时的各种情境条件）之分，得体是指语言的运用要注意并适应内外语境的各种要求。

什么叫表达得体？其实就是根据不同的场合、身份、目的等，给语言"穿上合适的衣服"。

活动二：巧借情境学表达——拟写邀请函

元旦将至，经过热火朝天的讨论，咱们班策划了一个很有意义的新年读诗会活动，打算在2019年的最后一天12月31日（周日）晚上7点举行，活动预计40

分钟。我们准备邀请校长来参加，并邀请校长对当晚的活动做点评。请你提起笔来，以班级的名义给校长写一份邀请函吧！

注意：

（1）邀请函应明确写作目的，体现书面邀请的正式性和对对方的尊敬；要根据嘉宾的身份，选择恰当的称呼。

（2）邀请函应介绍活动的时间、地点、主题等情况，让对方对活动有所了解；如果需要对方在活动中发言，也应该提及，以便对方提前准备。

（3）语言要简洁明了，大方得体。

请大家仔细阅读信息，根据黑板上的提示，完成一则邀请函。

邀请函写作要点

活动方案要点	校长简介
内容：新年读诗会 时间：2019年12月31日晚7：00 地点：郑州市第八中学 人员： 1.郑州第八中学××班 2.特邀嘉宾：校长 郑州市第八中学 2019年11月25日　星期一	

				邀	请	函							
尊	敬	的	×	校	长	：						
	您	好	！									

							郑	州	市	第	八	中	学	×	×	班
									20	19	年	11	月	25	日

学生动笔书写。

学生写完后结合黑板上的要求进行同桌互评。

教师明确修改要求：用红笔圈画，好的地方画波浪线，还有不足的地方画横线。

教师将一位学生的作品投屏展示，由其他学生点评优缺点，教师即时修改。讲评完毕，学生各自修改自己的邀请函。

示例1：

邀请函

尊敬的×校长：

您好！

我班将于12月31日晚7点在报告厅举行"新年读诗会"活动。我们诚挚地邀请您莅临现场，并担任本次活动的点评嘉宾。您的话语总是以最简单的方式触动人心，相信您的到来一定会让同学们收获满满。

祝您工作顺利！

郑州市第八中学××班

2019年11月25日

小结：①关注对象，用词准；②明确目的，内容全；③得体表达，情理合；④写作目的，适场合、分对象。

活动三：别样感谢话得体——改写感谢信

活动进入了尾声，我们要感谢专家的莅临指导、老师们的鼎力相助、同学们的团结协作……

作为活动的策划者、组织者，我们该向他们致以诚挚的谢意。请选择（专家、老师、同学）其中任意一个对象，以学生会的名义写一封感谢信。

老师这里有一封感谢信，大家看合适不合适？

示例2：

感谢信

××先生：

谢谢您昨天来我班做"新年读诗会"的点评嘉宾。您讲的内容很有趣，态度也很和蔼。特别是您对读诗方法的独到见解和海阔天空的议论，显示您确实有较高的水平，令人钦佩。许多同学听完讲座，都觉得挺不错的，还想请您在我班开设系列讲座。在此我们向您表示热烈祝贺！并期待您有机会再来我班做讲座。

此致
敬礼！

×××中学学生会
2019年11月25日

明确：

这封感谢信有许多表达不得体的地方。如缺少问候语，感谢用语不够热情、恳切等。更不恰当的是，作者用"很有趣""海阔天空""觉得挺不错"这样的词语评价专家讲座的内容、特点和反响，认为专家的水平只是"较高"，虽然表达了肯定的意思，但评价偏低，容易引起误会，还显得对专家不够尊重。请你提起笔来认真改一改吧！

感谢信

尊敬的×校长：

您好！

首先，我代表我们班级向您表示最衷心的感谢！特别感谢您在百忙之中来我班做"新年读诗会"的点评嘉宾。您对读诗方法的独到见解和深入人心的评论让我们深深折服了。期待您有机会再来我班做讲座。最后，请允许我再一次向您表示最真诚的感谢和最诚挚的祝福。

此致
敬礼！

郑州市第八中学××班
2019年11月25日

小结：

人与人交往需要"诚"，在得体的分寸背后，是一个人内在修养的体现。因此，得体的表达要注意以下四点：①看准交际对象，掌握分寸（对什么人说什么话）。②适应交际场合，巧妙用语（到什么山上唱什么歌）。③把握不同语体，用语准确。④注意谦敬遣词，恰如其分。

【课堂结语】

语言就像是我们的名片，每句话都是在一笔一画地勾勒我们的形象，展示给对方。

——刘墉

表达要得体，就是根据语境使用语言，根据不同目的、不同对象、不同场合、不同身份等要素，选择恰当的语句来表情达意。

看似是表达的问题，其实离不开思维逻辑的严谨准确，还有对一个人的理解与尊重。懂得发自内心地尊重一个人，你才会真正理解该如何去表达。

老师特别希望同学们在日后的学习中尽量做一个会思考的有心人，让它在我们的人生之路上开出璀璨的花朵来。

学习仿写

——人教版八年级下册第一单元写作

【学习目标】

（1）明方向。了解仿写、认知仿写、学会仿写，提高写作能力。

（2）多阅读。研读优美的范文，探究和掌握仿写的技巧。（重点）

（3）勤练习。掌握仿写的技巧手法，提高写作能力。（难点）

【教学过程】

（一）导入

千古名句"落霞与孤鹜齐飞，秋水共长天一色"美吧！这是王勃模仿庾信的"落花与芝盖齐飞，杨柳共春旗一色"写出来的。"古人作文写诗，多是模仿前人而作之，盖学之既久，自然纯熟。"这是朱熹对前人写作经验进行的总结。的确如此，韩愈模仿孟子，成为唐宋八大家之一；欧阳修又模仿韩愈，成为一代宗师……

可见，仿写是多么的重要。对于初中生来说，仿写仍然是提高写作的一个有效途径。

（二）活动设计

活动一：读一读，走近仿写

仿写是根据一篇文章的立意、选材、结构、语言、表现手法等，有目的地进行模仿的一种写作方法。对初中生来说，仿写是在原有的思想、生活和语言积累的基础上，着重模仿借鉴典范文章的某些特点或某部分来写。它与生搬硬套、抄袭他人文章不一样，是一种巧妙化运用和创新的写作方法。其主要作用表现在以下两个方面：

（1）仿写可降低作文的难度，克服学生的恐惧心理，逐步提高写作水平。俗话说榜样的力量是无穷的。生动的范文可以让我们感知学习、揣摩作者的审题，领悟作者的立意、体会文章的构思，作者是如何开头、如何结尾，如何选择材料、如何谋篇布局的，心中有了文章的形象，写起来就会比较容易。

（2）仿写是创新的基础。钱钟书先生说："善用仿写不亚于独创。"因此，对于初学者来说，模仿和借鉴优美文章的写作技巧及作者如何观察生活和其思维方式，把我们的思想引向生活，从生活中寻找自己的影子，能帮助我们认识生活、认识自己，从中学会组织素材，完成从仿写到创新的写作过程。

活动二：找一找，学习仿写

请同学们认真阅读2020年版八年级下册语文课本23页《学习仿写》中第三、四、五段的内容，然后用精练的语言浓缩成一首小诗来高度提炼或概括"学习仿写"的写作要点。

（1）可以模仿范文的篇章结构。比如，张中行的《叶圣陶先生二三事》，作者由得知叶圣陶先生逝世的消息写起，回忆了关于叶圣陶先生的一些事。在写这些事情之前，作者先总说叶圣陶先生品德高尚，然后分别从叶圣陶先生为人"宽"和"严"两方面展开叙述。文章虽然写了不少事情，但都围绕"宽"和"严"两方面选材，篇章结构清晰，虽写了诸多事情但并不显得杂乱。我们在写人物时，可以模仿这样的篇章结构，围绕人物的特点，从多个方面组织材料进行刻画。

（2）还要注意借鉴范文的写作技巧。比如《安塞腰鼓》中的"骤雨一样，是急促的鼓点；旋风一样，是飞扬的流苏；乱蛙一样，是蹦跳的脚步；火花一样，是闪射的瞳仁；斗虎一样，是强健的风姿"，这句话运用了比喻的手法，将喻体放在本体前面，突出喻体，渲染了安塞腰鼓的"野性"。我们在写作中也常会用到比喻手法，不妨试着模仿这种句式，看看表达效果是否更好。

总之，学习仿写，同学们要根据所写内容和表达的需要，选择和确定具体的仿写点。你觉得精彩的地方，要细心揣摩，想一想作者是怎么写的，为什么这样写；然后再想想自己怎样去仿写，最好还能有些变通和创新。仿写只是写作入门的途径之一，真正学会写好文章，还需要自己进一步的创造。

要点：

学习仿写，应选择和确定具体的仿写点（写作入门）。

学习仿写，可以仿范文篇章结构。

学习仿写，可以仿范文写作技巧。

打油小诗：

> 学习仿写遵循四规则，仿写只是写作入门课。
>
> 千万不要一味依赖这，掌握技巧之后去创作。

小结：

学习仿写，就是模仿范例作文，是根据一篇文章的立意、选材、结构、语言、表现手法等方面，有目的地进行模仿的一种写作方法。仿写好像写字临帖一样，就是作文起步阶段的"临帖"。

什么是范文？

范文是仿写的样板，它可以直观地告诉你如何运用语言文字来反映客观事物，表达内心的感受。

范文对写作的作用：范文引路，可以使我们知道"我可以这样写"；可以使我们领悟到许多实用的写作方法和技巧；可以提供丰富的写作题材，降低写作难度，从而激发写作的兴趣，提高写作能力。

活动三：练一练，实战仿写

仿写可以分为全仿和点仿两种形式。全仿是从整体上模仿范文作文的方式；点仿，即从片段上练习仿写，主要指仿语言。

（1）辨一辨：下面这个片段仿自哪里？

一打起来就发狠了，忘情了，没命了！四个目光如炯的少年，如一头头饿虎、怒熊。对分数的渴望跳出了他们的眼睛。骤雨一样，是急促的运球；旋风一样，是快速的过人；飞燕一样，是轻盈的脚步；火花一样，是激烈的碰撞；流星一样，是优雅的三分；斗牛一样，是震撼的灌篮。学校体育场上，这是一场多么豪放，多么壮阔，多么火烈的比赛啊——篮球比赛！

（2）练一练：请仿照朱自清的《春》，仿出开头段和结尾段。

①盼望着，盼望着，东风来了，春天的脚步近了。

一切都像刚睡醒的样子，欣欣然张开了眼。山朗润起来了，水涨起来了，太阳的脸红起来了。

②春天像刚落地的娃娃，从头到脚都是新的，它生长着。

春天像小姑娘，花枝招展的，笑着，走着。

春天像健壮的青年，有铁一般的胳膊和腰脚，他领着我们上前去。

		盼	望	着	，	盼	望	着	，	×	×	来	了	，	×	×	的	脚	步
近	了	。																	
		一	切	都	…	…													

学生动笔书写。

学生写完后结合原文进行同桌互评。

教师明确修改要求：用红笔圈画，好的地方画波浪线，还有不足的地方画横线。教师将一位学生的作品投屏展示，由其他学生点评优缺点，教师即时修改。讲评完毕，学生各自修改自己的仿文。

示例3：

盼望着，盼望着，落叶飘来了，秋天的脚步近了。

一切都充满着祥和，洋溢着丰收的喜悦，柿子熟了，高粱红了，天气凉爽起来了。

秋天像刚睡醒的巨狮，抖落一身萧瑟，它奔跑着。

秋天像花季的少女，清澈的天空宛如她纯净美丽的心。

秋天像强壮的青年，用胳膊撑起了一片蓝天，为我们开辟新路。

小结：

关注对象，找准仿点。

明确目的，用词得当。

得体表达，情理相符。

活动四：品一品，再谈仿写

请大家认真阅读例文并与莫怀戚的《散步》进行比较，找出仿写特点。

例文推荐：《追月》（选范文的话最好每段开头空两格，保持形式上的美观）。

中秋节，我们一家人，还有奶奶，在院儿里赏月。

爷爷很早就去世了，只留下奶奶独自生活。平时，我们去看望她，总觉得她的背影是孤独的。或许是一个人住惯了，她本不愿与我们一同赏月，但爸爸说，正因为如此，才应该多团聚。奶奶拗不过我们，便拿上衣服和我们去院儿里了。

天空中挂上了圆月，月光从高处洒下来，洒在奶奶的脸上：沧桑的脸上映现着条条皱纹，但她的嘴角却留着一丝微笑。奶奶抬头望着月，头又慢慢低了下来，目光和夜色一样黯淡，她嘴角的笑一点点地消逝了，正如时光带走了她年轻时的活力那样。

先前沉默着的爸爸站了起来，对奶奶说："让我们一起去追月吧，妈！"说着硬是不顾奶奶的连忙摆手，背起奶奶出了门小跑起来。妈妈告诉我，爸爸小时候，奶奶也是这样背着他"追月"的。等我缓过神来，爸爸和奶奶早已不见了踪影。我和妈妈也追过去，远远地看着奶奶趴在爸爸的肩膀上，爸爸微微驼着身子，步子时而慢，时而快，但都是极稳当的。待我们追上去，爸爸和奶奶都露出了灿烂的笑，奶奶的眼里又重新浮现月亮一样的光。

"前面也是妈妈和儿子，后面也是妈妈和儿子。"这句话虽不是出自我口中，但用在这儿最合适不过了。奶奶又在望天上的月了，但她此刻心中或许有了些许安慰吧!

月光仍然洒在大地上，此刻的月好像被我们一家人其乐融融的气氛感染了，仿佛一股暖流，缓缓流入我们的心中。

品悟: 本文和莫怀戚的《散步》一样，通过写一家人追月的情景，表达对亲情的感慨，表现一家人其乐融融的和谐氛围，弘扬了尊老爱幼的传统美德。

制造波澜使情节曲折有致，小中见大，凸显主旨，是本文的亮点。

【课堂结语】

仿写是写作的开始，是观察的基础，是酝酿的基础，也是创新的基础。

仿写不是机械模仿，更不是抄袭。

仿写，首先要对模仿的对象细心揣摩，敏锐地发现优秀作品在写作上可供学习借鉴之处。我们平时阅读优秀作品，除了要准确把握作品的内容、主旨，获得情感体验之外，还要想想:

作品哪些地方打动了自己?

为什么能引起自己的共鸣?

文章是怎样写的?

作者为什么要这样写?

这样的写法对自己作文有什么启示?

总之，我们的终极目标是:学仿写、练仿写、用仿写，取长补短，扬长避短，自成一家!

【板书设计】

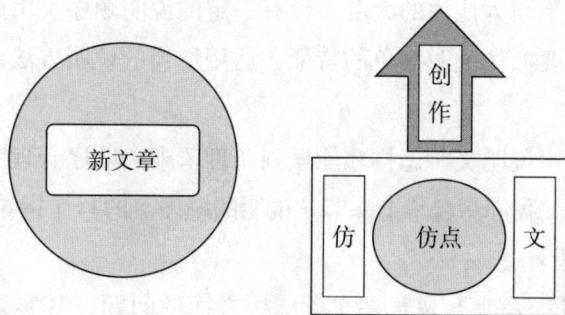

说明的顺序

——人教版八年级下册第二单元写作

【学习目标】

（1）多阅读，理解合理安排说明顺序的意义。

（2）多借鉴，通过已经学过的说明文，基本掌握常用的三种说明顺序，并能根据说明对象的特点合理安排说明顺序。（重点）

（3）多练笔，能条理清楚、顺序合理地写说明片段，进而会写一篇完整的说明文。（难点）

【教学过程】

（一）导入新课

去年夏天，我们学校选派部分学生去济源市示范性综合实践基地参加研学旅行活动。一位同学回来后，饶有兴趣地给同学们讲解参加研学时的情景。一会儿说宿舍在哪儿、餐厅在哪儿，一会儿说科技厅在哪、训练厅在哪儿，从宿舍到餐厅怎么走，从餐厅到训练厅怎么走，路上看到哪些建筑，这些建筑什么风格，都进行了哪些项目的训练，等等，他越说越急，越说越乱，他说的糊里糊涂，同学们听的迷迷糊糊，最后也不知道这个实践基地的轮廓啥样，建筑物如何布局，有哪些路。同学们，你们知道他没有表达清楚的原因吗？（对，这位同学说的好，是因为他说的太乱，没有一定的说明顺序）由此可见，要想写好说明文，不但要抓住说明对象的特征，运用恰当的说明方法，更要有合理的说明顺序。

那么，我们写说明文时怎样才能做到条理清晰、顺序合理呢？今天我们就来探讨这个问题。我们一起来上一节"说明的顺序"的写作指导课。

（二）活动设计

说明的顺序从表面上来看是文章结构方面的问题，其实是关系到一个人的语文核心素养的问题，关系到一个人的思维能力的问题，关系到语言表达的问题，有了较清晰的思维，才能有流畅的表达。因此，一个人的思维能力提高了，再加上语言表达的训练，说明的顺序问题就迎刃而解了。

活动一：跟着课本学方法——精炼成诗

请同学们认真阅读课本2020年版八年级下册第47页《说明的顺序》中第二、三、四段的内容，然后用精练的语言概括"说明的顺序"的写作要点。

（1）说明的顺序有时间顺序、空间顺序和逻辑顺序。

（2）用什么说明顺序要视内容而定。时间顺序多用于介绍事物的发展变化过程、制作工序。比如，法布尔的《蝉》介绍蝉卵孵化为幼虫到蜕皮再到钻入土中的过程，就采用了时间顺序。空间顺序是按事物的各个构成部分来进行说明的顺序，依据构成部分的顺序来写，一般要有从上到下、从前到后、从外到里、从左到右、从中间到两边等方位词，用来介绍建筑物或者景点，如《故宫博物院》就是用的空间顺序。逻辑顺序是根据事物的内在联系进行说明的一种顺序，一般是介绍事理时采用的说明顺序，有先总后分、从概括到具体、从现象到本质、从主到次等，如《苏州园林》《大自然的语言》等。

（3）用什么说明顺序要视写作角度而定，如一座建筑物，你要介绍它的结构和布局，就应该用空间顺序；你要介绍它的历史变迁，就应该用时间顺序；你要介绍它的某个特点或成因，就应该用逻辑顺序。

（4）用什么说明顺序要主次分明。一般情况下，一篇说明文往往以一种说明顺序为主，兼用其他顺序，如《中国石拱桥》整体上采用的是从概括到具体的逻辑顺序，而在举桥梁例子的时候，则采用了从古到今的时间顺序。

要点：

要做到说明有顺序，我们要看文章的内容。

要做到说明有顺序，我们要看写作的角度。

要做到说明有顺序，我们要分清文章主次。

打油小诗：

> 说明顺序要牢记，时间、空间和逻辑。
>
> 横看成岭侧成峰，写作角度有不同。
>
> 文章主次要分清，不能胡乱写一通。
>
> 多读多练多借鉴，说明顺序不太难。

小结：我们要做到说明有顺序，就要根据说明的内容和说明的角度来确定用什么说明顺序。

活动二：按照题例悟技巧——学写片段

中考语文试题中经常出现的一种题型是材料类信息提取与概括，这类题型中有说明徽标类、漫画类的试题，就是考查我们使用说明顺序的能力的问题，2017年、2018年、2019年河南省中考语文试题连续三年出现这类题型。让我们走进2019年河南省中考试题去看看这类题型。

阅读下面材料，按要求答题。（共8分）

河南日报2019年5月9日讯　"传民族薪火、展中原风采"。5月8日，中华人民共和国第十一届少数民族传统体育运动会火种采集仪式在郑州登封观星台举行。上午11时，火种采集仪式正式开始，手持采火棒的火种采集使者从观星台顶端楼梯缓缓走向采火器，来自全国不同民族的56名小歌手身着各民族盛装，诵唱《二十四节气歌》，礼赞先贤智慧。以火种采集仪式为标志，第十一届全国少数民族传统体育运动会的帷幕全面拉开。

下图是中华人民共和国第十一届少数民族传统体育运动会会徽。请你以志愿者的身份，向来自五湖四海的朋友介绍该会徽主体图形的构图要素及寓意。介绍时注意要素齐全，顺序合理，语言简明得体。（6分）

中华人民共和国第十一届少数民族传统体育运动会会徽

同学们，介绍这个会徽时，要做到"要素齐全，顺序合理，表达得体"，其中就有顺序合理的要求，那么怎样才能做到顺序合理呢？

注意：

（1）这类题一般采用总分顺序，即从中间到两边、从上边到下边、从主到次、从图案到文字的顺序来说明。

（2）注意观察图中的要素，不能漏掉。

（3）具体说明时，要先说明图案构成，再说明设计意图和寓意。

请同学们仔细观察图案，按照所给的提示，做一做。（时间为5分钟）

学生写完后按照教师的要求在学习小组内进行互评。互评结束后，每个小组派一名代表展示本组最好的作品，展示完之后教师点评，最后学生修改自己的作品。

示例：

各位朋友，大家好！（称呼语）这是中华人民共和国第十一届少数民族传统体育运动会会徽。（总说）请看会徽的主体图形，它由龙、凤及两侧的弧形图案构成。（分说）龙、凤形似阿拉伯数字"11"，恰为本届运动会的届次，又寓意龙凤呈祥（寓意）；弧形图案上的"2019""郑州"标明时间和地点。主体图形轮廓与汉字"中"轮廓相似，寓意"中华民族"或"中原"（寓意）。欢迎您来参加此次盛会！（欢迎语）

这段话按照由总到分，由中间到两边，由主到次的顺序写，很有条理。

小结：根据说明的对象，确定说明顺序，方位词的运用要准确，或从上到下，或从左到右，或从前到后，不能东一榔头，西一斧，让人丈二和尚摸不着头脑。

【课堂结语】

一篇说明文采用何种说明顺序，一般应考虑以下三点：

（1）看说明对象。如果介绍事物的发展历史、变迁，一般采用时间顺序；如果介绍建筑物或者景点，一般采用空间顺序；如果介绍事物的原理，一般采用逻辑顺序。

（2）看说明对象的特点。说明文分两大类：事物说明文和事理说明文，不同类型的说明文说明的对象不同，需要抓住说明对象的特点来写。

（3）看写作的角度。同一事物，因为写作角度不同，所以运用的说明顺序也不同。

【板书设计】

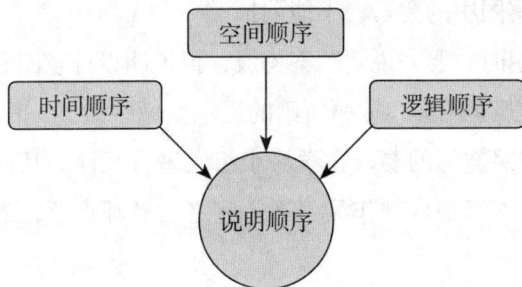

学写读后感

——人教版八年级下册第三单元写作

【学习目标】

（1）认识了解读后感，读后学会从多角度寻找感点。

（2）学习写读后感的一般方法，运用"引议联结"的方式学写读后感。

【教学过程】

（一）导入

读完《西游记》，老师要求同学们写一篇读后感，小林兴致勃勃地交给老师这样一篇读后感。请同学们读完后认真思考，这像是一篇读后感吗？请说出你的理由。

读《西游记》有感

《西游记》是我国四大名著之一，孙悟空更是每个小朋友都喜爱的人物。在这个假期，我读了这本书。

其中"孙悟空三打白骨精"的故事我非常喜欢，它主要讲了：当白骨精趁孙悟空化斋之际变成一个姑娘，假意来给唐僧送饭，但唐僧却茫然不知，我非常着急，当火眼金睛的孙悟空及时赶到把她打死，我才放下心来；白骨精又想出诡计，变成老太婆和老头，装作一副可怜的样子，终于蒙骗了唐僧，孙悟空被师傅赶出师门，我为孙悟空感到委屈，我大叫起来："唐僧，你有眼无珠！你明知道孙悟空火眼金睛，可为什么不相信孙悟空的话呢？"

读了这个故事，我觉得唐僧太善良了，不能明辨是非，我喜欢孙悟空，我要是有他那样七十二变的本领就好了。所以，我要刻苦学习，将来一定会有孙悟空一样的聪明才智，长大以后为祖国贡献自己的力量！

结合学情调查，目前同学们对于怎么写读后感的主要疑惑是不知如何概括、如何写出自己的感受、如何表达自己的情感。别急，咱们这节课就来一一解决你的燃眉之急。

（二）活动设计

活动一：例文分析

请同学们读下面这篇读后感，思悟写读后感的"四部曲"。

读《滥竽充数》有感

《滥竽充数》讲了一个意义深刻的故事。齐宣王喜欢听一群人吹竽，不会吹竽的南郭先生就混进了齐宣王的吹竽队。后来，齐宣王死了，齐湣王继位，他也喜欢听竽，但却喜欢听独奏。南郭先生知道后，就连夜逃走了。

读了这个故事，我为南郭先生感到悲哀，他如果学了真本事，不就可以舒舒服服地在宫里吗？可他没有下苦功夫，却耍起了小聪明，靠糊弄人过日子，最后只能落荒而逃。

《滥竽充数》似乎描写着我往日的行为。每一节语文课开始前，老师都会让我们先读一读需要背诵的古诗。每次课代表领读的时候，我都没放心上，如果老师在讲台上看着我们的时候，我就装模作样，嘴巴动几下就算了。一段时间后，老师要我们默写，我彻底傻眼了。

现在读了这则寓言，我知道了：做人不能像南郭先生那样不学无术，经不住考验，这种人始终会被时代淘汰。我们要想干一番大事业，就必须有真才实学，学习也一样，决不能华而不实、弄虚作假、自欺欺人。

（1）请你来总结：读后感在写作上一般有哪几个步骤？

（2）请你来探究：你会从哪几个不同的角度捕捉感点？

① 从南郭先生身上，你得到了哪些启示？

② 从齐宣王身上，你得到了哪些启示？

③从齐湣王身上，你得到了哪些启示？

④从三百吹竽人身上，你得到了哪些启示？

小结：文章分成了四部分，从这四部分的分析中，我们也得出了读后感写作"四步曲"。

活动二：方法归纳

1. 引——概述材料

读《滥竽充数》有感

《滥竽充数》讲了一个意义深刻的故事。齐宣王喜欢听一群人吹竽，不会吹竽的南郭先生就混进了齐宣王的吹竽队。后来，齐宣王死了，齐湣王继位，他也喜欢听竽，但却喜欢听独奏。南郭先生知道后，就连夜逃走了。

引，即引述或概述材料，引用或者概述的内容应该是自己看了有感悟的内容。

如何做好概述呢？也就是如何"引"呢？大段摘抄原文或者大部分在概括原文不可取，有凑字数之嫌。

"引"的秘诀：

短文：谁+干什么或者什么+怎么样。

长文：抓住六要素，即时间、地点、人物、起因、经过、结果。

要点：①突出重点；②略去熟知；③着重鲜活。

2. 议——分析材料

读《滥竽充数》有感

读了这个故事，我为南郭先生感到悲哀，他如果学了真本事，不就可以舒舒服服地在宫里吗？可他没有下苦功夫，却耍起了小聪明，靠糊弄人过日子，最后只能落荒而逃。

议，即对所读文章进行评析，既可以就事论事评析所概述的内容，也可以由材料深入思考分析本质，在此基础上顺势亮出自己感受最深的点。

要做好"议"，就要读的时候要多问自己几个问题，从不同的角度思考。

3. 联——联系实际

读《滥竽充数》有感

《滥竽充数》似乎描写着我往日的行为。每一节语文课开始前，老师都会让我们先读一读需要背诵的古诗。每次课代表领读的时候，我都没放心上，如果老师在讲台上看着我们的时候，我就装模作样，嘴巴动几下就算了。一段时间后，老师要我们默写，我彻底傻眼了。

联，即由此及彼、由古及今地联系现实生活中的类似现象，证明自己的感点。内容可以是自己的、他人的，也可以是历史的、社会的；可以是正面的，也可以是反面的。

4. 结——总结提升

读《滥竽充数》有感

现在读了这则寓言，我知道了：做人不能像南郭先生那样不学无术，经不住考验，这种人始终会被时代淘汰。我们要想干一番大事业，就必须有真才实学，学习也一样，决不能华而不实、弄虚作假、自欺欺人。

"结"，即总结全文，升华感点。一篇好的读后感应当有时代气息，有真情实感。要做到这一点，必须善于联系实际。这实际可以是个人的思想、言行、经历，也可以是某种社会现象。联系实际时我们也应当注意紧紧围绕基本观点，为观点服务，而不能盲目联系、前后脱节。"结"既可以回应前文、强调感点，也可以提出希望、发出号召。我们不管采用哪种方式结尾，都必须与前文贯通、浑然一体。

读后感始终要受"读"的约束，开头要引"读"，中间和结尾还要不时地回扣"读"的内容。

【作业设计】

任务一：读文言短文《齐人有好猎者》写好"引"和"议"（感点）。

任务二：读《傅雷家书》写读后感，标出"引—议—联—结"四个部分。

撰写演讲稿

——人教版八年级下册第四单元写作

【学习目标】

（1）把握演讲词的一般结构及特点。

（2）把握演讲词的写作技巧，能够恰当地在演讲词中运用比喻、排比等修辞手法，以增强感染力。

（3）能根据命题写作简短的演讲稿，培养对演讲及语言表达的兴趣，鼓励参与者充满自信地、乐观地对待生活。

【教学过程】

（一）导入

今天我们来学习如何撰写演讲稿。

（二）活动设计

活动一：用格式规范形式

（1）师生合作完成演讲稿书写格式。

示例：

标 题

称呼语：

问候语。（大家好）

开场白吸睛又点题。（今天，我演讲的题目是……以概括演讲内容或揭示中心论点。或从演讲题目开始，或从演讲的原因开始）

层次1句式整齐又扣题，事例1名言1。

层次2句式整齐又扣题，事例2名言2。

结尾段有力又点题。（提出希望、倡议和号召，发出誓言）

结束语。（我的演讲到此结束，谢谢大家）

（2）结合案例，强化格式要求并思考演讲稿内容如何写充实。

示例：

留得青山在，不怕没柴烧。

————中国传统谚语

学校组织一次以"青山，中国智慧"为主题的演讲活动。现在请你结合材料的字面意思和深层含义，面向本校（屹立中学）同学写一篇演讲稿。

青山青，华夏新

尊敬的老师，亲爱的同学们：（称谓，顶格写）

大家好！（问候语，空两格）

今天，我演讲的题目是："青山青，华夏新"。古人曰：留得青山在，不怕没柴烧。今天，我想以这句中国传统谚语，与各位分享华夏文明中三座历经岁月更迭而岿然不动、阅尽人世变迁而长存依旧的青山，分享三座青山里的中国智慧。（以概括演讲内容或揭示中心论点。或从演讲题目开始，或从演讲的原因开始）

第一座青山，是文化传承。（演讲层次）

学儒法道墨兵，可得治世之道；学仁义礼智信，可修君子之蕴。央视著名主持人柴静说过："文化看上去无形无色，却决定了我们的社会从何处来，往哪里去。"文化体现了一个国家的深层次追求和坚守，一个轻视文化的国家，必将遭遇严重的动荡与混乱。所以，留得这座"文化青山"在，才能留住华夏民族得以延续的根基。

第二座青山，是创新精神。

古有四大发明惠遍世界，今有"新四大发明"领跑全球；古有丝绸之路连通欧亚，今有"一带一路"造福沿线。创新精神，是使一个国家不怯于世界潮流的关键，更是中国能够蓬勃发展的智慧所在。《大学》曰："苟日新，日日新，又日新。"留得这座"创新青山"在，就留住了中国在全球化中乘风破浪的底气。

说到这里，大家有没有发现前两座青山的共同点呢？没错，无论是传承，还是创新，都需要"人"的参与。

所以，第三座青山，就是你和我，是千千万万的新时代青年。

习近平总书记说过："青年兴则国家兴，青年强则国家强。"十七岁的霍去病，骁勇善战，气宇轩昂，初征战场就杀敌破千；二十二岁的辛弃疾，情深义重，有勇有谋，万人营里生擒叛徒；二十一岁的曹原，沉着稳重，聪慧机敏，石墨烯论文惊艳世界。中国智慧，哺育青年智慧；青年智慧，创造中国智慧。无论时代如何变化，留得这座"新时代青年青山"在，就留住了无数种可能！

纵观中国历史，五千年的延续，离不开代代相传的坚守，离不开创新开拓的魄力，离不开意气风发的青年志气。炎黄子孙倚着这三座汇集了中国智慧的"青山"，渡过历史长河中无数的暗涌；循着青山般的宝贵意志，成就屹立于世界民族之林的中国。

让我们在这三座青山的基础上，携手并进，推动历史的车轮，续写伟大不朽的华夏文明新篇章！（提出希望、倡议和号召，发出誓言）

我相信，留得三座青山青，不怕华夏不常新！

我的演讲到此结束，谢谢大家。（结束语）

活动二：用思想改变世界

学习任务一：

（1）观看演讲视频《教育的意义》，尽量记住更多的关键词，思考演讲者从哪些方面展现了他对教育的思考；学习多角度观察、思考。

明确：

关键词：考试、教育、知识、修为、生命感受力、认知自己、提升自己、良心底线、灵魂净土、立国之本、强国之基、终极问题。

角度：从知识到生命、从考试到教育、从学生到老师、从现实到历史。

（2）还可以从哪些角度思考考试与教育的关系？

预设：从方法与目的的角度思考，考试是检测学习效果的方法之一，学会思考、完善自我才是教育的目的。

从当下与未来的角度思考，考试是当下的任务，成长与幸福才是未来的目标。

……

学习任务二：

请根据你选定的题目，分析听众，完成下面的任务单。

（1）听众是谁：
（2）演讲结束时，他们将理解/实施/决定……
（3）为了取得这一效果，他们需要知道或感受到： ① ② ③
（4）为什么听众要重视你的话？对他们来说你的话有什么价值？
（5）综上：用一句话表达你要传达的信息是什么。（用陈述句，具体明确地呈现）

活动三：用提纲规划统筹

学习任务：

（1）阅读《教育的意义》演讲词，根据下面的表格，列出思维导图。

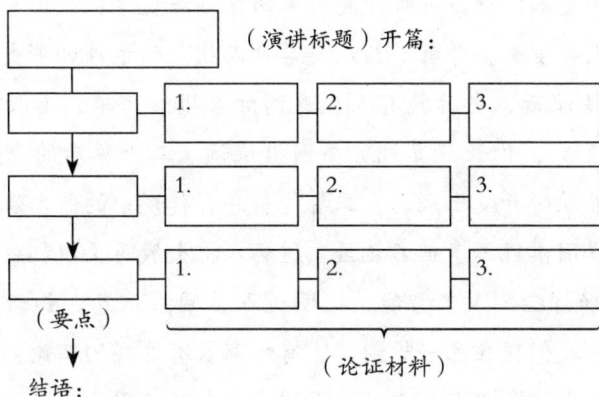

（2）阅读《教育的意义》演讲词。

学生发言后小结出示。

教育的意义

大家好！

我叫董仲蠡，是一名英语培训师。我培训过的学员少说有15万人，我曾经教过考研全市第一的学生，每年听我的课通过英语四六级的人数，更是不计其数。同学们都很信任我、爱戴我，叫我小董老师，我自己也特别喜欢这个称呼。

　　然而作为一名老师，我有的时候总有一些困惑，我讲的大多都是考试类的课程、大学英语四六级、考研英语，等等。有一次我在讲四级翻译的时候，讲到林语堂先生如何翻译贾岛的"松下问童子，言师采药去"；讲到许渊冲先生如何翻译李清照的"寻寻觅觅，冷冷清清，凄凄惨惨戚戚"；讲到王佐良先生把Samuel Ull man的《青春》翻译成"年岁有加，并非垂老，理想丢弃，方堕暮年"，我不禁手舞足蹈，作为老师的那种自豪感爆棚。然而就在这个时候，底下有一个女生直接质问我说："你讲这个东西有什么用啊？能提分吗？你就是在浪费我们的时间。"我自认也算伶牙俐齿，但是在那一刻我竟无言以对。

　　是啊，她说得对，没用，不能提分。但是，亲爱的同学，我并没有在浪费你的时间，因为刚刚那一刻，我不是在教你怎么考试，我是在做教育！作为一名老师，一名教育工作者，我希望我在课堂上，所传授的不仅仅是实用的知识，因为如果单纯只是拼知识、拼记忆，我们已经输了！

　　1997年，由美国IBM公司所开发出来的电脑深蓝，挑战世界排名第一的国际象棋大师卡斯帕罗夫，号称"为人类尊严而战"的卡斯帕罗夫，以一胜二负三平的战绩败给深蓝。当时就有人说这国际象棋太简单，看我们的围棋，博大精深，变化无穷，你让计算机玩个围棋试试。二十年后的今天，就在今年的上半年，由谷歌所开发出来的人工智能程序，传说中的阿尔法狗，以4比1的战绩，完胜世界围棋冠军李世石九段。这场人机大战再次以机胜人败的结局告终，那真是啪啪打脸。人工智能，聪明过人；网络信息，知识过人；电脑反应，敏捷过人。我们现在已经听到了，有的家长有这样的言论，说你看现在这个语文、历史网上信息都有，都能查得到，根本就不用背；数学、物理有人工智能，根本也不用算；翻译软件越来越高级，外语也根本不用学。教育，还有啥用？教育，还有啥用啊！

　　是啊，教育它到底还有啥用？

　　网上前段时间流行过一个段子，说我们之所以要多读书、多受教育，就是因为当看到湖面上有一群鸟飞过的时候，我们能吟诵出"落霞与孤鹜齐飞，秋水共长天一色"，而不是在那吵吵"我去，全都是鸟！"当我们去戈壁旅游骑着骏马奔腾之时，心中默念着"大漠孤烟直，长河落日圆"，而不是在那喊"哎呀妈呀，都是沙子，快回去吧！"当然这是一种调侃，但是不自觉间，就道出了教育的核心含义——教育不仅仅是传授给人知识，更是提高个人的修养，增强我们对生命的感受力，从而更好地认知自己并且不断地提升自己。我认为这是教育的核心目的，也是指引我们前行的希望明灯。

其实，不仅仅是同学们，我们老师也是一样的，有些人因为追逐名利而失去了自我，也开始变得浮躁。考试前我们押题，我们预测，考试之后我们又牵强地说我们押中了多少个题，有多少个同学因为自己提高了多少分，营造出了一种"老师高明，学生高超，家长高兴"的其乐融融的假象。当年，我对研究考试技巧也是乐此不疲——"选项怎么选？同学们记好，三长一短选一短，三短一长选一长，齐头并进选2B，参差不齐选4D。"对不对？同学们特别地买账，奉我为什么考神、偶像、人生导师。慢慢地，他们开始问我一些跟学习不直接相关的内容："老师，我不太想工作，那个我看同学都去考研了，要不我也去考个研？""老师，我爸想让我出国，我妈有点担心，我自己也有点害怕，老师，你说我是出国还是不出国？""老师，我本科学的是经济，硕士学的是环境工程，你说我毕业之后应该做什么样的工作？""老师，我以后应该做什么？"……这种迷茫已经成为一种普遍的现象，我们教了十几年，学生学了十几年，最后学生竟然不知道自己要做什么。

西方的先贤们早就提出过哲学的三大终极问题："我从哪来？我是谁？我要去哪？"我们之所以不知道自己要做什么，就是因为我们不知道自己是谁，而这是教育的巨大缺失与悲哀。

自古强大的民族，都是重视教育的民族，以色列、德国、日本，这些国家的教育，是我们全世界学习的典范。以色列小学就开设宗教课，在德国的中学，哲学是必修课。我们去日本访问的时候，看到日本的大学生除了有繁重的学业之外，还要去参加茶道培训、艺术鉴赏这样的活动。我们同行的一位老师当时就问了一个特别经典的问题——"这有啥用啊？"那个日本老师非常淡然，说，这些活动是教育的重要组成部分，是修心啊！这样才能更好地让同学们了解自己。是啊，不了解自己，我们怎么可能知道我们将来要做什么，如果个人都不知道自己要做什么，国家与民族就更不知道自己要做什么，那怎么会有在战火中依然强大的以色列？怎么会有在第二次世界大战的废墟之上崛起的德国与日本？

而我们的国家、我们的民族更是如此啊！我们中国被称为"文明古国"，经千年颠沛而魂魄不散，历万种灾厄而总能重生，就是因为我们重视教育，我们尊师重道。早在两千年前就已经将孔子这位伟大的教育家，立为我们文化的精神图腾。而对于教育的执念，即便在最困苦的岁月，最艰难的日子里，总有人不抛弃，总有人把教育重新拾起、擦拭，奉还于我们的神坛！

曾经，我们说"读书无用""才学与财富不成正比"，造就了这个社会浮躁的状态，然而什么都可以浮躁，唯独教育不可以！教育是什么，教育是社会良心的底线、是人类灵魂的净土、是立国之本、是强国之基。教育有啥用？教育就是帮助我们个人认知自己，帮助这个民族认知自己，我们才有可能掌握个人的命运，创造这个国家的未来。我们作为教育者、作为受教育者，要始终谨记，教育、读书的终极目的：为天地立心，为生民立命，为往圣继绝学，为万世开太平！

所以，下一次我再讲课的时候，我还会在课程的规定时间之内，教给同学们答题的方法和技巧，但是，我会多讲五分钟，我多讲五分钟的林语堂，多讲五分钟的许渊冲，多讲五分钟的王佐良……请别再问我"这有啥用"，这五分钟，我不教你考试，请允许我做一次教育！

谢谢大家！

活动四：用法宝增添趣味

1. 学习任务

积累"高效演讲"的小技巧，建议结合俞敏洪《2008年北大演讲稿（节选）》加以印证。发现作家演讲中的技巧并做批注。

使演讲更富有感染力、吸引力的几个小技巧。

（1）故事：用起伏的情节吸引听众。

（2）比喻：用鲜活的形象打动听众。

（3）语言生动：恰当措辞让每句话更有力量。

（4）重复：强化你最想让听众感知的内容。

（5）问答环节：在互动中将观众拉向自己的立场。

——彼得·迈尔斯、尚恩·尼克斯《高效演讲》

出示并阅读：

俞敏洪2008年在北京大学的演讲。

2008年北大演讲稿（节选）

俞敏洪

各位同学、各位领导：

大家上午好！（掌声）

非常高兴许校长给我这么崇高的荣誉，谈一谈我在北大的体会。（掌声）

可以说，北大是改变了我一生的地方，是提升了我自己的地方，使我从一个农村孩子最后走向了世界的地方。毫不夸张地说，没有北大，肯定就没有我的今天。北大给我留下了一连串美好的回忆，大概也留下了一连串的痛苦。正是在美好和痛苦中间，在挫折、挣扎和进步中间，最后找到了自我，开始为自己、为家庭、为社会能做一点事情。

……

我常常跟同学们说，如果我们的生命不为自己留下一些让自己热泪盈眶的日子，你的生命就是白过的。我们很多同学凭着优异的成绩进入了北大，但是北大绝不是你们学习的终点，而是你们生命的起点。在一岁到十八岁的岁月中间，你听老师的话、听父母的话，现在你真正开始了自己的独立生活。我们必须为自己创造一些让自己感动的日子，你才能够感动别人。我们这儿有富裕家庭来的，也有贫困家庭来的，我们生命的起点由不得你选择出生在富裕家庭还是贫困家庭，如果你生在贫困家庭，你不能说老爸给我收回去，我不想在这里待着。但是我们生命的终点是由我们自己选择的。我们所有在座的同学过去都走得很好，已经在十八岁的年龄走到了很多中国孩子的前面去，因为北大是中国的骄傲，也可以说是世界的骄傲。但是，到北大并不意味着你从此大功告成，并不意味着你未来的路也能走好，后面的五十年、六十年，甚至一百年你该怎么走，成了每一个同学都要思考的问题。就本人而言，我觉得只要有两样东西在心中，我们就能成就自己的人生。

第一样叫作理想。我从小就有一种感觉，希望穿越地平线走向远方，我把它叫作"穿越地平线的渴望"。也正是因为这种强烈的渴望，使我有勇气不断地高考。当然，我生命中也有榜样。比如我有一个邻居，非常的有名，是我终生的榜样，他的名字叫徐霞客。当然，是五百年前的邻居。但是他确实是我的邻居，江苏江阴的，我也是江苏江阴的。因为崇拜徐霞客，直接导致我在高考的时候地理成绩考了九十七分。（掌声）也是徐霞客给我带来了穿越地平线的这种感觉，所以我也下定决心，如果徐霞客走遍了中国，我就要走遍世界。而我现在正在实现自己的这一梦想。所以，只要你心中有理想、有志向，同学们，你终将走向成功。你所要做到的就是在这个过程中要有艰苦奋斗、忍受挫折和失败的能力，要不断地把自己的心胸扩大，才能够把事情做得更好。

第二样东西叫良心。什么叫良心呢？就是要做好事，要做对得起自己、对得起别人的事情，要有和别人分享的姿态，要有愿意为别人服务的精神。有良心的人会从你具体的生活中间做的事情体现出来，而且你所做的事情一定对你未来的生命产生影响。我来讲两个小故事，讲完我就结束我的讲话，已经占用了很长的时间。

第一个小故事。有一个企业家和我讲起他大学时候的一个故事，他们班有一个同学，家庭比较富有，每个礼拜都会带六个苹果到学校来。宿舍里的同学以为是一人一个，结果他是自己一天吃一个。尽管苹果是他的，不给你也不能抢，但是从此留下一个印象，就是这个孩子太自私。后来这个企业家做成功了事情，而那个吃苹果的同学还没有取得成功，就希望加入这个企业家的队伍里来。但后来大家一商量，说不能让他加盟，原因很简单，因为在大学的时候他从来没有体现过分享精神。所以，对同学们来说大学时代的第一个要点是，你得跟同学们分享你所拥有的东西，感情、思想、财富，哪怕是一个苹果也可以分成六瓣大家一起吃。（掌声）因为你要知道，这样做你将来能得到更多，你的付出永远不会是白白付出的。

……

人的一生是奋斗的一生，但是有的人一生过得很伟大，有的人一生过得很琐碎。如果我们有一个伟大的理想，有一颗善良的心，我们一定能把很多琐碎的日子堆砌起来，变成一个伟大的生命。但是如果你每天庸庸碌碌，没有理想，从此停止进步，那未来你一辈子的日子堆积起来将永远是一堆琐碎。所以，我希望所有的同学能把自己每天平凡的日子堆砌成伟大的人生。（掌声）

最后，我代表全体老校友向在座的三千多位新生表一个心意，我代表全体老校友和新东方把两百万人民币捐给许校长，为在座同学们的学习、活动和成长提供一点帮助。（掌声）

234

2. 思悟技巧

出示:

如果我们的生命不为自己留下一些让自己热泪盈眶的日子,你的生命就是白过的。

第一样叫作理想。

第二样东西叫良心。

人的一生是奋斗的一生,但是有的人一生过得很伟大,有的人一生过得很琐碎。如果我们有一个伟大的理想,有一颗善良的心,我们一定能把很多琐碎的日子堆砌起来,变成一个伟大的生命。

小结: 观点和思路的辨识度高。①在各段首用同样的句式定点铺排,醒目突兀,呈现观点。②使用提示性词语、关联词和过渡性语句来直观清楚地呈现自己的思路。

示例:

我从小就有一种感觉,希望穿越地平线走向远方,我把它叫作"穿越地平线的渴望"。也正是因为这种强烈的渴望,使我有勇气不断地高考。当然,我生命中也有榜样。比如我有一个邻居,非常的有名,是我终生的榜样,他的名字叫徐霞客。当然,是五百年前的邻居。但是他确实是我的邻居,江苏江阴的,我也是江苏江阴的。因为崇拜徐霞客,直接导致我在高考的时候地理成绩考了九十七分。(掌声)也是徐霞客给我带来了穿越地平线的这种感觉,所以我也下定决心,如果徐霞客走遍了中国,我就要走遍世界。而我现在正在实现自己的这一梦想。所以,只要你心中有理想、有志向,同学们,你终将走向成功。你所要做到的就是在这个过程中要有艰苦奋斗、忍受挫折和失败的能力,要不断地把自己的心胸扩大,才能够把事情做得更好。

小结: 恰当运用生动的语言、重复的语言提升交流效果。①用形象的、通俗易懂的语言为思想、概念命名。②语言生动、幽默。③适当重复,强化最想让听众感知的内容。

示例:

我常常跟同学们说,如果我们的生命不为自己留下一些让自己热泪盈眶的日子,你的生命就是白过的。我们很多同学凭着优异的成绩进入了北大,但是北大绝不是你们学习的终点,而是你们生命的起点。在一岁到十八岁的岁月中间，你听老师的话、听父母的话，现在你真正开始了自己的独立生活。我们必须为自己创造一些让自己感动的日子，你才能够感动别人。

……

所以，对同学们来说大学时代的第一个要点是，你得跟同学们分享你所拥有的东西，感情、思想、财富，哪怕是一个苹果也可以分成六瓣大家一起吃。（掌声）因为你要知道，这样做你将来能得到更多，你的付出永远不会是白白付出的。

小结：心中有听众要做到以下几点：①与听众互动。②根据听众特点确定互动内容。③营造幽默轻松的互动氛围。

活动五：用修订锤炼卓越

学生自由发言。

小结：①金句还可以更富饶：我们不能选择生命的起点，但是可以选择生命的终点。②结语还可以更准确：最后，我代表全体老校友向在座的三千多位新生表一个心意，我代表全体老校友和新东方把两百万人民币捐给我们北大，为同学们的学习、活动和成长提供一点帮助。

活动六：用评价明确技巧

出示并填写"拟写演讲稿"活动记录自主评价表

方法技巧	做到√	需完善○	未做到×
标题（紧扣主题）			
开场白（拉近距离、抓住观众、引发思考、直奔主题）			
提纲（条理清晰、观点明确）			
结语（重申、幽默、升华）			
突出特点			
针对性（心中有听众）			
条理性（有内在逻辑）			
现场感（有吸引力、有感染力）			

【课堂结语】

练习巩固——撰写演讲稿。

主题词：曾经。

（1）课堂练笔：开场白。

注意：开头方式多样，要能吸引听众；字数50字左右，时间3分钟。

①借鉴；②展示；③修改（1分钟）。

课例	开头特点
《最后一次讲演》	提出问题，引发思考
《应有格物致知精神》	开门见山，直奔主题
《我一生中的重要抉择》	演讲缘起，引入正题

原句：有人说，有追求的人生，才是无憾的，才是完美的。我愿做个有追求的人，这就是我曾经的梦想。

展示：

改1：我不想做有追求的人了，我想做个有吸引力的人。感谢"曾经"的我，他使我深深懂得：你若盛开，蝴蝶自来。

改2：我想问问大家：你是个有追求的人吗？好，有很多。我想告诉大家，我曾经也是，但现在不想做了，太累！我只想做个有吸引力的人，别诧异，我跟大家分享一个故事，故事的名字叫作：你若盛开，蝴蝶自来。

（2）课下练笔：围绕主题词写一篇演讲稿。

注意：在完善标题和开头的基础上完成全稿，小组合作做好评改（依照活动记录表完成写作，并为下一任务"举办演讲比赛"做好选拔）。

演讲稿小组评议表

第_____组：题目	写作借鉴点
①	
②	
③	
④	
推荐稿件优势	
最需要解决的问题	
推荐人	演讲稿（演讲人）

学写游记

——人教版八年级下册第五单元写作

【学习目标】

（1）多阅读，基于教材理解游记的内容与特点。

（2）聚慧眼，思考在写游记时，如何安排游踪和景物描写的顺序。（重点）

（3）勤练习，能够在选好游览素材的基础上，抓住独特的景物进行描写，在写作过程中适当加入个人的情感，详略得当。（重点）

【课前准备】

（1）展示有典型问题的游记作文《游览北海公园》，思考写游记时如何安排游踪和景物描写等内容，避免"流水账"式的游记。

（2）学生个人拍摄的游玩照片。

【教学过程】

（一）导入

北海公园真是个好地方！前段时间我和家人游玩了一趟，我们来到公园门口，排队买好票之后进入公园，首先看到的是一个很大的湖，之后我们登上琼岛，看到了久负盛名的北海白塔。北海公园真是太美了，来到这里真是不虚此行！

同学们，从我刚才的开场白中你感受到北海公园的好与美了吗？

是的，这个开场白实在苍白、枯燥，完全没有展现出北海公园的独特魅力。

古书有云："读万卷书，行万里路"，同学们一定也曾饱览过祖国大好河山的美景。如果把这些美景变成文字，让更多的人看到它的美，感受到它的魅力，这何尝不是一件有意义的事呢？今天我们就一起来探讨一下如何写好一篇游记，那么接下来我们就一起走进今天的作文指导课——"学写游记"。

（二）活动设计

活动一：进课本找方法，化文为诗

请同学们认真阅读课本2020年版八年级下册第111页《学写游记》中第一、二段的内容，用精炼的词语提炼概括出游记的定义及其内容。

游记的定义：游记，即记游，记录旅行见闻的一种散文。

游记的内容：

（1）交代游踪。通过游览的踪迹来记述游览的经过，以此来串起全文。

（2）描写景物，抒发感受。写游记的主要对象就是游览过程中的景物，描写景物的同时也应该注意个人情感的抒发，只有饱含温情、爱心、思想的文字，才是独具特色的游览经历。

接下来，我们读第三、四段，用简洁的语句概括提炼出"学写游记"的写作要点。

写作要点：

（1）选择独特的景物，从不同角度、运用不同表现手法进行描写。我们写游记时不用面面俱到，这里的"独特"是指最富有特点或代表性的，或是使人感受最深的景物，要合理地使用不同的表现手法、选择不同的角度进行书写。

（2）游记是动态的，文字中渗透着作者的情感。在描写自然景物、人文景观的同时，我们要注意融入作者的主观情感，穿插抒情、议论等表达方式，使文章内涵丰富，打动读者心灵。

当然，课本在第五段中提到，好的游记作品还要有相关景物的文物古迹、历史知识介绍，如之前学过的《一滴水经过丽江》写到了丽江的历史、东巴文字等。

因此，要写好一篇游记，应该注意以下几点：

（1）要写好游记，需选择独特的景物进行书写。

（2）要写好游记，要择取不同角度、运用不同表现手法。

（3）要写好游记，应流露作者独特的情感体验。

打油小诗：

> 写好游记第一技，选择景物要独特。
>
> 抓好角度和技巧，还需加上作者情。

活动二：展示典型问题，明确要求

1. 你来诊断

请同学们仔细阅读幻灯片展示出来的游记《游览北海公园》的片段，如果你是批阅老师，面对这篇作文，你认为它写得如何？存在哪些问题？

结合刚才我们总结的游记写作要点，来给这个片段"挑挑刺儿"。

四人一组进行讨论，其中一位负责记录，其他三人发表意见。讨论结束后，由一个同学代表小组进行发言总结，组内成员和其他小组可以进行补充，最后由教师总结点评。

同学们都是合格的"诊断师"！在大家的集思广益之下，发现了上面的作文片段所出现的几个问题：

（1）缺少对具体景物细致的描写。

（2）材料主次安排不清、详略不当。

（3）缺少自己游览时的独特感受。

其实这个片段是典型的流水账式作文，同学们在平时写作时也难免会写成雷同的作文，而以上总结出来的问题正是流水账式作文的典型问题。怎样写景才能使作文避免流水账？接下来我们就一起探讨写景的方法。

2. 头脑风暴，总结写景方法

讨论写作顺序（观察角度）：一是按照游览的行踪顺序来写，移步换景；二是按照游览者的独特体验，分类描摹，一般选择先概括再分述的结构方式，通过新颖别致的视角突出重点感受，凸显作者个性。

讨论多角度描写景物的方法：以北海白塔为例。

观察描写景物的顺序——不同方位：由远及近、由上到下、由高到低、由中间到四周等。

动用各种感官——不同的感官：视觉、嗅觉、听觉、触觉等相结合。

运用各种写作技巧——不同手法：发挥联想与想象，虚写和实写相结合。

写景状物融真情——寄情于景：表达个人情感感受。

3. 佳作展示

展示佳作《美丽的北海公园》片段：

北海公园的中心是琼岛。它四面环水，景色十分美丽。那里到处是苍松翠柏，绿树鲜花，还有高大的宫殿庙宇，精巧的亭台楼阁，以及长廊短桥，怪石奇洞，如同仙境一般。岛的周围水面开阔，湖水平静得像一面大镜子，映出了蓝天白云的影子，也映出了琼岛那美丽的倒影。

琼岛上的白塔，高大雄伟。它遍身洁白，犹如一尊精美的白玉石瓶。塔基有三层，每层都有一人多高，塔身高30多米，最大处直径有14米。高高的塔顶上，覆盖着镏金宝盖，宝盖上悬挂着一只只铜铃，微风吹过，铜铃摇动，发出悦耳的声音。

湖北岸的五龙亭，造型别致，五座亭子都建在靠近湖岸的水中。中间的一座最高大，亭檐有两层。上面一层是圆的，下面一层是方的。小亭的两层亭檐都是方的。亭子里面的横梁上，顶板上，都刻着龙，画着龙。五座亭子都有深蓝色的亭顶，朱红色的亭柱，还有汉白玉的护栏。它们之间有曲折的石桥相连。远远望去，五龙亭就像一条巨龙，在湖边戏水。

点评：

该片段介绍北海公园的主要景点：琼岛、白塔以及五龙亭，让大家对北海公园有了更形象生动的认识，字里行间也表达了作者对北海公园溢于言表的喜爱之情。

小结：

写好游记不是一件容易的事，通常按照游览的路线来写，但往往会泛泛而叙，抓不住重点，写成流水账。有时尽管突出了主要景点或场所的描写，但缺少作者的独特感悟和个性情感，读起来千人一面，没有趣味，也没有鲜活的思想。因此，新颖别致的视角、细腻真切的描写、抒发性灵的思想情感，这些才是写好游记的关键要素。

活动三：实战演练，片段写作

刚才讨论了那么久别人的作品，同学们是不是按捺不住要动笔来写自己的游玩经历了呢？同学们课前都已准备好自己的游玩照片，这些照片真是各具特色，那么接下来就请大家结合手中的照片，运用刚才学到的写作要点和写景方法，写一个200字左右的游记片段。

提示：

（1）选择一处风景，不要面面俱到，不要贪多。

（2）细致观察、具体描绘该处风景，不要泛泛而谈，写成流水账。

（3）描写景物时适当融入个人感受，尽可能写出自己的独特体验。

学生动笔书写，写完后结合写作要点、写景方法，进行同桌互评。

教师明确修改要求：用红笔勾画圈点标示出错别字和病句，好的地方画波浪线，不足的地方画横线。

教师投屏展示一位学生的作品，其他学生点评，教师即时修改。点评之后，学生各自修改自己的作品。

教师给出范例——作文片段《桨声灯影里的秦淮河》：

秦淮河的水是碧阴阴的；看起来厚而不腻，或者是六朝金粉所凝么？我们初上船的时候，天色还未断黑，那漾漾的柔波是这样的恬静，委婉，使我们一面有水阔天空之想，一面又憧憬着纸醉金迷之境了。等到灯火明时，阴阴的变为沉沉了：黯淡的水光，像梦一般；那偶然闪烁着的光芒，就是梦的眼睛了。我们坐在舱前，因了那隆起的顶棚，仿佛总是昂着首向前走着似的；于是飘飘然如御风而行的我们，看着那些自在的湾泊着的船，船里走马灯般的人物，便像是下界一般，迢迢的远了，又像在雾里看花，尽朦朦胧胧的。

小结：描写景物，抓住不同角度，运用不同表现手法，加上个人独特感受。

活动四：综合写作，挑战自我

1. 佳作赏析，借鉴写作手法

展示佳作《赣州的郁孤台》，读后重点思考：

（1）这篇游记按照怎样的顺序来安排材料？

（2）文章如何做到主次分明、详略得当？

（3）如何综合运用多种表达方式？

同学们讨论结束之后，教师进行总结评析：

这篇游记以作者的行踪为顺序安排材料，采用移步换景的手法描绘自己的所见、所闻、所感，条理清晰，描写细腻。中间穿插历史故事、诗词名句，增加了文化气息。这篇游记还有一条暗线，那就是郁孤台的历史文脉。全文表面写郁孤台的风景与历史，实际上也在表达辛弃疾的一腔爱国情怀。结尾处，作者将郁孤台这一座悲情楼、伤心楼升华为一座振兴楼、发展楼，乃至人民群众心目中的幸福楼，点明时代主题。游记引发读者爱家乡、爱祖国的壮志豪情，情感由悲怆转为高昂，值得称赞。

2. 结合学生的游历经历，指导拟定写作提纲

第一步，指导学生拟写游记提纲，提供两种方案以供参考：

（1）根据游览的线路图，按照游览的顺序列出材料并安排方案。

（2）根据游览者的个人感受，选择游览感受深刻的景点安排材料。

第二步，根据参观游览的个人感受以及生发的思想情感确定中心思想，安排好材料的主次，做到详略得当、重点突出、主题鲜明。

【课堂结语】

徐霞客早年曾立下"大丈夫当朝游碧海而暮苍梧"的志向，在交通发达的今天，他的志向我们可以轻而易举地实现。看到美丽的风景使人欣喜，把这些见闻感受化成文字记录下来何尝不是一件乐事？

写作是为更好的生活服务，怀着欣赏的目光面对每一个地方和事物，你会发现生活处处有美景。

学写故事

——人教版八年级下册第六单元写作

【学习目标】

（1）概括好故事的标准。

（2）朗读学生优秀范文，通过对范例的学习，思悟使故事动听的三种方法。（重点）

（3）现场思悟践行使故事动听的三种方法，学以致用完成例文故事的改写，并当堂修改自己的作文。（难点）

【课前准备】

《打开_____》半命题作文的评改指导课，即在学生写完作文后再进行指导和修改。

（1）认真批改每一篇作文，找出学生作文中的优点和不足并简要记录下来。

（2）归纳整理学生作文中的优点和不足，概括出存在的共性问题，如文章平铺直叙、故事性不强、平淡乏味等，并以此确定教学起点，明确教学目标，将主题确定为"抒写动听的故事"。

（3）选择教法，落实目标。基本的思路是引导学生发现问题、借鉴范例、寻找方法、修改升格。教师从学生习作中选材，选取学习的范文和现场修改的例文，编写作文指导课的学习工作纸，以供学生在课堂上使用。

（4）梳理思路，设计流程。①为激发学生的学习兴趣，拉近师生的情感距离，决定用打油诗的形式来总结、评价学生作文，明确这节课的主要学习任务。②头脑风暴，让学生明确好故事的标准。③课堂上共学学生的三篇优秀作文，寻找亮点，让学生思悟、发现写好故事的方法。④学生根据总结归纳的方法修改例文和自己的文章并进行展示。

【学情分析】

八年级的学生通过一年多的序列化的写作训练，已能够做到主题明确突出、结构层次分明和叙事完整，但是还会有叙事平铺直叙、故事性不强、平淡乏味等问题。所以通过对范例的学习和思悟能够让学生将使故事动听的方法概括出来并当堂训练出效果。

【教学过程】

（一）以诗评文，导入故事

（投影镶入学生名字的评点作文的打油诗《昨日偶记》，一边朗读，一边做适当的解说）

昨日细把作文看，感受还是极好的。即兴作诗一首，记下自己读后感。
瞳瞳瀚烨和若兰，此次习作不一般。文辞优美暂不说，就那细节最耐看。
渌茗红睿和楠宇，我对你们有好感。文章别致脱俗套，是那立意牛过山。
孙榕欣然和蕴芳，构思让我直拍案。文章选材最典型，舞文弄墨兴涛添。
若说我们有不足，且听我来细细侃。程阔浩然和默宁，审题很准文简单。
浩翔恽晗和亦磚，文字太少省空间。陈硕铭宇加帅标，文字温馨审题偏。
总而言之一句话，文章不精很遗憾。大家若觉此诗妙，来点掌声当共勉。

——《昨日偶记》

引导：这次大家写得挺认真，很多都很感人，但还存在着一些共性问题，如平铺直叙、故事可读性不强等。那什么是故事？那些始终活蹦乱跳地长在自己生命里的事儿才是鲜活的有意义的故事。我们都是有故事的人，今天就来聊聊如何写好动听的故事。

（二）活动设计

活动一：说文解字，明确标准

1. 说文解字

故 "故" = "古" + "文"，用"文字"写"古时"的事。

事 "事" = 用自己的嘴"口"讲有曲折、有起伏、一波三折的故事，这个故事是有一条线索贯穿其中的。

引导：一秒钟之前发生的事也可以是故事，但那只是原生态故事；只有用文学的方式表现出来的一秒钟之前的有趣味、有价值的事才是故事，才是我们想要的仿生态、理想生态的故事。

2. 头脑风暴

请大家说说好故事的标准是什么。发言时尽量不要重复前面同学的观点。

（1）生动：逐一发言。

（2）点评：

$$
好故事\begin{cases} 旧的事情 \\ + \\ 调\quad料 \end{cases}
$$

活动二：借鉴范例，探寻方法

过渡：刚才我们通过头脑风暴一起明确了好故事的标准，下面就让佳作引领我们感受好故事的魅力，来探寻如何将故事写得一波三折的好方法；找一名同学来朗读这篇文章。

示例1：

打开你的评语

郑州枫杨外国语学校2017届09班　王瀚烨

老师说，我们的摘抄本是财富，其实，你的评语，才是我真正的财富。

——题记

青纱帐下，徐徐微风，吹开时光融成的书册，书页翻飞的声音，含着流年的隽永与安宁。白驹过隙般，书页纷飞交换，可为什么我仍能如此清晰地看到你红色的字迹，不美观，却那么真挚而感人。

其实，很长一段时间，我很不喜欢你的评语。真的，反差太大了——那是语文老师刚刚有助教的时候。年轻的助教老师批改作业、备课辅导样样认真负责，却唯独批改作文时的评语和语文老师的真的好不一样：歪歪扭扭的字迹，重复多遍的话语，让原来一周都在期盼的评语一下子可有可无——其实，看得出来她想做好，只不过，当时的我却心门紧锁看不到。

然而我却没想到，一条既不美观，又不华丽的评语可以那样强烈地触动我的心——一生的共鸣。记得那时我的心情其实很低落，一个那样优秀又讨老师喜欢的女孩的确让我羡慕，以致最后自己气自己的不完美和无能为力。所以，就连当时的自己也没留意自己竟无意间在作文中流露出这样的不悦。

其实，这本来只是小孩子间的羡慕玩闹，没想到那天无意间打开你的评语，却被你的认真与细心，勾出了眼泪——那是将近半张的红色，点点墨迹在朦胧的泪眼中交织、融化，融成一个又一个质朴的字符汇成剔透的长河，载着动人而浓烈的感动，一点一滴，沁入内心。每一个字符，都是你殷切的劝导与开解。曾经认为拙劣的字迹在今天看来却融进了无尽的心血与认真，一字一句，和从前一样，不华丽，不澎湃，却是一个老师对孩子用心的关怀与体悟。或许在她眼中，看的不是一篇文章的技法优劣，而是一个孩子的健康与成长——真的，从未有一个老师像她这样，哪怕与孩子们的接触仅仅是日常的作业，她却那样清晰地记得每个孩子的名字，甚至会关心孩子一丝一毫情绪的变化——真的忘不了那句"孩子，别苦了自己！"句末，真挚的笑脸，那么暖心。

于是之后，我多了一个习惯：心烦的时候，打开你的评语，一字一字地阅读，好像在用心感触——那份可触的情，心间永留。

永远不要吝啬打开，吝啬发现。

——后记

1. 思悟发现

（1）现场采访：你是怎么想到写这件事的？又是怎么把它写动情的？你为什么不直接开篇就写看到评语之后就想哭的那一段呢？

（2）原作者发言后学生谈发现。

（3）思悟小结：会抑扬，掀波澜。

过渡：下面请同学们齐读邱瞳瞳同学的文章，一起感受文章的魅力。

示例2：

打开时光遗落的锁

郑州枫杨外国语学校2017届09班　　邱瞳瞳

又辗转几度，才终于寻得那把被时光遗落的锁，它早已剥落彼时明艳的红漆，徒留下交错纵横的锈迹斑斑。"咔嗒"，我小心地打开它，尽管有细细的灰尘迷蒙双眼，可仍有一颗心，回味昨日的细碎与美好。

那一把锁，锁住彼时的你我。

"我不要再练了！"不知是第几次，我重重地扔下琴谱，厚重的书页撞击地面，发出刺耳的声响。黑白相间的五线谱散落一地，跳跃的音符却成了此时挥之不去的阴影。愈快的节奏，复杂的转音，我笨拙的手指越来越跟不上那些跳跃灵动的音符，也不止一次冲你大发脾气。

你阴沉着脸，似强忍怒气，一言不发地收拾好凌乱的琴谱，半晌，从唇齿间挤出一丝叹息，似在叹息这个永远不争气的孩子。没有故事里什么勤加练习终于领悟到音乐的美妙，你冷着脸带我去退了学费，而那把小小的风琴，也连同你渐深的失望，一同被锁入灰暗的橱柜，再无人问津。

终得重逢，打开时光遗落的锁。

自那之后，这件事就像一把沉重的枷锁，无时无刻不紧紧攀附在我的脑海，使我总在午夜梦回时看到你疲惫又失望的脸。然后，深深的负罪感涌上心头，我暗恨自己的不争气，暗恨自己的懦弱与懒惰。

一年一年，那把枷锁伴着时光流逝却丝毫没有开解的迹象，无时无刻不在提醒我怎样深重地伤害了一个母亲执着又敏感的心。那一日和你闲谈，我看似无意地提起小时候练琴的事，希望旁敲侧击地知道你的态度。你愣了一下，露出追忆的神色，缓缓道："我并不想逼你成为一个手风琴家，真的，因为那样太累。我只想让手风琴成为你的一个爱好，希望音乐能在以后的路上帮帮你，解忧也好，消遣也好，总对你有些好处，只可惜……"她顿了顿，又笑道："那时候，你太懒啦。"

心里仿佛有四月阳春温柔和暖的微风拂过，那把腐朽陈旧的锁便咔嗒一声寸寸断裂。那把被时光遗落的锁，尘封了酝酿三秋的苦辣酸甜，终于在这一天，被母亲柔柔打开，一寸寸地，抚平我心上的疤痕。从此，时光兵荒马乱的战场，多了一段冷暖交织的记忆，多了一份精致独属的爱。

轻轻打开被时光遗落的锁，小心敲打出流光的记忆，倾情抚摸那些依稀绯红的梦。

——后记

2. 思悟发现

（1）现场采访：这件事是母亲节写给妈妈的信中的一件，妈妈当时是读着哭着，你是哭着写着，你是怎么写动情的呢？

（2）原作者发言后学生谈发现。

（3）思悟小结：会渲染，加铺垫。

过渡：下面请五位同学共同接替来读罗若兰的这篇文章。

示例3：

打开小伞上学堂

郑州枫杨外国语学校2017届09班　罗若兰

以岁月为纸，以母亲对我的爱为墨，以开开合合的伞为笔，以通向学校的路为封，以心封缄。

——题记

窗外下着雨，细密的雨丝如浙江盛产的丝绸，将大地环住，飒飒凉风乍起，裹着雨珠冲向脸庞，俯看一把把伞匆忙移动，忽然想起那些飘着绵绵细雨的时光……

五岁。

"兰兰起床了，今天要去幼儿园，外面还下雨了，我们走着去。"我迷迷糊糊地坐起来，然后由着妈妈给我套上长袖，跟着她风风火火地冲向学校。她撑开手中的伞，拉紧我的手，一高一低两个身影紧紧依偎在一起。我时而冲出伞去，在水洼中"啪啪"地踩出水珠，母亲就焦急地跟上前，又用伞把我盖住，不长的路上两个人一把伞笑闹着走向学校。

十二岁。

"赶紧起床，今天下雨……""知道了，能不能别叫了。"我怨恨地望了她一眼，快速洗漱后又找出一把伞，"兰兰，我拿过伞了。"母亲诧异地望着我，"我没拿伞呀，长这么大了，你不会要跟我打一把伞吧？"母亲不知所措地低下头，张了张嘴巴却没说什么。我撑开伞走入雨幕，母亲一路尾随我直到学校。那时的我不曾放慢步伐，亦不曾回望她一眼，尽管我知道她就在身后。一路上两把孤独的伞，缄默却固执地一前一后不回头。

十四岁。

我背着书包站在门口，因为生病，母亲来给我送饭。我远远就看见她，在雨中一手撑伞，一手扶车把，摇摇晃晃地向这边驶来，车灯模糊了一片雨水。她冲到校门口躲雨，两手快速将食物递给我，她说："要不你回去吃吧，我在这儿等你。"我摇了摇头，坚定地接过伞，在她的注视下蜷在伞中吃饭，泪就在眼眶中打转。一路上，一把伞，来来回回地换，一会儿在校门外，一会儿在我手中。

有本书这样说："时光会摧毁一切，但我要我们的天长地久。"那我可不可以相信时光是可以对折的，从此以后用你爱我的方式，陪你走完以后的路，在暴雨里，撑着一把伞，无论走向哪里，陪你笑着一起逃。

以岁月为圆心，以我对母亲的爱为规，以伞为笔，以路为半径，以心画圆。

——后记

3. 思悟发现

（1）现场采访：文章有《两株植物的十二年》的些许神韵，你是如何写好这件事的呢？

（2）原作者发言后学生谈发现。

（3）思悟小结：有线索，明层次。

过渡小结：通过以上三位同学佳作的引领，我们思悟发现了一些抒写故事的好方法，我们一起来梳理一下。

投影显示：

小结：故事的那些事儿

1. 找路子——有线索明层次。

2. 卖关子——会抑扬掀波澜。

3. 想点子——会渲染加铺垫。

三子到　故事笑

活动三：迁移运用，修改展示

1. 师生共改

引导：刚才我们一起感受了什么是"好故事"，也学习了在哪些地方进行修改可以使之成为一个好故事。下面我们就按照所学的"三子"要求，把"三子"送入程阔的原生态故事《打开309》中去，也让"309的故事"变得生动有趣和耐人寻味。程阔这篇作文有很大进步，不论是开头、结尾，还是事例的选择、真情的抒发，都可谓是层楼更上。下面就请程阔同学给大家读一下自己的文章。

示例4：

打开309

郑州枫杨外国语学校2017届09班　程阔

309不大，却充满温暖。

其实它还有一个名字——

叫"家"。

——题记

每次推开309的大门，都留下一番历久弥香的记忆，都对309有新的感触，这扇神秘的大门，也渐渐被我小心翼翼地推开了。

期末，老师让同学们聚到309，一人发了一张单子，是一份名为《为自己代言》的条约，上面还写着激励大家的话语。郑老师庄重地宣读上面的话，我们也庄重地写下了自己预定的奋斗目标和名次。"老师再见！"轻轻带上门，离开。整个过程充满敬意，敬佩老师的工作，309显得如此神圣。

又一次，我没考好。妈妈很着急，走投无路找到了郑老师。我、郑老师、妈妈三人坐在同一张沙发上，郑老师不断提出我学习中的不足，但没有批评我，而是鼓励我好好学习，告诉我"数量不如质量"。当郑老师拍着我的腿，问我开心不开心时，虽然这个问题我当时有些莫名其妙，但却让309渐渐从神坛上走了下来，我真正打开了309。

回想起上学期期中考试的颁奖典礼上老师与组长亲切的拥抱，在我问问题时老师亲切地握着我的手，一声声亲切的郑姐姐，以及周老师在大家为她鼓掌时害羞而又得意的神情，我才发现，原来309的门，一直开着，只是以前，我没有勇气去触碰。今天，打开这扇309的门才发现，门内像家一样温暖亲切。

打开309，就像打开家门。门中也有关怀、感动，令人心暖。

309是我家，我爱我的家！

——后记

2. 合作研讨

（1）小组讨论：第一、二排为组1；第三、四排为组2，第五排为组3。结合下面的三个思路分组研讨列出修改意见。

组1：找路子——有线索明层次。

组2：卖关子——会抑扬掀波澜。

组3：想点子——会渲染加铺垫。

（2）展示成果：小组派代表逐一展示自己小组的修改成果。

（3）出示范例：

① 找路子——有线索明层次。

309外，冰冷无法靠近。

309内，亲切温暖如家。

② 想点子——会渲染加铺垫。

第二段前：

第一次被老师叫到309，是考试不及格被叫去重考，心中忐忑不安，站在门外徘徊，却迟迟不敢推门进入。过一会儿，一位同学走了出来，我上前小声问："郑老师在不在？"得知郑老师不在后才小心翼翼地推开门，站在沙发旁不知所措，不知道该站着还是坐着。蹲在地上诚惶诚恐地听写完，就赶紧从309倒着退出去。从此，309给我留下了晦暗、难忘的记忆。我打心眼里抗拒它，并以一种对峙的姿态相处着。

③ 卖关子——会抑扬掀波澜。

改写第二段：

上学期期末考试前，课代表阴沉着脸从309回来，手里拿了一份长长的名单，然后在讲台上郑重宣告：念到的同学放学前去309开会。我小声嘀咕，自认为这一段时间表现良好，作业、考试都还不错，应该不会有我吧，暗自在心里祈祷千万不要有我。"……程阔……"呃，老天，我还是难逃一劫。可是，老师究竟要叫我们干什么去呢？不会又是挨训吧？可是我没犯错呀？脑海中一个

251

个问号萦绕，心里像揣了个小兔子咚咚直跳，后面的课老师讲了什么，我都没有听进去……

3. 自行修改

（1）自行修改：每个同学修改、完善自己的故事，把故事元素尽可能多地渗透进去，使自己成为一个会说故事的人。但因为时间关系，请自选我们总结出来的任一方法修改自己作文中的任一个片段，自改3分钟并展示，争当小小故事家。

方法1：找路子——有线索明层次。

方法2：卖关子——会抑扬掀波澜。

方法3：想点子——会渲染加铺垫。

（2）展示成果：展示自己的修改成果。请展示的同学把修改前后的文段都读一读，在对比中感受进步。

【课堂结语】

如果你的文章不能像太阳那样熠熠生辉，就让它像月亮一样光彩照人；如果你的文章不能像月亮那样光彩照人，就让它像星星那样闪闪发光；如果你的文章不能像星星那样闪闪发光，至少要抓住几只萤火虫，把你的文章点亮。抒写动听的故事就是抓住一只小小的萤火虫，我们今后写作时要多用它、用好它，来凸显自己文章的亮点。

九年级

尝试创作

——人教版九年级上册第一单元写作

【学习目标】

（1）欣赏本次作文的美点。

（2）诊断本次作文的不足。

（3）修改本次作文的方法。

【真题再现】

参照本单元学过的任意一首诗，自己仿做一首。例如，同学们可模仿《我爱这土地》《乡愁》，创作一首同题诗歌；模仿《你是人间的四月天》《我看》，以"你是_____"或"我看"为题，创作一首表达形式相近的诗歌。

提示：

（1）回忆自己的生活，想一想那些触动你心的人和事，以及你当时的感受，将这些作为诗歌表现的内容。

（2）模仿课文的句式，发挥想象与联想，借助一些意象表达自己的情感。

【教学过程】

（一）导入

在改大家的小诗的时候，很感动。因为从字里行间能感受到你们写得很认真。本节课我们的学习活动主要有以下三个：

（1）欣赏：美不胜收。

（2）诊断：美中不足。

（3）整容：美得其所。

（二）活动设计

活动一：欣赏，美不胜收

老师带着喜悦的心情读完了同学们笔下诗情满满的"小诗"，这次大家写得很认真，很多都很感人，其实正是你们眼中和心中的"诗意"，让老师很感动！这里想和大家一起分享这样的诗意和感动。读完每一首小诗后，请同学们认真思考：这首小诗到底好在了哪呢？

示例1：

想写一首诗

杨梦想

想写一首诗

来记录

我们的生活、欢乐

以及一起成长的日子

想写一首诗

来赞颂

我们的努力、拼搏

以及奋不顾身的日子

想写一首诗

来讴歌

我们的美好、清纯

以及悲喜交加的青春

点评：真想不到啊，沉默寡言的杨梦想竟然也能用这样诗意的文字记录我们一起走过的日子，唯美清新，有想法。这日子，没白过！

示例2：

作业愁

邓豫

小时候

作业是一个薄薄的本子

我在这头

作业在手头

长大后

作业是一个厚厚的书包

我在前头

作业在后头

后来啊

作业是一段长长的守候

笔在手头

完成还很久

现在啊

作业是一个时空的差距

我在周五

作业已在周六

点评：虽然邓豫的文字功底不是很深厚，却也用自己的真心记录下了自己独特的思考，很不错。我最喜欢最后一个小节，用幽默诙谐的"陌生化"语言写出了对作业的思考和认识，没有抱怨，独辟蹊径。其实，邓豫进步还是比较大的，还记得暑假写作文时想象力爆棚，满是场面描写，现在已经越来越文艺了，值得点赞。

示例3：

坚 持

杜梦蕊

假如我是一只鸟，

我也应该用受伤的翅膀飞翔，

这被暴风雨所打击着的羽翅，

这永远蕴含着我的坚持，

这逆着风的飞翔，

这来自那内心的理想，

和那来自成功后的欢喜。

为什么我要如此坚持？

因为我要变得独一无二！

点评： 读完后我眼前瞬间就浮现出一个为着梦想执着，坚持不肯放弃，拼命奔跑的小女孩，那个小小的身影让人心疼又甚为感动。我相信你的坚持和努力有朝一日一定会得到丰厚的回报。我们把最好的祝福送给你！

示例4：

沁园春·题

殷华阳

数学难题，

千条线做，

欲将题破。

观题目及图，

毫无思绪，

左脑半球，

顿失滔滔，

眼前多线，

将其画上，

欲与此题试比高，

过程中，

看条件缺一，

分外焦灼。

习题如此多娇，

引无数英雄为其扰。

惜秦皇汉武，

做线一条，

唐宗宋祖，

大脑已烧，

一代天骄，

成吉思汗，

只能把图变妖娆。

俱往矣，

数此题破法，

还看此招。

点评：哇，真想不到我们的数学才子竟然还藏有如此才情，竟然也能用诗意的文字将心中痴迷的数学演绎得如此多娇，真是"真人不露相""士别三日当刮目相待"啊！

示例5：

无　题

卞浩毅

上学时

我发现世界上有两种生物

都是趴玻璃高手

一个是壁虎

一个是班主任

回头看

玻璃外有你

现在

对您

仰慕至深

又咬牙切齿

但我的青春

始终有您的影子

示例6：

你是人间的四月天

张珈菡

我说你是人间的四月天

笑不见眼是我见过的最美风景线

雨雪风霜与你绝缘

温暖围绕在你身边

你是我想奔向的碧海蓝天

也是我停留不愿离开的立锥之地

难得与你相遇

因为你是我抛千万块砖才引出来的一块玉

自当无比珍惜

想与你游历人间

与你共同奔向碧海蓝天

尝遍世间冷暖与苦甜

最后悄悄藏匿在静谧的流年

也曾听到落日哼着海浪的歌

看到皓月绘着夜空的轮廓

都不重要

最想看你缓慢踱步

路旁的所有花为你而落

一抹笑颜

像七月檐角的猫误打误撞闯进我心窝

于是

你成为人间的四月天

点评：依然是文辞兼美，形式与语言俱佳，佩服佩服！你们知道吗？张珈菡亲笔题名送出的教师节礼物一发就圈粉无数，各科老师还互相争风吃醋，纷纷炫耀自己的礼物更胜人一筹！大有得"张珈菡书信一封，此生无憾"之意！

小结：好，好诗实在太多，不胜枚举，时间关系就不在这里一一列举。请同学们认真思考刚才老师提出的问题：这些诗到底好在哪里了呢？为什么读完后你们会唇齿留香笑嘻嘻地合不拢嘴呢？你觉得这些小诗共同的美点在哪呢？我们可不可以试着从"结构、内容、情感"这几个方面来总结一下？

（1）结构——精巧。

（2）内容——丰富。

（3）情感——细腻。

活动二：诊断——美中不足

虽然，我们的美点数不胜数、可圈可点，但是也不可避免地存在着一些小问题。大家都关注着"诗意"，争相编织着"诗意"的故事，但是也有一些同学一不小心把"感动"一词冷落在一旁，于是这"感动"二字便明火执仗地玩起了变身魔法，给我们的"诗意"留下了遗憾。

1. 创新性不足

学生仿写主题趋同化的表现

仿写篇目	仿写人数
《沁园春·雪》毛泽东	3
《我爱这土地》艾青	2
《乡愁》余光中	25
《你是人间的四月天》林徽因	7
《我看》穆旦	3

点评：据不完全统计，在选择篇目仿写时，全班45人大多数同学都趋利避害地选择了易写易仿的余光中先生的《乡愁》。这样一来仿写《乡愁》的诗歌形式和内容主题趋同化现象比较严重，千篇一律，趣味不大，模仿有余，创新不足。这一点需要引起同学们的重视。

我们再来看一组案例。

示例1：

沁园春·学

李之恒

二班风光，

千里喧哗，

万般打闹。

望教室内外，

吃喝玩乐，

追逐嬉戏，

敢与老班比身高！

平外如此多娇，

引无数英雄竞折腰。

羡秦皇汉武，

没有作业，

唐宗宋祖，不用跑操。

一代天骄，成吉思汗，

只需弯弓射大雕。俱往矣，

数作业最多，还看今朝！

点评：这平时雷打不动、稳如泰山的李之恒竟然还有说真话的一天，只不过这真话呀，实在是打脸，看来这诗中所写的就是咱们班男生最真实的写照吧！是不是有点后悔，一不小心说了真话了？一不小心就将真相和盘托出了呢？

示例2：

沁园春·骚

胡应哲

学校如此多娇

引无数学生竞折腰

惜秦皇汉武

作业不交

唐宗宋祖

直接通报

一代天骄

成吉思汗

最后只能把白卷交

俱往矣

数风流人物

还得重考

示例3：

愁

毛冰清

小时候

愁是一张彩色的糖纸

总担心被别人吃掉

后来啊

愁是一个方方正正的书包

总担心会被作业吃掉

而现在

愁是一方小小的天地

总担心被无知的风雨吹掉

示例4：

累

娄冰雨

中考，

快到了呢!

早晨却是这般炎热

夜晚却是这般漆黑

脸颊上贴着湿的头发

身上淋着不大的雨点

中考，

还有多少路呢？

滚烫压着我们的脚底

疲乏拉住我们的双腿

听见体委一遍遍的注意排面

听见老班一句句的不准掉队

中考，

还有几天呢？

跑过操场一圈又一圈的四百米

喘出一口又一口很粗很重的气

漫长的路啊

还需要一步一步向前奔跑

中考，

还有多远呢？

点评： 读完之后就感觉压抑得喘不过气来，有希望渺茫又遥遥无期之感。

2. 正能量不足

通过以上3组诗歌的阅读我们发现它们有一个明显的共同点：内容比较消极，负面情绪较多。眼中所观，耳中所闻，皆为不美。

其实，台湾的蒋勋老师曾经说过："文学是照进我们生命现实里的一道光！"我们写诗就是为了记录平凡生活里的一些诗意的感动。这正如高晓松所说，"生活不止眼前的苟且，还有诗和远方的田野"。有"诗和远方"，有

"诗意"就要有无限的正能量，用文字记录下我们遇见的一切小美好。想想就觉得很惬意，对吧？

说完正能量，我们再来看一组诗歌。

3. 故事味不足

示例：

我 想

尚悦悦

我想一阵东风吹来

默默恭送北风，离去

我想它一定很愿意

做万物染剂

我想一片白云飘来

悄悄送走乌云，西去

我想它一定很愿意

为万物挡雨

我看阵阵北风狂离

慢慢朝向别地，分离

我想它一定不愿意

留万物死寂

我看团团乌云奔西

静静奔向西去，哭泣

我想它一定不愿意

看万物淋雨

点评：这首诗写得好不好？好，但却有点读不太懂，模模糊糊，隐隐约约，乍一读押韵还挺好，仔细一读，却发现值得玩味的东西不多，故事味不是很浓厚，情感表达太含蓄，这是我们考场作文的大忌啊。所以，在此衷心劝告那些想在考场文艺范儿小清新一把的小作者们，可要格外注意啦，婉约派是真真要不得呀。

综上所述，美中不足的地方主要有以下三点：

（1）创新性不足。

（2）正能量不足。

（3）故事味不足。

活动三："整容"，美得其所

既然有不足的地方，那么，我们又该怎样来克服这些不足呢？大家一起来想想，在写作时应该怎么做呢？据此，我们安排了如下三个学习活动来为我们的诗歌"整容"，让其美得其所。

1. 发散思维创新立意

我们在写作时就不能拘泥于现有的诗歌形式，如同学们可以把模仿余光中先生《乡愁》中"小时候，长大后，后来啊，而现在"的结构形式转化成以下这种：

初一的繁星，青涩却明艳。

初二的繁星，恒久又温暖。

初三的繁星，夺目更深情。

2. 触动人心正能量足

"写诗"是一种高雅的学习活动，我们应该去记录生活中的一些小确幸、小惊喜以及我们的一些小感动。所以我们要做到：

诗歌内容——表现正能量

情感表达——弘扬真善美

3. 再现生活故事铺垫

那么，这些要素如何在诗中体现呢？

不用心，看不见。只有做生活中的有心人，你才能捕捉到那些被很多人忽视了的生活细节。也只有这样，你才能看见别人看不见的美好。诗中所呈现的，都是日常生活中微小的细节。生活就是一堆细节，而我就像一个勤劳的农妇，把这些点点滴滴的细节写进文字、藏进记忆。如果不用心，这些细节就会被遗忘在岁月深处，永远也发现不了。一个初学写作的人，必须重视生活，同时也应该把读书当作生活的一部分。这样，书本上的记载才不至于成为公式般的存在，而是可以融化在自己的生活里，融化在自己的文章里。

方案有了，余下来的时间，就请同学们为蔺文博同学的《三年》进行"整容"，让《三年》美得其所。如果你发现自己的文章有不足的地方，也可以一并加以"整容"处理。自改3分钟并展示，争当小小诗歌家。

三 年

蔺文博

三年前
你我是彼此间的陌路之人
你在北极
我在南极

两年前
你我是前世的相遇之人
你在北半球
我在南半球

一年前
你我是今生的相识之人
你在长江
我在黄河

而后来
你我是来世的相知之人
你在彼岸
我在此岸

发散思维——有创意。

表达情感——有情怀。

记录生活——有故事。

展示成果：小组派代表逐一展示自己小组的修改成果。

思悟小结：我们的语文课一直追求有意思、有故事、有情怀，我们的写作课当然也不例外，我们向着明亮那方，一直前行。

【课堂结语】

人生自有诗意，虽然我们做不到像林徽因那样"一身诗意千寻瀑，万古人间四月天"，但我们可以用这些诗意来点缀我们平凡的生活。

观点要明确

——人教版九年级上册第二单元写作

【学习目标】

（1）写前明意：学会针对题目或材料要求，形成判断，用肯定句式明确观点。

（2）写时宗意：学会拟写提纲，以便作文能集中笔墨，不蔓不枝，凸显观点。

【教学过程】

（一）新课导入

清代文学家刘熙载说过，"意在笔先，故得举止闲暇；意在笔后，故至手忙脚乱"。意，就是文章的中心，在议论文中，指的是作者对问题有一个鲜明的态度和立场，也就是中心论点。这话强调"意在笔先"，意熟于胸，方能从容不迫地写文章，否则就会手忙脚乱。因此，在写作之前，同学们明确地表述自己的观点是写好议论文的第一步。通过本节课的学习，希望同学们完成上面的两个学习目标。

（二）意在笔先，写前明意

1. 病例会诊

在一次以"拼搏"为话题的写作课中，四位同学分别提出了以下中心论点，请大家来诊断一下，它们都存在什么问题。

甲：只要拼搏就能成功。

乙：拼搏才有可能成功，但是不少人努力拼搏了，最终也没成功。

丙：我们要更坚强一些，更努力一些，我们的理想才能实现。

丁：不努力拼搏，怎会轻易成功呢？

同学们的医术很高明啊，一眼看出了这些病因，其实这四句话有一个共同的病因——观点不明确。那么，什么才是明确的观点呢？请大家看课本第一段，我们一起来读。

我们把"明确"二字分开来看，"明"是态度立场鲜明，不含糊，不模棱两可；"确"，是论点要正确，论点本身要符合客观实际，而不是片面的、绝对的，甚至错误的、荒谬的。

2. 明确方法

那么如何做到观点明确呢？我们来看第二段：

要把问题想清楚，围绕题目或按照材料要求，形成一个旗帜鲜明的观点，并用一个明确的判断句将观点表述出来。

我们把这句话再精简一下：①审题；②形成鲜明观点；③明确句子表述。

那么常用的表述观点的句式有哪些呢？请大家自己读一读课本上给我们的三组例子。

现在我们就仿照这三种常用句式，把刚才那四位同学的病例改一改吧。

示例：

拼搏是取得成功的必备因素。

我们要（应当、必须）有拼搏的精神。

勇于拼搏，能够（将会）使人生更精彩。

大家再来观察这三组句式，你发现它们各自有什么特点了吗？

总结：

句式一，以"题目或现象"作为主语，是对实际情况的判断。

句式二，以"人"为主语，提出面对这种现象，我们该怎么做。

句式三，以"怎样做"为主语，推断这样做的结果、意义。

同学们会熟练地运用这些句式了吗？下面我给大家几个常见的议论文小话题，大家可以任选其中一个，形成明确的观点。

论挫折、论宽容、论合作、论自省。

3. 小试牛刀

下面我们来看两篇材料作文，看看大家是否真正掌握了明确观点的方法。

（1）诚实守信是人类最古老的道德准则，但在今天，考试作弊、欺骗他人、虚假广告、刑事诈骗、包庇犯罪……不诚信的现象在各领域的高发与泛化，强烈地预示着我们已经濒临诚信严重缺失的社会信用危机中。诚信，正面临着前所未有的冲击与考验。

同学们根据上述材料内容，形成自己的观点，并用明确的句子表述观点。

提示：要有鲜明立场，语言简洁，不拖泥带水。

（2）伟大梦想不是等得来、喊得来的，而是拼出来、干出来的。

——习近平

一个人要实现自己的梦想，最重要的是要具备以下两个条件：勇气与行动。

——俞敏洪

同学们根据上述材料内容，形成自己的观点，并用明确的句子表述观点。

（三）拟写提纲，写时宗意

1. 病文诊断

同学们，有了明确的观点，我们在写文章的时候怎样才能以中心论点为宗旨，让观点在文中凸显出来呢？请大家看课本第三段。

亮明观点的位置很灵活，我们要根据具体情况而定，没有一成不变的法则。对于初写议论文的中学生来说，为了在写作过程中不偏离中心，不旁逸斜出，老师给大家一个建议，我们最好将观点作为一条主线，贯穿文中。

2. 锦囊妙计

一般情况下，观点在文章中所处的位置有以下几个：

（1）有的文章，题目就直接表明了观点，如《应有格物致知精神》。

（2）有的文章在开篇处提出或引出中心论点，中间可以围绕中心论点列出分论点，进行阐述、论证，如《敬业和乐业》。

（3）有的文章在结尾处总结观点，如《敬业和乐业》。

3. 点睛之笔

观点在自己头脑中牢固树立起来之后，在形成文章的过程中不可淡忘，要时时来凸显它、证实它，始终把它作为一个宗旨来看待；不要转换论题，不要旁逸斜出，不要节外生枝。

4. 拟写提纲

经过大家的修改，这篇作文的观点很明显地凸显出来。其实，如果这位同学在写作之前先拟写一个简单的提纲，清楚自己的行文逻辑，观点就能更凸显，结构也会更清晰。这里，我给大家一个简单的提纲模式。

题目：

开头：提出/引出中心论点。

主体：围绕中心论点展开论述（提出分论点）。

分论点1：

分论点2：

……

结尾：再次强调中心论点（提出希望/发出号召）。

当然，这个模式不是唯一的、固定的，等我们练多了，笔法越来越灵活了，就可以打破这个模式，形成自己的风格。

5. 出手不凡

阅读《电子游戏弊大于利》一文，你有什么看法？用简洁的语言列出观点，拟写提纲，感兴趣的同学可以围绕观点展开论述，选取适当的材料支持自己的观点，联系自己的生活体会，写一篇议论性文章，有理有据，在文中凸显观点；不少于600字。

【课堂结语】

同学们，我们来回顾一下本节课我们学习的内容：第一，如何在写作之前明确观点，方法是先审题，围绕题目和材料要求，然后形成鲜明正确的观点，最后将观点用一个简洁的句子，明确地表达出来。第二，如何在文中凸显观点，可以用拟写提纲的方法，围绕观点展开论述，选取适当的材料支持自己的观点，做到有理有据，并能做到将观点作为一条主线贯穿全文。当然，写好一篇议论文还需要很多因素，希望今天学的第一步能为大家今后的议论文写作打好坚实的基础，使大家在考场上能从容不迫、举止闲暇地写出精彩的文章。

中考在即，希望同学们能够抵制电子游戏的诱惑，珍惜时间，努力拼搏，让最美的梦想之花绽放在明年的六月！

【板书设计】

观点要明确

写前明意：明确观点。

写时宗意：凸显观点。

议论要言之有据

——人教版九年级上册第三单元写作

【学习目标】

（1）明确议论文中证明论点的材料就是论据，论据有事实论据和道理论据。

（2）选取的材料既要准确，又要和论点一致。（重点）

（3）注意材料的典型性和丰富性，增强文章的说服力。（难点）

【教学过程】

（一）导入新课

议论文不仅要有明确的论点，还要有能证明论点的论据。议论要言之有据，才能让人信服。那么，什么是有据？有据就是要有论据，论据就是用来证明论点的材料，包括事实论据和道理论据。今天，我们就来学习一节"议论要言之有据"的写作指导课。

（二）活动设计

活动一：阅读文本学新知

请同学们认真阅读课本"议论要言之有据"的内容，然后用精练的语言概括"议论要言之有据"的写作要点。

（1）用来证明观点的材料就是论据。论据包括事实论据和道理论据。

（2）使用材料要确保材料准确，即引用的事例或名言警句等都要真实准确。在写作时，同学们一定要确认实例是否真实，然后才能使用，引用名言警句要注意核对原文，保证引述准确。

（3）所用材料还应保证材料与观点一致。大家也许都积累了不少名言警句和事例素材，但是有些并不能与你的观点相对应，如果选择它们来做材料，就起不到支撑观点的作用。

需要注意的是，使用事实论据不需要详细记叙事件本身，而是要通过概括叙述和对论据的分析，建立起材料与观点之间的联系。

（4）要增强文章的说服力，还要注意材料的典型性和丰富性。所用材料的数量和种类可以丰富、多样一些，如可以用历史故事、生活事例、统计数据等做事实论据；用名言警句、民间谚语、精辟的理论等做道理论据，还可以将两者交替使用。

要点：

要做到言之有据，应确保材料真实准确。

要做到言之有据，应保证材料与观点一致。

要做到言之有据，还要注意材料的典型性和丰富性。

打油小诗：

> 论据分为两大种，事实、道理要记清。
>
> 材料、观点要一致，确保材料准确性，
>
> 增强文章说服力，事实、道理交替用。

小结：议论要言之有据，应做到三点：①材料真实准确；②材料与观点一致；③注意材料的典型性和丰富性（事实论据和道理论据要交替使用）。

活动二：根据论点找论据

在上一个环节我们知道了要做到言之有据，就要做到：材料真实准确、材料与观点要一致、要注意材料的典型性和丰富性及事实论据和道理论据交替使用等。那么，给你一个观点，你会找论据吗？请阅读下文回答问题。

示例：

才能来自勤奋学习

生而知之者是不存在的，"天才"也是不存在的。人们的才能虽有差别，但主要来自勤奋学习。

学习也是实践，不断地学习实践是人们获得才能的基础和源泉。没有学不会的东西，问题在于你肯不肯学、敢不敢学。自幼养成勤奋学习的习惯，就会比一般人早一些表现出有才能，人们却将之误认为是什么"天才"，捧之为"神童"。其实，"天才"和"神童"的才能主要也是后天获得的。当所谓的"天才"和"神童"一旦被人们发现，捧场、社交等因素阻止了他们继续勤奋学习，于是他们就渐渐落后了，最后一事无成，这在历史上是屡见不鲜的。反之，本来不是"神童"，由于其坚持不懈地奋发努力，成为举世闻名的科学家、发明家的却大有人在。

牛顿、爱因斯坦、爱迪生都不是"神童"。牛顿终身勤奋学习，很少在午夜两三点以前睡觉，常常通宵达旦工作。爱因斯坦读中学时的成绩并不好，考了两次大学才被录取，学习成绩也不出众，毕业后相当一段时间找不到工作，后来在瑞士伯尔尼专利局当了七年职员。就是在这七年里，爱因斯坦在艰苦的条件下顽强地学习、工作着，利用业余时间勾画出了相对论的理论框架。＿＿＿＿＿＿＿＿＿＿＿＿＿＿＿＿＿＿＿＿＿＿。任何人付出和他们同样艰苦的努力，都能有这样、那样的贡献，都会获得一定的才能。

其实不仅是科学，在文学艺术上也是一样。狄更斯曾说："我决不相信，任何先天的或后天的才能，可以无需坚定的长期苦干的品质而得到成功的。"巴尔扎克说："不息的劳动之为艺术法则，正如它之为生存法则一样。"

总之，人们的才能主要是由勤奋努力学习得来的。马克思终身好学不倦，为了写《资本论》，花了四十年的功夫阅读资料和摘写笔记。他在伦敦时，每天到大英博物馆图书馆阅读，竟在座位前的地板上踩出一双脚印。马克思是我们的光辉榜样，这双脚印深刻地说明：才能来自勤奋学习。

（1）文章的中心论点是什么？

（2）文章第二段说，所谓"天才"和"神童"由于不注重后天的勤奋学习，"最后一事无成，这在历史上是屡见不鲜的"。请你举出一个典型事例。

（3）第三段和第四段各用了什么论据？有什么作用？

（4）根据文章观点，请你在第三段画线处补写一个事实论据。

（5）根据你的积累，写出两条关于"才能来自勤奋学习"的名言警句（限于选文以外）。

同学们认真阅读，仔细做题，做完后同组交流，派出一名同学代表本组发言。

教师明确答案：

同学们通过阅读知道，"才能来自勤奋学习"是本文的中心论点，为了证明中心论点，作者在第三段用了牛顿、爱因斯坦、爱迪生三个事实论据，真实准确，有说服力。在第四段用了狄更斯和巴尔扎克的话作为道理论据，不仅证明了自己的观点，还使材料更加丰富。

第四题根据上文可以这样补充事实论据："发明家爱迪生家境贫苦，只上了三个月的学，在班上成绩很差。但是他努力自学，对于许多自己不懂的问题，总是以无比坚强的意志和毅力刻苦钻研。为了研制灯泡和灯丝，他摘写了四万页的资料，试验过一千六百多种矿物和六千多种植物。由于他每天工作十几个小时，比一般人的工作时间长得多，相当于延长了生命，所以当他七十九岁时，他宣称自己已经是一百二十五岁的人了。"

第二题所举事例必须有典型性，表述简明，意思完整。（例如，宋代方仲永小时候天资聪明，"指物作诗立就"，因为不注意后天学习，才能逐渐衰竭，终于成了一个普通人）

第五题择录语句必须准确。例如，①勤能补拙是良训，一分辛苦一分才。②天才出于勤奋。

小结：给论点找论据必须做到：①材料要准确真实；②材料要与观点一致；③材料要典型，具有代表性。

活动三：按照例文练一练

同学们请看课本"写作实践"第二题。

孔子说："人而无信，不知其可也。"（《论语·为政》）诚信，自古就是一种美德，而欺诈、造假等不讲诚信的现象历来为人们所深恶痛绝。请以《谈诚信》为题，写一篇议论文；不少于600字。

提示：

（1）关于诚信，可说的角度很多，要深入思考，多方发掘，选定一个角度，形成一个明确的观点。

（2）关于诚信的材料很多，注意围绕自己确定的观点，选取恰当的材料。

写作指导：

（1）选择论据要确凿，真实，经得起推敲。

（2）选择论据要典型，有代表性。

（3）选择材料要丰富。

写法提示：

论文的结构一般按"提出问题—分析问题—解决问题"的模式。

示例：

谈诚信

诚实，就是忠诚正直，言行一致，表里如一。守信，就是遵守诺言，不虚伪欺诈。"言必信，行必果""一言既出，驷马难追"这些流传了千百年的古话，都形象地表达了中华民族诚实守信的品质。在中国几千年的文明史中，人们不但为诚实守信的美德大唱颂歌，而且努力地身体力行。

孔子早在2000多年前就教育他的弟子要诚实。在学习中，知道的就说知道，不知道的就说不知道，他认为这才是对待学习的正确态度。

曾子也是个非常诚实守信的人。有一次，曾子的妻子要去赶集，孩子哭闹着也要去。妻子哄孩子说，你不要去了，我回来杀猪给你吃。她赶集回来后，看见曾子真要杀猪，连忙上前阻止。曾子说，你欺骗了孩子，孩子就会不信任你。说着，就把猪杀了。曾子不欺骗孩子，也培养了孩子讲信用的品德。

秦朝末年有个叫季布的人，一向重诺言、讲信用。人们都说"得黄金百斤，不如得季布一诺"。后来，他得罪了汉高祖刘邦，被悬赏捉拿。结果他旧日的朋友不仅不被重金所惑，而且冒着被灭九族的危险来保护他，最终使他免遭祸殃。一个人诚实有信，自然得道多助，能获得大家的信任与尊重。

旧时中国店铺的门口一般都写有"货真价实，童叟无欺"八个大字。自古商品买卖就提倡公平交易、诚实待客、不欺诈、不作假的行业道德。

在当代中国，诚实守信的美德也得到了发扬光大。这种美德表现在工作和学习上，就是专心致志、认真踏实、实事求是；表现在与人交往中，就是真诚待人、互相信赖；表现在对待国家和集体的态度上，就是奉公守法、忠诚老实。

说明：这篇论文列举了曾子和季布两个事实论据，还引用了"言必信，行必果""一言既出，驷马难追""得黄金百斤，不如得季布一诺""货真价实，童叟无欺"等道理论据，很有说服力。我们可以借鉴一下本文的写法，练一练，除了本文的论据之外，看能不能找到其他的论据？

要求：同学们把这次习作在小组之间交流，然后将各组推荐的佳作打印出来贴在班级"作文园地"展览，其余同学把电子稿传到班级微信群或钉钉群，供大家欣赏交流。

小结：一篇议论文论点确定后，要选取准确、真实、典型的材料作为论据，这样才有说服力，同时既要有事实论据，又要有道理论据，增强材料的丰富性，才能使文章做到言之有据。

【课堂结语】

要写好议论文，不仅要观点鲜明，还要言之有据、论据有力。言之有据要做到材料真实、准确、典型而具有代表性；材料要与观点一致；选材要丰富，能从多个方面充分论证观点。

【板书设计】

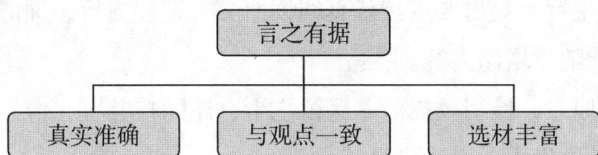

学习缩写

——人教版九年级上册第四单元写作

【学习目标】

（1）通过学习，全面认识缩写。（重点）

（2）通过演练，掌握缩写的步骤和方法。（重点）

（3）通过实践，能熟练运用缩写这种作文训练形式。（难点）

【教学过程】

（一）导入

缩写，就是在保持主题思想不变的前提下，压缩文章的篇幅，"把主要内容用自己的话说一遍"（吕叔湘语）。

（二）活动设计

活动一：读一读，认识缩写

缩写是作文中的一种常用形式。所谓缩写，就是把内容较多、篇幅较长的文章按一定的要求，在不改变基本内容、不改变中心、不改变体裁、不改变顺序的情况下写成较短的文章。学会缩写能帮助我们更好地理解课文内容，培养我们的阅读能力和概括能力，进而提高语言表达能力。

活动二：看一看，走近缩写

请同学们认真阅读2019年九年级上册课本第85页《学习缩写》中第二、三、四、五段的内容，然后用精练的语言来提炼或概括"学习缩写"的写作要点。

要点：

（1）把握主旨，突出要点。认真阅读原文，把握主旨，理清思路，突出原文的要点；不能随意增添内容。

（2）保留原意，恰当概括。"保留主干，删除枝叶"，恰当概括文意或摘取原句，使内容更集中，表达更简练。

（3）压缩核心，自成一文。缩写后的文章应是原文的缩微呈现，要将保留的内容和压缩后的句段连缀成篇，上下句、前后文的文气保持连贯、畅通，语言流畅。

（4）区分文体，有所不同。文体不同，缩写时的注意点也应有所不同。

打油小诗：

> 缩写遵循四规则，把握主旨是核心。
>
> 恰当概括显中心，区分文体自成文。

小结：什么叫缩写？其实就是给文章"脱衣服"。所谓缩写，就是把内容较多、篇幅较长的文章按一定的要求，在不改变基本内容、不改变中心、不改变体裁、不改变顺序的情况下写成较短的文章。

因此，好的缩写就是能根据不同的文体、内容、目的等要求，"脱"去多余的"衣服"。

活动三：试一试，演练缩写

为了推动更多的人去阅读和写作，1995年联合国教科文组织正式宣布每年的4月23日为"世界读书日"。咱们班级也策划了一个很有意义的活动，活动主题为"我向大家推荐一本书"，请大家写一段话，介绍一本你读过的书。

提示：

（1）简要说明这本书的情况，如书名、作者、出版社等。

（2）简要介绍这本书的主要内容。叙事类作品要把握叙事的线索和主要人物，概述基本情节；议论类作品要理清论证的主要观点和论证过程；说明类作品要简洁地概述说明对象的特征或说明事理的主要思路。

（3）推荐书籍时，应发表自己的评价和看法，说说自己的推荐理由。

请大家仔细阅读信息，根据黑板上的提示，完成这本书的推荐。

写作要点及看法

写作要点	我对这本书的看法
1. 内容：我向大家推荐一本书 2. 书名 3. 作者及出版社 4. 这本书的主要内容 5. 我推荐这本书的理由	

学生动笔书写。

大家写完后结合黑板上的要求进行同桌互评。

教师明确修改要求：用红笔圈画，好的地方画波浪线，还有不足的地方画横线。教师将一名学生的作品投屏展示，由其他学生点评优缺点，教师即时修改。讲评完毕，学生各自修改自己的作品。

示例：

我向大家推荐一本书

今天，我向大家推荐的书是辽宁教育出版社出版的《傅雷家书》。

《傅雷家书》是由我国著名文学翻译家、文艺评论家傅雷及其夫人写给两个儿子（主要是长子傅聪）的书信编纂而成的一本集子。书中摘编了傅雷夫妇1954年至1966年写给儿子的书信，最长的一封长达七千多字。作品字里行间充满了父亲对儿子的挚爱、期望以及对国家和世界的大爱之情。

傅雷说，他给儿子写信有好几种作用：①讨论艺术；②激发青年人的感想；③训练傅聪的文笔和思想；④做一面忠实的"镜子"。信中的内容，除了生活琐事外，更多的是谈论艺术和人生，灌输一个艺术家应有的高尚情操，让儿子要有国家和民族的荣辱感，要有艺术、人格的尊严，做一个"德艺俱备、人格卓越的艺术家"。

同时，对儿子的生活，傅雷也进行了有益的引导，对日常生活中如何劳逸结合、如何正确理财以及如何正确处理恋爱、婚姻等问题，傅雷都像良师益友一样提出意见和建议。傅雷还用大量篇幅谈美术、音乐作品，谈表现技巧和艺术修养等。可以说，傅雷夫妇作为中国父母的典范，一生苦心孤诣、呕心沥血培养的两个孩子——傅聪（著名钢琴大师）、傅敏（英语特级教师），是他们先做人、后成"家"，超越小我、独立思考、因材施教等教育思想的成功体现。

该书是一本青年加强自身思想修养的优秀读物，是素质教育的经典范本。这本书自问世以来，对人们的道德、思想、情操、文化修养的影响既深且远。《傅雷家书》是一本"充满着父爱的苦心孤诣、呕心沥血的教子篇"，也是"最好的艺术学徒修养读物"，更是既平凡又典型的近代中国知识分子的深刻写照。这些家书凝聚着傅雷对祖国、对儿子深厚的爱，是一个父亲的真情流露，再加上傅雷深厚的文字功底和艺术修养，读来感人至深。读者还能从中学到不少做人的道理，提高自己的修养。

写法点评：

（1）开头即介绍所推荐的书的书名以及出版社的情况。

（2）简要说明这本书的基本情况。

（3）概述这本书的主要内容。

（4）对这本书的评价和看法，准确恰当，有号召力。

教师总评： 这篇文章向大家推荐《傅雷家书》。文章先简明地介绍了这本书的基本情况，接下来概述了这本书的主要内容，最后从这本书对大家的影响和艺术价值方面进行评价。全文结构清晰、重点突出，语言简明扼要。

缩写方法及步骤小结：

（1）对原文进行压缩，使篇幅变短小。

（2）一定要忠实于原文内容和原文的体裁，不能写成读后感。

（3）在全面、准确地反映原文内容的同时，一定要突出原文的中心意思，不能写成流水账。

（4）缩写后的文章要首尾连贯，过渡自然，不能写成段落提纲。

活动四：做一做，练习缩写

学生从学过的小说中选择一篇，写一则故事梗概，字数300字左右。

缩写的技巧练习提示：

（1）具体描写概括式。

例如，年轻的女教师一本正经板着面孔讲人的起源，讲人的发育和进化。

缩后：女教师讲人的起源、发育和进化。

（2）人物语言概括式。

例如，一声不吭的瑞恩突然说："那我来攒钱买钻井机吧。"他的声音很小，但很坚定，"我想让非洲的每一个人都能喝上洁净的水。"

缩后：瑞恩说他要攒钱买钻井机，让非洲的每一个人都能喝上洁净的水。

示例：

《最后一课》缩写

小弗郎士在上学路上对人们在布告前的交谈感到奇怪，到校后更有一种异样的感觉。教室里气氛严肃，有许多不应出现的人在教室内听课。韩麦尔先生穿上自己最好的礼服，然后向学生宣布这是最后一堂法语课。这使小弗郎士的思想发生变化，产生了对民族语言的眷恋，以及对侵略者的不满，并认真地上这最后一节课。韩麦尔先生首先讲了"法国语言是世界上最美的语言——最明白，最精确"，又说"我们必须把它记在心里"。接着为同学们上了语法课、习字课、历史课和拼音练习。每一个在场听课的人都听得聚精会神。最后，韩麦尔先生悲痛地写下"法兰西万岁"，结束了这最后一课。

写法点评：

（1）线索人物：小弗郎士。

（2）小说的主人公：韩麦尔先生。

（3）技法：通过小弗郎士写出课堂上的异样变化。

（4）主要情节：韩麦尔先生悲愤地上完这最后一课。

学生根据提示选择缩写文章，找出缩写要点，课下上交作业。

【课堂结语】

教师总评：这篇缩写通过小说的线索人物小弗郎士的所见、所闻、所感，表现了小说的主要人物和主要情节，概括准确，内容清晰、完整。

【板书设计】

论证要合理

——人教版九年级上册第五单元写作

【学习目标】

明确好的议论文标准：中心论点突出、言之有据、论证有力。

【教学过程】

（一）导入

首先明确好的议论文的标准是什么？

中心论点突出、言之有据、论证有力。

那么，我们就把议论文写作指导入门课的学习目标定为：言之有据，中心论点突出，论证有力。

（二）活动设计

活动一：做中学——引思自悟

思悟任务：

（1）阅读下面的议论文框架，思悟这篇议论文：①论证思路是什么？②如何做到论点明确突出、论证过程明晰、论证有力？③哪些方面值得借鉴？

（2）记下自己的疑难点并思考原因和心得。

示例：

有梦，敢追

马云曾在演讲时说过："梦想的道路永远不会拥挤，因为没多少人坚持到最后。"太多人被追梦途中的荆棘绊倒，可怜地蹲在路边等待好运降临，而这些人通常不会成功。所以，我们不仅要拥有梦想，更要在困难中敢于追逐梦想。（提出问题）

有梦一定要敢追吗？（过渡）

奥巴马敢追，摘得天上的明星。……奥巴马没有逃跑，因此感受到了路易斯安那州不绝的欢呼。（正面事例、议论）

项羽不敢再追，画下忧愁一笔。……项羽选择了逃跑，因此横扫六国的梦想随之破灭。（反面事例、议论）

看着荡漾着波纹的历史长河：狱中囚犯敢追，成就书写《史记》名垂青史的司马迁；一介草民敢追，成为开创汉室大业的刘邦；棉纺工人敢追，成为著名导演的张艺谋……只要不被现实吓到逃跑，梦想终究会实现。（分析问题）

正如宫崎骏所言：梦想不会逃跑，会逃跑的永远都是自己。拥有绝不放弃的决心，只要丢掉担心未来的迷茫，只要不纠结于现实的残酷，放手去追，梦想总在那里，等你去实现。那里有梦，你要敢追。（援引材料，解决问题）

学生活动：学生自行研读并思悟这篇文章的框架是如何做到论点明确突出、论证过程明晰、论证有力的。

提示：不仅仅用到一种方法。

检思纠悟：学生在小组研讨中，思维的火花迸射，将各种发现汇聚起来就是"武功秘籍"。

思悟方法小结：

①标题和第一段必须明确中心论点，而且标志明显。（这样论点突出）

②结尾段一定要总结全文，再次点明论点。（这样论点更突出，结构更有完整感）

③分论点要定点分布，位置和句式要保持一致。分论点要体现中心论点元素。（这样论点更突出，结构更明晰）

④段末议论小结语定点铺排并要体现论点元素。（这样论点更突出，结构

更明晰，论证更有力）

⑤ 有一个总领下文论述的过渡句，可用设问句或反问句。（这样论证结构明晰）

⑥ 论证时多使用举例论证、对比论证、道理论证。（这样论证有力）

通过这样扎实的思悟过程，学生就会自己知晓如何着手，为下面自己的写作训练打下扎实的基础。

活动二：做中学——助思扶悟

思悟任务：阅读下面这篇议论文框架，深入理解体会如何让议论文论点突出明确、论证过程明晰、论证有力。

示例：

知道＋不做＝不知道

因为，只学＋不习＝没学习，只说＋不做＝没有说，所以，知道＋不做＝不知道。在生活中，我们要勇于实践。（提出问题）

那么，我们应该如何实践呢？（过渡）

要实践，学习是前提，我们要善于学习。

……（事例①）

要实践，大胆是关键，我们要敢于尝试。

……（事例②）

要实践，毅力是保障，我们要有顽强的毅力。

……（事例③）（分析问题）

朋友，让我们认真学习，敢于尝试，用顽强的毅力，勇于实践吧！相信知道＋认真做＝成功！（呼应开头，解决问题）

学生活动：用上面学生活动中思悟到的方法——代入印证，加深理解。事实证明，用了上述六条方法就可以达到论点突出明确、论证过程明晰、论证有力。关键还要看如何具体运用。

活动三：做中学——反思明悟

思悟任务：朗读下面这篇文章并思考：

（1）列出行文思路框架，并找出可修改的地方。

（2）提升议论文可读性的有效做法有哪些？

示例：

创新有深度

创新工场CEO李开复的一句话为人所铭记："创新不重要，深度有用的创新才重要。"正是因为创新有了更深的深度，才会有那个更高的仰角，才成就了《公民凯恩》更高的高度，才凸显了这部电影的伟大。因此我认为，深度的创新是走向成功的必要条件。

悠悠华夏史，上下五千年，创新有深度。在浩如烟海的史籍中勃发奔涌，在星光闪耀的时光隧道中大放异彩。有深度的创新是"穷则变，变则通，通则久"，是"治世不一道，便国不法古"，商鞅面对守旧派的诘难，力主深度改革，推行新法，泼墨绘制了一幅磅礴大气的战国画卷。有深度的创新，是"大地早非赵宋有，介甫新政留诗篇"，是"天变不足畏，祖宗不足法，人言不足恤"。王安石正视因循守旧、不思进取的危害，在进局维艰中，饱蘸过人一等的雄淬胆气，勾勒了一幅"千门万户曈曈日，总把新桃换旧符"的盛世史诗。正是有深度的创新，才让他无愧于列宁的"十一世纪最伟大的改革家"的赞誉，其指点江山，忧乐天下的使命与抱负，至今萦绕在历史长河的苍茫天河。

反之，刻舟求剑、故步自封的故事也屡见不鲜。近代以来的大清帝国，闭关自守、愚昧无知，让龚自珍慨叹"九州生气恃风雷，万马齐喑究可哀"，遭遇千年未有之大变局时，也有人在"变"，李鸿章、曾国藩等人试图用洋务运动使中国振兴。不可否认，这些"小变"带来了同治中兴，带来了北洋舰队，但这些没有使中国起死回生。维新派领袖康有为一针见血地指出：小变在器，变之仍亡；大变在制，变之则强。由此，没有深度的创新也如尘土，被历史的风吹散在空中，化为心力交瘁与无力回天。

邓小平同志曾说过，如果一个民族不能有深度的创新，思想僵化，那么这个民族也就停止前进了。时至今日，以改革创新为核心的时代精神已深深烙印在每一个中华儿女的心头，时时铭记在每一个龙的传人的脑海。

是深度的创新造就了任正非的华为、张瑞敏的海尔、李彦宏的百度、柳传志的联想，让中国制造变为了中国创造。敢为天下先，与时代俱进的中国人，在深度创新的前进中，薪火相传，继往开来，为了民族复兴的大业而奋斗。

那时深度创新成就的不再只是《公民凯恩》一部电影，更是中华民族伟大复兴的壮丽史诗！

学生活动：

（1）圈画关键语句，理清文章思路。

（2）阅读文章后，小组研讨提升文章可读性的可操作的办法。

（3）根据前两个学习活动所获得的技能提出修改建议。

检思纠悟：

思路框架：我认为，深度的创新是走向成功的必要条件。（提出问题，点明中心论点）

悠悠华夏史，上下五千年，创新有深度。（正面事例）

反之，刻舟求剑、故步自封的故事也屡见不鲜……（反面事例，分析问题，正反对比论证）

时至今日，以改革创新为核心的时代精神已深深烙印在每一个中华儿女的心头，时时铭记在每一个龙的传人的脑海。……（联系现实）

那时深度创新成就的不再只是《公民凯恩》一部电影，而更是中华民族伟大复兴的壮丽史诗！（总结全文，巧妙再引材料，再次点明论点）

思悟方法小结：

提升可读性的做法：

①多引用古诗文、名言。（不但有文采而且增强说服力）

②多在关键位置，开头、结尾处运用排比句，可以是简说事例（这样可以造成详略得当的效果），也可以是抒情议论。（这样不但文采斐然，而且气势磅礴）

③事例要典型恰当，做到人无我有，人有我优；表述要用极具表现力的语言，如恰当的渲染意境和场景描写。

④多综合运用各种论证方法。

修改建议：

①标题、开头和结尾一定要新颖别致，先声夺人，如上一篇文章框架中的"知道+不做=不知道"是否可改成"创新+深度=成功"？

②在第二段之前添加过渡段，可用反问句或设问句来领起下文。要和读者引起共鸣，增强亲和力。

活动四：学中做——促思升悟

思悟任务：阅读下面这篇文章，体会如何具体运用以上所说的方法，并思考这篇文章的论证思路是什么？结构特点是什么？论证方法有哪些？

示例：

留给梦想的背影

"风萧萧兮易水寒，壮士一去兮不复还。"荆轲为了报答公子实现刺杀秦王的梦想把背影留在易水；"此处乐，不思蜀。"相比之下，刘禅抛弃了兴复汉室的梦想，把背影留给他的蜀国。面对梦想，世间无非两种姿态：坚定向前和抱头逃窜。而我想说：有梦想的人生绝无逃窜的背影。

纵观天下与古今，一个个励志的背影承载了多少仁人志士不懈追求梦想的姿态，成就了多少佳话与美谈。

面对科学，背朝贫寒，屠呦呦守住了自己心中决不掺杂念的梦想。在屠呦呦的团队创建之初，由于科研项目很少为人所知，当年的志愿者少之又少，实验器材也远不及国外。然而，在这个只有一间屋的实验室中，屠呦呦坚定的背影如一面旌旗，挑开黎明。为帮人类度过一劫，她不惜以身试毒，因而感染疾病，但她毫不"逃窜"，而是以更饱满的热情对待工作。身边的人几经变换，她却一如当年。终于，青蒿素的诞生与成功不负她坚持的背影使小屋蓬荜生辉。

面对信仰，背朝困难，刘易斯保住了自己心中决不放弃的信念。刘易斯虽然从小热爱跑步，但却丝毫没有任何短跑的优势。然而他仍一路奔跑，克服训练带来的伤痛与不适，把奔跑的背影留在一个又一个田径场。最终，他成为美国著名的短跑运动员。史铁生说："刘易斯的双脚是我的梦。"他仍在跑，一个个夜以继日奔跑的背影映亮他的光彩与他的梦想，不负他的努力。

面对梦想，宫崎骏的"梦想不会逃跑，会逃跑的永远都是自己"与汪国真的"既然选择了远方，留给世界的只能是背影"相互辉映。勾践卧薪尝胆的背影高奏了"平天下"的梦想之歌，而项羽自刎乌江浓重了逃窜的梦想之悲。有梦想，就要像向日葵一样，面朝太阳，背对阴暗踏歌而行，即使遇到困难，为了梦想也绝不悲观地逃窜。

面对梦想，坚定前行。请在心中描摹出绝不逃窜的背影，那是逐梦最美的姿态。

学生活动：阅读文章，圈画结构上起到关键作用的语句和每段核心观点句，概括出文章的论证思路，并分析文章的结构是什么，辨析运用了哪些论证方法。

检思纠悟：

（1）论证思路。

首先开篇点明论点"有梦想的人生绝无逃窜的背影"；其次，运用举例论证，先后列举屠呦呦和刘易斯中外两个例子，论证了坚持追梦就可以获得成功的观点；再次，运用道理论证、对比论证，引用汪国真的诗句"既然选择了远方，留给世界的只能是背影"，并将勾践的卧薪尝胆和项羽乌江自刎进行对比，将梦想比作向日葵，生动形象地论证了勇于追梦的观点；最后，总结全文，呼应开头，深化论点。

（2）本文结构——总分总式。

（3）论证方法——举例论证、比喻论证、对比论证、道理论证。

活动五：学中做——展思馈悟

教师引导学生以2016年河南中考材料作文为题，学习学以致用的方法，达到基本训练目标：论点明确突出、论证过程明晰、论证有力，并力争增加文章的可读性，使文章在结构、布局谋篇方面多一些自己新的想法。

原题再现：读下面材料，然后作文。

画家费尽心力创作了一幅画，在即将完成时，不小心将一滴墨滴在画上，他沮丧极了，想要放弃这幅画。冷静下来后，他反复变换角度看那个墨渍，随后，在墨渍上涂了几笔，墨渍变成了一只飞鸟，与整幅画完美融合。

读了上面的材料，你有什么联想或感悟？请任选角度，自定立意，自拟题目，写一篇文章。

要求：

（1）除诗歌外，文体不限；600字左右。

（2）文中不得出现真实的人名、校名、地名。

学习改写

——人教版九年级上册第六单元写作

【学习目标】

（1）精阅读，理解改写的三种常见形式和要求。

（2）多思考，明确改变文体、语体、叙述角度的方法和技巧。（重点）

（3）勤动笔，大胆想象和联想，通过写作实践来掌握改写的方法。（难点）

【教学过程】

（一）导入

我们读一篇文章，或者是看一部电影，总会有跟作者想法不一样的地方，如读李白的《行路难》时，你有没有过想把它写成一篇记叙文的想法？读莫泊桑的《我的叔叔于勒》时，你有没有设想过假如于勒在那艘船上是一个大老板时故事又会怎样？读《智取生辰纲》时，你有没有过要把它改编成课本剧拿来演出的冲动？

我想一定会有，那么这就需要一种写作技能——改写。今天我们就一起来学习如何改写文章。

（二）活动设计

活动一：精读课文，改文成诗

请同学们认真阅读2019年版九年级上册课本第136页《学习改写》这篇短文，然后用精练的语言把本文改写成一首打油诗来高度提炼或概括"改写的常见形式和要求"这一学习内容的写作要点。

改写常见的形式：一是可以改变文体，如将诗歌改写成散文，将小说改写成剧本；二是可以改变语体，如将文言文改写成现代白话文，把书面语改成口语；三是可以改变叙述角度，如将第一人称改成第三人称，或将顺叙改为倒叙、插叙。

改写要以原作为基础，不能背离原作"戏说"，这就要求在下笔前要深入体会原作，把握其内容和精神。当然，改写不是原封不动地照搬，要根据改写的目的进行适当再创作。

改写要注意行文的协调，避免人称不统一和情节上的混乱。

打油小诗：

> 改写文章有乐趣，三种形式要牢记。
>
> 改变文体和语体，变换角度也可以。
>
> 原作精神要留意，根据目的来创意。
>
> 人称顺序要统一，改写保证你满意。

小结：改写要以原作为基础，要根据改写的目的，进行适当地再创作；可以改变文体，可以改变语体，也可以改变叙述角度；但要注意行文的协调，避免人称不统一和情节上的混乱。

活动二：开动脑筋，理清改写

思考一：改变文体的注意事项

刚才我们把这篇短文改成一首打油诗属于改写中的哪一种形式呢？关于这种方式的改写你还能举出一些例子吗？

对，这就叫作改变文体，我们把一篇说明文改成了一首诗。我们在八年级时学习的张晓风写的《不朽的失眠》就是由张继的《枫桥夜泊》改写而来的，作者把古诗改写成了散文。我们八年级时在家长会上表演的《延安颂》是根据《回延安》这首诗改编的，我们把诗歌改编成了剧本。

请同学们从这些改写实例中思考：通过改变文体进行改写时有哪些注意事项？

学生讨论、交流、展示。

小结：改变文体就要彻底改变原来的文体，并且完全符合新的文体特点。比如将诗歌改写成散文就要从散文"形散而神聚"的特点出发，以原作为"神"，展开丰富的联想和想象，增添必要的细节、人物描写、环境烘托。再如，将小说改写成剧本要注意舞台说明和人物台词，要让小说中的时间、人物、情节、场景更加集中，以适应演出的需要，可以把原文的环境描写改为舞台说明，把人物的心理描写改为旁白或自白。

思考二：改变语体的注意事项

请同学们对比下面两篇文章，思考一下改变语体时要注意的事项有哪些。

穿井得一人（原文）

宋之丁氏，家无井而出溉汲，常一人居外。及其家穿井，告人曰："吾穿井得一人。"有闻而传之者："丁氏穿井得一人。"国人道之，闻之于宋君。宋君令人问之于丁氏。丁氏对曰："得一人之使，非得一人于井中也。"求闻之若此，不若无闻也。

穿井得一人（改写）

春秋时代的宋国，地处中原腹地，缺少江河湖泽，并且干旱少雨。农民种植作物主要靠井水浇灌。

当时有一户姓丁的农家，种了一些旱地。因为他家的地里没有水井，浇地十分困难。于是，丁氏与家人决议打一口水井。当丁氏打井成功，从井里提起第一桶水时，全家人欢天喜地，高兴得合不上嘴。从此以后，他们家再也用不着总是派一个人风餐露宿，为运水浇地而劳苦奔波了。丁氏逢人便说："我家里打了一口井，还得了一个人哩！"

村里的人听了丁氏的话以后，便有人说："丁家在打井的时候从地底下挖出了一个人！"大家你传我、我传你，竟然传到了宋国国君耳朵里。宋国国君想："假如真是从地底下挖出来了一个活人，那不是神仙便是妖精。非打听个水落石出才行。"为了查明事实真相，宋国国君特地派人去问丁氏。丁氏回答说："我家打的那口井给浇地带来了很大方便，过去总要派一个人常年在外运水，现在可以不用了，从此家里多了一个空闲的人手，但这个人并不是从井里挖出来的。"

学生讨论、交流、展示。

本文作为寓言的文体没有改变，改写者最主要的是把原来的文言文改写成现代白话文，除此之外在叙述故事情节的过程中，大胆运用联想，先交代丁家所处的地理环境，写出了穿井的必要性，然后还增加对宋君听到传言后的心理描写，使故事更加生动有趣，整体上又忠实于原文及其寓意，是一篇成功的改写。

小结：我们在改变语体时，就要彻底改变原来的语言表达方式，并且完全符合新的语言表达方式特点。比如将文言文改写成现代白话文，就要把文言文中的文言实词、虚词改写成现代白话文的意思，并把一些特殊句式也改成现代白话文的句式，当然也不纯粹是把文言文翻译成白话文，还要通过联想和想象把必要的细节补充进去。如果将书面语改成口语，就要体现口语朗朗上口、便于表达、通俗易懂的特点。

思考三：改变叙述角度的注意事项

请同学们认真阅读2019年版课本第136页最后一段，思考改变叙述角度要注意什么。

学生讨论、交流、展示。

小结：我们改变叙述角度时，要注意人称前后一致，情节结构要完整。比如将第一人称改成第三人称时，整篇文章都要从第三人称的角度来写，而不能再出现第一人称；将顺叙改为倒叙、插叙时，要把故事内部叙事结构理清楚，让人不觉得故事突兀，应该是自然过渡，完整呈现。

活动三：动笔实践，学会改写

我们理解了改写的三种形式和要求，并且通过具体的实例，明确了每种改写要注意的事项。下面，我们学以致用，运用刚才学到的改写知识动笔实践，看谁改写方法掌握得更好。

我们把全班分成三大组，每一组改写对应的写作实践题目，要求根据写作提示，按照改写的不同形式和要求，当堂完成一篇小改写练习。

（1）选取一则古代寓言，用现代汉语改写成一篇小故事；300字左右。

提示：

①改变语体，将文言文改成现代白话文。

②细心体会原作，不要改变主要内容和寓意。

③不要逐字逐句的翻译，可适当发挥想象，增添必要的细节。

（2）从学过的小说中选择一篇，改变原来的叙事角度，换成另一个人物的口吻来讲述这个故事；300字左右。

提示：

①改变叙述角度，将第一人称变成第三人称，或者是将第三人称变成第一人称。

②改写小说的高潮片段。

③叙事要清晰，注意人称和语言风格的统一。

（3）本单元的课文，情节富于戏剧色彩，人物形象也很鲜明，从中选择一篇的高潮部分改写成课本剧；300字左右。

提示：

① 改变文体，将小说改写成剧本。

② 与小说相比，剧本中的时间、人物、情节、场景应该更加集中，以适应演出的需要。

③ 呈现方式要适当改变，如原文的心理描写可改为自白或旁白，环境描写可改为舞台说明，用语言推动情节的发展，要突出戏剧冲突，等等。

学生当堂改写练习。

大家写完后以小组为单位交流、展示，评出最好的一篇文章。每大组评选出改写最好的文章进行全班展示。

学生讨论、交流、点评另外一组改写的好的文章，并说明好在哪里。

【课堂结语】

改写是一个再创作的过程。改写要有依据地改，忠于原文；同时也要有质量地改，改出意境。通过这一课的学习，我们不但掌握了改变文体、语体、叙述角度这三种改写的基本形式，而且也明确了每种改写形式要注意的事项。只要大家开动脑筋，大胆想象和联想，运用我们所学习的改写知识，你一定可以脑洞大开，改写出一篇篇融入你思想和观点的好文章。

【板书设计】

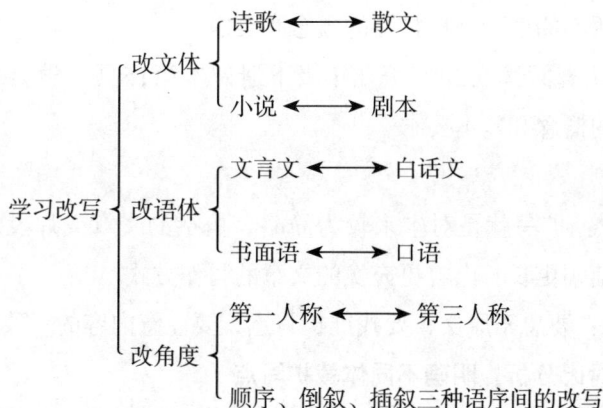

学习扩写

——人教版九年级下册第一单元写作

【学习目标】

（1）用心阅读，理解扩写的概念和要求。

（2）对比分析，明确不同体裁文章的扩写着重点。（重点）

（3）动笔练习，根据扩写的技巧和方法，进行扩写练习，提高写作水平。（难点）

【教学过程】

（一）导入

同学们，我们经常会看到老师在批改作文时用到这样的评语：文章内容不具体、不充实、空洞。感情表达不真切、不丰富。

怎么解决这些问题呢？

今天我们就来探讨这个问题。我们一起来上一节"学会扩写"的写作指导课。

（二）活动设计

活动一：用心阅读，把握扩写的概念和要求

请同学们认真阅读2020年版九年级下册课本第15页《学会扩写》这篇短文，圈画扩写的概念和基本要求。

明确：

（1）概念：扩写就是对本来较为简略、概括的文章或片段加以扩展、补充，使之成为篇幅更长、内容更充实的文章的写作方式。

（2）要求：要忠于原文，要找准扩写点，要注意内容的一致和连贯。

活动二：对比分析，明确不同体裁扩写点

一篇文章里，并不是每句话、每段文字都需要扩写，不要平均用力，而要根据表达中心的需要，选择、确定适合的点，有针对性地进行扩写。

文章的体裁不同，扩写的着重点自然也不同。明确不同体裁作文扩写的着重点至关重要，这是作文扩写成败的关键。下面我们就通过对比，分析三种不同体裁作文扩写的着重点分别是什么。

把学生分成三大组，每组分析对比一种文体。学生讨论后发言，教师归纳总结不同文体扩写着重点。

对比一：记叙文扩写着重点

东汉古籍《风俗通》中有关于女娲造人的如下记载：

俗说开天辟地，未有人民，女娲抟黄土做人。剧务，力不暇供，乃引绳于泥中，举以为人。故富贵者，黄土人；贫贱者，引绳人也。

我们学习过的七年级上册课文，袁珂写的《女娲造人》：

天地开辟以后，天上有了太阳、月亮和星星，地上有了山川草木，甚至有了鸟兽虫鱼了，可是单单没有人类。

……

那时，中原一带，有一条凶恶的黑龙在鼓动洪水，兴风作浪，为害人民。女娲便去杀了这条黑龙，同时又赶走各种恶禽猛兽，使人类不再受禽兽的残害。

同学们讨论、交流。

小结：记叙文扩写重点，即在忠于原文的中心思想和人物的基础上，大胆联想和想象，补充情节和细节，增加对人物、环境的描写，细化对话和场面描写等。

对比二：说明文扩写着重点

诗歌是一种很特别的文学体裁，有三个突出特点：一是用意象来表达情感，二是语言凝练，三是讲究节奏和韵律。

语文教师教学用书，李鑫的《认识诗歌》中写到：

诗歌，不仅是一种重要的文学体裁，还是我国古代文学的鲜明代表。

……

正因为诗歌的这三个鲜明特点，使得诗歌与别的体裁区分开来，具有鲜明的个性。

同学们讨论、交流。

小结：说明文扩写重点是在忠于原文的说明对象的基础上，围绕事物的特征或事理补充材料，运用多种说明方法，丰富对说明对象的介绍，而不用发挥想象或运用夸张等手法。

对比三：议论文扩写着重点

苟有恒，何必三更眠五更起……我们在成长、求学的路途上，也应持之以恒。

教师教学用书，吴维的《持之以恒》写到：

"苟有恒，何必三更眠五更起；最无益，莫过一日曝十日寒。"这是明代学者胡居仁撰写的对联，其意在于勉励自己：做事情贵在持之以恒。

……

荀子曾说："不积跬步，无以至千里；不积小流，无以成江海。""水滴石穿""冰冻三日非一日之寒"也讲述了同样一个耳熟能详的道理：做事情要有恒心方能成功。而我们在成长、求学的路途上，也应做到持之以恒，如此方能抵达心中的愿景。

同学们讨论、交流。

小结：议论文扩写重点是在忠于原文观点的基础上，进一步补充论据，阐释观点，使论证全面、深入，使文章更有说服力。

活动三：动笔练习，运用扩写知识练技能

经过大家的对比分析，我们从实例中明确了不同体裁的扩写着重点应放在哪里，应该怎样去扩写。

下面我们就进入扩写挑战闯关环节，看看谁能把学习到的知识运用到实际写作中，成为扩写闯关小达人。

1. 第一关：扩词成句

请你用"月亮""树影""笛声"这三个词语扩展成一句话。

学生展示、交流。

示例：

幽深而静谧的夜晚，月亮的光辉轻纱般地洒在林中，婆娑的树影依稀摇曳着，与河岸边的笛声搅成一片。

小结：扩词成句，主要就是考虑给词语加上修饰性词语，或者用上修辞手法，使它们连起来表达一个主题。

2. 第二关：扩句成段

请你展开联想与想象，运用恰当的修辞手法，补充一些细节，把"古道西风瘦马。夕阳西下，断肠人在天涯"这句诗扩写成一段话。

学生展示、交流。

示例：

　　一位面容憔悴的旅人正骑着一匹骨瘦如柴的马，冒着寒风，风尘仆仆地奔波在荒凉的古道上。调皮的风孩子啊，别吹了吧，你的力气太大了啊，他受不住，他太单薄了，放下你那强壮的手臂，让你的母亲来抚摸他吧！叶啊，别落在他的身上了，你让他整个人都失去了活力啊。太阳啊，别沉落了，远在异国他乡的游子还没回去呢，他的亲人还不知道他在天涯的何处，没有了你的日光照射，那游子就看不到回家的路，那他的家人就更担心他了。游子啊，快回去吧，你的家人还在苦苦等着你呢。你那双鬓斑白的母亲和天真活泼的孩子此时此刻正望着沉落的夕阳吟诵"夕阳无限好，只是近黄昏"。快回去吧，快回去吧！

　　小结： 扩句成段就要考虑这个段落要表达的中心是什么，围绕中心展开合理的联想和想象，增添一些细节，多运用一些修辞手法和描写方法，使表达的内容具体、充实、丰富。

3. 第三关：扩段成篇

阅读下面的材料，将其扩写成一篇具体、生动的文章，题目自拟；不少于600字。

　　春秋时期，晋公子重耳和他的随从在逃难途中，经过卫国，卫文公没有以礼相待。他们从五鹿经过，向乡下人讨饭吃，乡下人给他们土块。重耳大怒，想要用鞭子打那个人。狐偃劝他说："这是上天赏赐的土地呀！"重耳于是磕头致谢，收下土块，装在车上。

提示：

（1）下笔前仔细体会，确定中心。围绕这一中心找准扩写的点（如材料中最富有戏剧性的内容），设计好扩写提纲。

（2）发挥想象，增加必要的神态、动作、语言、心理及场面的描写，力求生动。

（3）写好以后，与原文做一番比较，分析扩写的成败得失，体会扩写的方法。

学生讨论：这段话可以扩写成什么体裁的作文？根据不同体裁的扩写着重

点确定这篇文章的扩写重点是什么？

学生展示、交流。

点拨：

这段话很明显可以扩写成一篇记叙文。按照记叙文的扩写着重点，应该是在忠于原文的中心思想和人物的基础上，补充情节和细节，可以想象一下乡下人为什么只给他们土块？重耳为什么由大怒转为磕头致谢？进行情节的补充，在这中间增加对人物语言、动作、神态、心理，以及环境的描写，细化对话和场面描写等，这样就可以使内容更加具体充实，想要表达的感情更加真挚和丰富。

请同学们根据我们这节课所学习的扩写知识，以及刚才大家的交流和老师的讲解，认真把这段话扩写成一篇优秀的记叙文。这就是我们第三关的挑战内容，也是我们本节课的作业，请大家按时完成写作任务。我们下次根据大家的作文，看哪些同学闯关成功。

【课堂结语】

作文最怕空洞、不具体、不充实。学会扩写是让我们把作文写充实最好的武器，只要你能牢记不同文体的扩写着重点，从原文整体着眼，找出原文交代不明确、不具体、不生动的地方，多问几个"是什么""为什么""怎么样"，再开动你的脑筋展开大胆的联想和想象，你一定能够把情节写得更曲折，细节写得更真实，语言写得更生动，文章写得越来越精彩。

【板书设计】

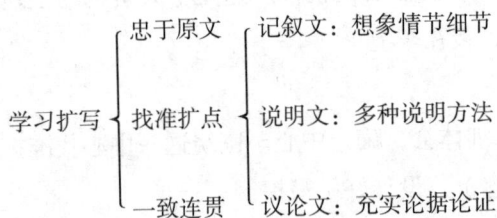

审题立意

——人教版九年级下册第二单元写作

【学习目标】

（1）能领会添加要素法的基本含义。（重点）

（2）能掌握添加要素法的基本方法，能熟练运用添加要素法审题立意。（重难点）

（3）通过学习，养成注重平时思考和积累的习惯，学会使用科学辩证的思维方法来审题立意，进一步提高写作能力，增强写作兴趣。

【教学过程】

（一）图文导入：忆一忆

（1）出示三幅树图，一幅图只有树干，一幅图有树干和树枝，一幅图是一棵枝繁叶茂的大树，请学生选择喜欢哪一幅图画，并说明理由。

教师引导学生：第三幅图正是因为添加了树枝和叶子，才显得生机勃勃。

（2）引入一组学过的课文，回忆课文的立意：《背影》《故乡》《孤独之旅》……

例如：

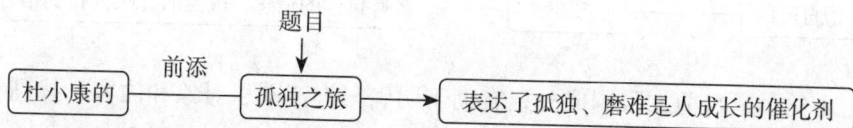

引导学生分析《背影》《故乡》添加要素的方法以及立意。

教师小结：一个抽象的题目或者看起来简单却难写的题目，通过添加要素法添加成分，有了可写的内容，立意也不错。

（二）理清概念：学一学

（1）学生读概念：添加要素法就是根据需要，在原有题目的基础上，在题目的前、后或中间加上限制词，增补新的信息或新的因素，从而达到缩小外延、化大为小、化虚为实，明确范围、方便深入题旨的一种方法。

（2）老师讲作用：这种方法通过由少到多、由小到大、由抽象到具体的过程，填补题目留白，减少迷惑性和模糊性，化难为易，快速明确写作内容，确立写作意图。

（三）探究方法：试一试

怎么运用添加要素法审题立意？

1. 前添式

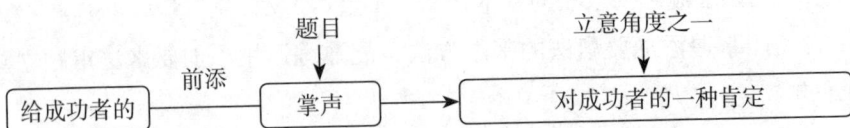

教师指出这是顺向立意，还可逆向立意，引导学生从反方向思考立意。

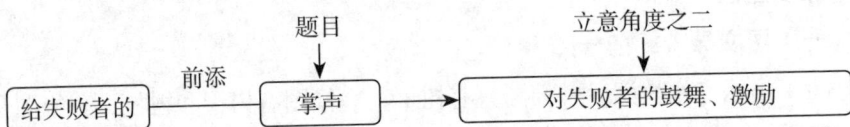

明确：以上两个角度的审题立意都是给别人的掌声，提示引出给自己的掌声，引导学生多角度立意。

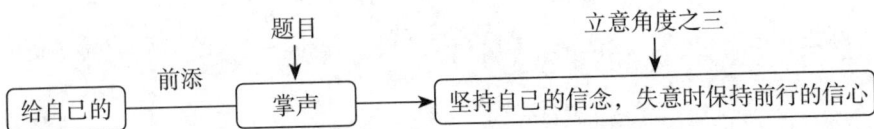

小结：题目前加限制成分，有助于明确写作范围、对象和内容，找到立意的角度。

2. 后加式

教师指导学生运用发散思维在题目后加要素，并陈述立意，引导学生由抽象到具体立意。

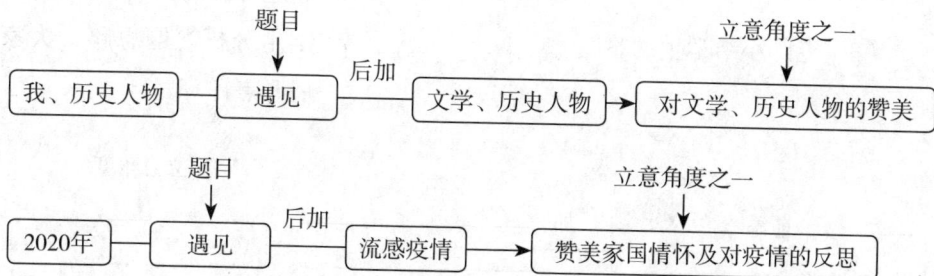

小结：题目后加成分或者前后同时加成分，有助于明确写作范围、对象和内容，找到立意角度。

3. 中嵌式

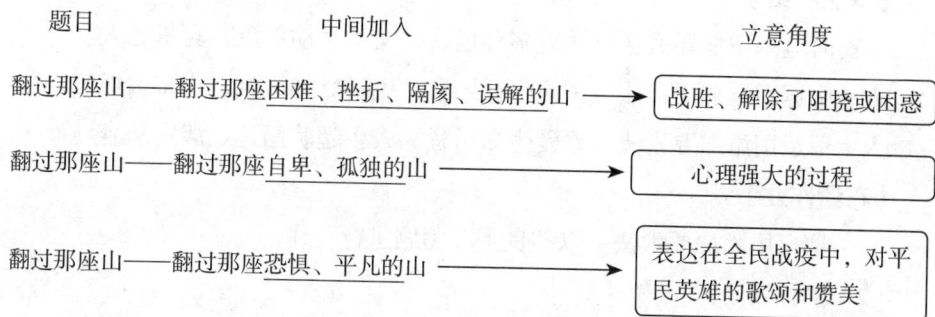

引导学生化实为虚立意。

明确学生运用添加要素法审题立意有关注意事项：

（1）确定题目前，要对标题进行多角度、多方面考察，全面拓展思维空间。

（2）可以选择一种或多种添加方式审题立意，但不能改变题目。

（3）写自己最有把握的内容，在有把握的基础上，选最有新意、最深刻的内容。

（四）实战演练：练一练

老师活动	学生活动
（1）老师展示题目和要求。	（1）学生根据要求独立思考、

（2）老师巡堂，关注学生解答过程。

（3）老师小结学生的答题。

作答。

（2）学生展示自己的答案，回答老师提问。

（3）学生分析答题思路，大家展开点评。

（五）深入思考：想一想

明确添加要素法的根本思路：

一个词——一个短语——一句话——一段话——一篇文章。

【课堂小结】

写作时运用添加要素法，注重多种描写，文章生动形象、真挚感人。

生活中运用添加要素法，关注生活细节，生活妙趣横生、优雅怡然。

人生里运用添加要素法，珍爱生命历程，人生超旷豁达、淡定从容。

【布置作业】

（1）请运用添加要素法，以"良师"为题进行写作。

（2）推荐阅读：

①老舍的《我的母亲》和朱德的《回忆我的母亲》。

②谢武彰的《鞋匠》和左拉的《铁匠》。

③鲁迅的《风筝》和林海音的《风筝》。

布局谋篇

——人教版九年级下册第三单元写作

【学习目标】

（1）通过对课文和习作写作框架的分析，提炼出结构布局巧妙的方法。

（2）通过对习作写作框架的分析和对范文的修改，总结让文章结构层次分明的方法。

（3）通过对《我身边的幸福》《夜来了》小标题的分析，概括出拟写小标题的方法。

【教学创意】

教师通过一系列课堂实践活动，让学生在发现与鉴赏中感悟文章布局谋篇的巧妙。布局谋篇应侧重于结构的美妙，学生在提炼与归纳中获得文章结构的技法，在体验与训练中提高文章布局谋篇的能力。

【教学过程】

（一）导入

阅卷老师的话：结构是对文章内容的表达形式进行的总体设计，是作文构思过程中一种创造性的复杂的思维活动。考场作文如果具有自然和谐、精美灵动的结构，必然会锁定眼球，受到青睐。优秀的考场作文在结构上应该是科学性和艺术性的完美结合，体现出科学严谨的构思和清晰流畅的写作思路，给人以审美的愉悦。结构巧妙、层次分明的文章，只要文字还说得过去，主题突出，至少一类文。

（二）活动设计

活动一：思悟习作的构思之巧

引导：多构思比单纯的多写更有效。你有在结构上巧妙构思的方法吗？

请回忆学过的课文或推荐读过的文章，如《散步》《安塞腰鼓》，你发现哪篇文章的结构布局体现巧妙设计安排了呢？

启示：

（1）好的文章结构，体现着分明的层次结构，如《安塞腰鼓》以"好一个安塞腰鼓"一句反复出现在每一部分的结尾，既作为咏叹，又使结构层次分明清晰，划分层次一目了然，使文章脉络清晰可见。

（2）好的文章结构，体现着独特的艺术匠心，如《散步》运用了"以小见大""卒章显志"的构思。作者从一次散步的经历中，感悟到一个深刻的人生哲理，结尾点示主题，升华全文。

（3）好的文章结构，展现出一定的艺术美感：组合之美，即好的文章内容与好形式要相得益彰，如《散步》叙议结合，衔接紧密；和谐之美，即好的文章起承转合要自然和谐，如《散步》详略得当，照应自然。

课文和中考作文的典型范文蕴藏着可供写作借鉴的丰富的宝藏。我们若能巧妙的借鉴和学以致用，一会能有效提高考场作文的质量。

引导：请阅读下列习作提纲，探寻以下几篇创新佳作的布局之妙。

习作1：

在尝试中成长

每一次木棉花开，每一次破茧成蝶，都是在尝试中成长，焕发生命的光彩。

尝试——在余寒犹厉中成长

寒风席卷了校园里的绿意。初春的阳光洒下，将光秃的树丫印画在地面上。落尽了叶的木棉树无力地伸展，一片颓然，满目萧瑟……

尝试——在重重丝茧中成长

毛虫，将自己裹藏在千万丝缕中。它从沉睡里初醒，张开眼，无尽的黑暗充斥着它的世界。此时没有了明媚的阳光，没有了翠色的嫩叶……

在尝试中成长。当我们退缩时，怀想每一次木棉花开，每一次破茧成蝶。在尝试中成长，就能看到：自己的人生，春暖花开。

思悟方法一：创新结构之一——标题引领，即一篇文章由几个板块构成，每个板块都用一个精妙的小标题统领，也可以称之为串珠式结构。该文两个小标题串起在尝试中成长的精彩案例，内容丰富，板块精美。

习作2：

做个有心人

早出晚归，却不知朝阳何时升起，夕阳何时落下。

————题记

在生活中，常常会听到这样的声音——"好累啊，生活真是没有意思！"难道真是这样吗？其实不然，只要做个有心人，我们就会感受到生活的美好。

在四季中做个有心人吧。春有百合夏吹风，秋飘落叶冬听雪……做个有心人，会多感受到一份美丽。

在书本中做个有心人吧。读书时不走马观花，而是认真、仔细地阅读，往往会收获更多……做个有心人，会多感受到一份真情。

在饮食中做个有心人吧。当留意于生活中的美食时，会得到更多享受……做个有心人，会多感受到一份愉悦。

做个有心人，品味着自然的美；做个有心人，领悟着知识的美妙；做个有心人，感受着饮食文化的奇特……

让我们做个有心人吧，感受生活的美好。

思悟方法二：创新结构之二——美句导航，即用结构相似的美句领起文章中的每一个板块。这些美句既可独立成段，也可放在段首。该文段前的三个祈使句，从"在四季中""在书本中""在饮食中"三个方面展示如何做有心人，文脉清晰，布局精美。

习作3：

我身边的朋友

春天来了，日子更绿了。熟悉的校园，顽意肆然的我们，老师掂着高跟鞋的声响，还有校园中回荡的《放心去飞》，我突然意识到：我毕业了。思绪悠悠，悠悠地回到过去，我身边的朋友，幸福的那些事。

（我课上没答出问题，下课安慰我）安慰我的K，得你为友，我好幸福。

（关心考试失败的我，并且激励我）关心我的Q，得你为友，我好幸福。

（病床共看《音乐之声》电影片段）陪伴我的M，得你为伴，我好幸福。

身边的朋友们，我亲爱的朋友们，你们给予我的太多，纵然简单，却也幸福，像是油轮曳着艳艳的流光，划开细碎倒影时的满足。我的朋友们，K、Q、M，都是黑丝绒般的天幕上的水钻，一颗一颗闪亮地围着我，陪伴我。因为有你们，我好幸福。

思悟方法三：创新结构之三——妙语做结，即在每一个板块的末尾用结构相似的总结性语句收束。该文每段段尾三个议论性语句，意蕴丰富，既点示了前文叙事的内涵，又使文章布局显出整齐之美。

活动二：鉴赏范文的构思之妙

引导：范文《再见那些花开的日子》《我身边的城市之美》怎样具体做到结构层次分明的呢？请具体分析两文所使用的方法。

范文1：

再见那些花开的日子

可曾疲倦的飞鸟啊，划过黄昏夕阳下，看不清繁星的城市啊，就让影子做伴吧。可曾遗忘的梦想啊，如今依然在脚下，不见越来越远的家。那些花开的日子啊，还在回望的尽头吗？也曾年少的我们啊，如今各自天涯。

飞鸟，黄昏，秋风，菊花

九月的菊花开时，是我噩梦的开始，亦是你我相识。

第一次的考试成绩下来了，初来乍到的我还没听到时光的节奏就被远远地甩开，只有望着它疾驰的身影被脚下的扬尘迷乱满眼泪花。你悄悄拉起我的手，拭干我眼眶的泪水，牵着我疯跑到学校的花坛前。菊花在秋风中傲立，几丝金黄的花瓣在瑟瑟发抖，晶莹的露珠凝在细嫩的花蕊上。你纤长的手指向菊花方向一点，含笑说："人生必是要经历挫折的，菊花绽放亦是如此，如果每次都在它面前跌倒，却不努力爬起来找原因。那么整个秋天还会有菊花看吗？"我睁开迷蒙的泪眼，菊花清霜般的身影和你温暖的目光交织在一起，眼泪又夺眶而出，那一刻，我听到了花开的声音。血红的夕阳下，飞鸟扑棱棱地飞过，你的剪影和菊花一起收入心里。

迁徙，夕阳，梦想，天涯

又是一年菊花开，秋风卷着夕阳的味道捎来你的信件，你要去天涯寻找你的梦想。

发黄的信纸，折痕依旧，描绘出岁月在这里停留时不小心刻下的痕迹，折叠成千纸鹤的形状，你的梦想是期待有一天，这鹤儿能振翅起飞。而我，就只能在树下，遥望着蓝天，看不见你心中的那对翅膀……然后，我就转身，走上来的路，踏着我们两个人的脚印，一个人，听耳边的风吟，看是谁的眼角，挂着晶莹的泪滴。我不停地用手指丈量你和我在地图上的距离，漂洋过海，异国他乡，你给我捎来灿烂的照片，那里的花开得真好，不过都比不得那年花开，你在我心里留的影。收到你寄来的花瓣，我禁不住潸然泪下。你还好吗？那年伴我们的花儿，是否各自在天涯？

再见那些花开的日子啊，留在回望的尽头吧，我在遥远的星空下，还唱着那时的歌谣啊。

范文2：

我身边的城市之美

城市，让生活更美好。

——题记

哲人亚里士多德的一声喟叹，成为今天上海世博会的主题。城市，让生活更美好，殊不知，城市之美就在你我身边。让我们带着一双发现美的眼睛，以心的维度去领略他们的绝代芳华。

天堂杭州

青山隐隐水迢迢，杭州最美不过草长莺飞的二月天，此时的西子湖畔，有红颜年少，有白发老翁，有如人间天堂。

泛舟于这烟波浩渺的湖上，近揽三潭印月，远眺雷峰塔，而那承载了动人传说的断桥，也隔着两堤烟柳，模糊相见。想来那白娘子定是同我一样，对美得似天堂的杭州一见倾心，甘愿放弃千年修行。

杭州的美，恰若芙蕖出绿波，更显天然、清新。

烟花扬州

扬州有着"天下三分明月夜，二分无赖在扬州"的美称。朱自清先生认为扬州的夏日最令人称好，但我最爱的还属扬州的烟花三月。

烟花三月下扬州，诚然，扬州的美，宛如烟花般绚烂。二十四桥，寄托着杜牧和姜夔心中的明月，千百年来，成了最引人遐想的那朵烟花。不必说"春风十里扬州路"的绮丽心情，也不必说"玉人何处教吹箫"的婉转曼妙，单单是扬州的明月夜，就足以让文人墨客在此倾尽自己华美斑斓的文字去称赞。

扬州的美，恰若烟花般令人惊艳，引人回味。

繁华上海

张爱玲笔下繁华如锦的上海，一直走在时代的前沿。作为中国近代历史屈辱或荣耀的一个缩影，这里每一条青石板的老街上，都幻化出许多被我们熟知的历史人物。优雅散漫如张爱玲，沉着稳重如周恩来，轻快敏捷如林风眠、茹志鹃、王安忆……他们各具风格的特点为上海增添了浓墨重彩的一笔，使上海在岁月中，成为永远醇香的佳酿，耐人追寻她的绝代芳华。

巍巍中华，泱泱华夏，每一座城市都有自己独特的美，都有一段段不老的传说，等着你去追寻、发现。让我们一路欢歌，相伴桐花万里，去发现身边的城市之美！

引导：范文《我身边的城市之美》其实还有可以修改的地方，你发现了吗？

在第三个小标题"繁华上海"所引导的内容最后添加一个句子，句式和"杭州的美，恰若芙蕖出绿波，更显天然、清新""扬州的美，恰若烟花般令人惊艳，引人回味"一样。这个句子还应该能总结第三个小标题的内容。修改如下：上海的美，恰若佳酿般醇香耐人追寻，历久弥香。

思悟小结：①各板块的切入角度不能单一，内容不能交叉，字数比例大致相当。②美语导航、妙语作结做到定点铺排，尽量做到句式统一整齐、语言优美。

活动三：思悟拟小标题之招

引导：阅读范文《我身边的幸福》《夜来了》，想一想拟写小标题最好应该做到什么？

范文3：

我身边的幸福

幸福是上天赐予每个人的最美好的礼物。幸福是公平的，我们应该用一双善于发现的眼睛去寻找幸福。

唠叨的幸福

"别忘了拿准考证！笔拿了没？资料……"早晨刚准备出家门，妈妈的唠叨便连珠炮般地传入耳中。"拿了，我走了。"我心不在焉地应付着。刚走出几步，我又被妈妈叫住了："水拿了没？路上小心点！""知道了。"我说。离开家，心里还不住地想着，妈妈可真啰唆，相同话我已听了三遍了，她自己都不觉得烦？中考完一定要好好治治她的唠叨病。接着，车骑得更快了。来到考点，正准备进场，一摸兜，顿觉一阵不快，天，准考证没带。我正准备回家取，见老妈已骑车把准考证带来了。她拿着准考证在我面前晃了晃，得意扬扬地说："还嫌我唠叨吗？"我嘴角不觉抽动起来，转身进入考场。其实，有个唠叨的妈妈不错呢，多亏了她，我的生活才井井有条，看来要多听听老妈的唠叨啊！

批评的幸福

"你来一下。"老师拍拍我的背，走出了教室。我一顿，一股不祥的预感"油然而生"。我缓缓地走出教室，仿佛就要上刑场的犯人。果然，打开教室门，我看到老师严肃地站在那里。"又浮躁了不是？你看你成绩滑的……"我低着头，听着老师的批评，十几分钟，始终不敢抬头正视老师的眼睛。唉……终于，老师放行了。我回到班里，深吸一口气，突然想起了老师刚才的话，心头的浮躁荡然无存。有了老师的批评，才有我学习的进步，老师的批评，也是令人幸福啊！

"吵架"的幸福

一进教室，发现朋友正在吃东西，我就死皮赖脸地跑过去要吃的。"早上我可没有吃饭。""正好，你需要减肥呢！"他不但不给，还开我玩笑，于是乎，我开始上手抢。大家便在教室里看到了一场争夺战，好激烈！终于抢到手了，我高兴地拿起两块饼干骄傲地吞了下去，又把剩下的还给了他。我们就是这样在生活中不断地打打闹闹、争争吵吵，但在这之中，我们的友谊更深了。有人跟你吵架，也是一种幸福。

总以为幸福在远方，在无法触及的未来，于是我双眼保持眺望，双耳保持聆听。在一次次与幸福擦肩而过后，我终于明白，那些流过的泪、唱过的歌和爱过的人，所谓曾经，就是幸福。

范文4：

夜来了

一年三百六十五日，三百六十五个夜晚由我们身边打马而过。夜来了。

夜　骨汤

怀念那一盏青花瓷碗，飘着油油的香味，那是母亲炖出的骨汤，在每一个我伏案疾书的晚上，作为夜宵，准时出现在桌上。就是这样，连手腕的酸痛都被骨汤的香味掩盖，也掩去早市上白净的肉骨，案板上充满期待的切剁声，小小的瓷锅在温柔的注视下煮了六七个小时。从来不觉得丢三落四的妈妈会如此细心，也从来不相信27岁才会煮饭的她煲出的汤那么香醇。只是因为十四年前我的降生。

夜来了，温暖也来爱也来。

夜　小记

每天晚上都习惯性地记些东西，一大本，关于故乡，关于故人，我始终不明白，为什么人总要离开故土，为什么失去了才珍惜追忆，为什么幼稚的画面总是蒙上一层忧伤而幸福的香樟气味。日子就从我身边溜走，穿越三鲜馅饺子溢满屋子的年味，穿越外婆手缝的花袄，穿越清新甜美的果味硬糖。听好友在电话那端清晰地说，在丈量地图上两个城市间四百千米的距离，两个人都沉默了。我没有落泪啊，只是突然间学会了想念而已。

夜来了，乡愁也来泪也来。

夜　烟火

在卡卡的家——开封玩了一天后，我打算返回。所有豫A的车都和我一路，抛弃了这个小城，在把它的生活规律搅喧嚣之后。从车后窗看见广场上还有人放着烟火，繁花似锦。也许宋人喜欢这样的热闹，不过我相信他们更喜欢清亮的叫卖声，更喜欢听易安"转轴拨弦三两声"的婉约调子。现在已不可能了，我们只能在仿古园里看仿古卷轴，在仿古茶馆里端一只仿古玉杯，甚至，这种心情也是仿古的，人们又踏步回到现代，烟火的碎焰落入仿古的东京城里。

夜来了，凄凉也来梦也来。

时间与记忆被黑暗的夜吞噬。黑夜给了我一双黑色的眼睛，我却用它来寻找光明。

思悟小结：拟小标题应该注意什么？

1. 概括内容，体现文章脉络

小标题是文中每个小部分的题目，所以在拟小标题时应该抓住每部分的重点、要点，提示每部分的内容。每个小标题最好还要围绕文章的主标题，包含主题词，如范文《夜来了》中的小标题"夜　骨汤""夜　小记""夜　烟火"，既提示每部分的内容，又突出了主题词"夜"。

2. 句式相仿，体现整齐优美

小标题的结构要大致相仿，字数相同，一篇文章有二到三个小标题，这样几个小标题构成一种排比关系，给人一种整齐优美的感觉。例如，范文《夜来了》中的小标题"夜　骨汤""夜　小记""夜　烟火"，三个整齐优美的小标题，把一篇歌颂亲情、难忘乡情、赞美友情的美文演绎得淋漓尽致，感动人心。

3. 符合逻辑，体现内在联系

并列关系是从不同角度反映事物，是一种横向关系。例如，范文《我身边的幸福》，用"唠叨的幸福""批评的幸福""'吵架'的幸福"三个小标题从不同侧面展现了容易被忽视的幸福。

递进关系是以事物的发展变化为线索组织小标题，是一种纵向关系。例如，一篇《墙之美》的文章，作者用"红花绽放""奖状高悬""格言励志"三个小标题揭示了作者房间的墙上从幼儿园到小学到中学不同时期的成长阶段张贴的东西不同，红花、奖状、格言浓缩了作者的成长经历。

4. 围绕中心，体现独特个性

一篇文章的几个小标题应该是多角度、多侧面地表现中心，不能随便拟几个凑数，也不能同类内容重复。所以，小标题应该典型新颖，具有个性特征，要显示作者的独特视角和立意。例如，江西省语文中考有一篇题为《诗人的话，触动了我的心灵》的文章，作者设计了三个小标题："天生我才必有用""春江水暖鸭先知""直挂云帆济沧海"，这三个小标题选材典型，从多个角度写出了作者对人生独特的思考。

【课堂结语】

实践体验结构之法。

引导：请以"＿＿＿＿＿＿的夏天"为题，快速口头构思三个小标题。

修改润色

——人教版九年级下册第四单元写作

【学习目标】

（1）明确文章修改润色的基本要求。

（2）把握文章修改润色的"言"与"意"。（重点）

（3）使学生养成修改润色的良好习惯，提高审美素养。（难点）

课前一首诗：

寻隐者不遇

【唐】贾岛

松下问童子，言师采药去。

只在此山中，云深不知处。

【教学过程】

（一）导入

听到唐朝诗人贾岛的诗，老师就想起关于他的一个典故——"推敲"。

对！就是"推敲"。哪位同学给大家讲讲？

生1：这个典故源于贾岛《题李凝幽居》中的一句诗：鸟宿池边树，僧敲月下门。他开始拟用"推"字，后又改为"敲"字，连骑在驴背上，走在路上，也沉浸其中。就这样，他口中念念有词，手也做"推""敲"之势，竟一头撞到京兆尹韩愈的仪仗队，随即被人押至韩愈面前。贾岛实话实说，韩愈听了甚是欣赏，不但没有责备他，反而立马思之良久，对贾岛说："作'敲'字佳矣。"后来，两人竟成了好朋友。

生2：后来"推敲"用来比喻写作时逐字逐句思考的过程，后用"推敲"指斟酌的字句，反复琢磨。

生3：我每天坚持写随笔，每周的作文需要重新拿来当素材，总是考虑这些素材是否符合中心，置于哪一段最合适，词语是否表达出我想表达的意思，总是反复审视，不断删改，让自己心里想的和实际表达的相一致。

三位同学记得准确，讲得流畅，说得明白。"文章不厌百回改"。写作就需要字字斟酌，反复推敲，表情达意准确而生动，就像我们平时的升格作文训练。那么，如何修改润色使文章更出彩呢？今天我们一起上一节习作指导课：修改润色。（板书课题）

（二）展示目标

（1）明确文章修改润色的基本要求。

（2）把握文章修改润色的"言"与"意"。（重点）

（3）培养学生养成修改润色的良好习惯，提高审美素养。（难点）

（三）活动设计

活动一：跟着课本明要求，知方法

1. 自主研读求新知

请同学们认真阅读"修改润色"相关内容，圈点勾画，自主完成以下问题：

（1）文章修改润色的基本要求。

（2）对文章"言"的修改。

（3）对文章"意"的修改。

2. 小组分享达共识

请四人小组组内分享、质疑，教师适时点拨，达成共识。

（1）明确文章修改润色的基本要求。

文章修改润色要兼顾"言"和"意"。

① "言"，指言辞和表达，包括对词不达意、语句不连贯、布局不合理等方面的修改润色。

② "意"，即立意和内容，包括对文章的立意、思想、内容、文体等方面的修改润色。

（2）明确对文章"言"的修改润色。

① 要改对，如对错别字、标点、词语、病句以及层次、详略等逐一修改，达到无错字、别字、误字，书写规范，用词精当，语言明白畅达，段落衔接合理，详略安排得当等。

② 改好，即结合"意"的修改，补充内容，加工润色，使文章内容更充

实，语言更富有文采。例如，记叙文可以补充细节描写，写景注意从不同的观察角度着笔，动态和静态之景结合，注意炼字、炼句、修辞手法、引用诗词歌赋等，使语言生动形象，增强表现力。此外，大家还要注意材料的取舍、结构的安排等。

（3）明确对文章"意"的修改润色。

一是关注全篇，看文章立意是否正确；二是立足主题，看观点是否鲜明，立意是否深刻，选材是否新颖；三是明确文体，依题干拟体，据立意定体，忌"四不像"。

3. 教师小结语温馨

文章修改与润色，不失言来兼顾意。

立足改对又改好，又要自改加互改。

头脑清醒明方向，精雕细琢读出声。

活动二：模仿范文明修改，学润色

过渡语：同学们，对一篇文章进行修改润色，简单地说，就是锦上添花，如一场晚会的舞台灯光、人物服饰、场景布置等，像一个房间的装修风格、家具摆设、灯光内饰等。曹雪芹写《红楼梦》"批阅十载，增删五次"；托尔斯泰写《安娜卡列尼娜》修改了12次。因此，一篇文章想要出彩，也需要"包装"，即修改与润色。

1. 火眼金睛：观课例，晓修改

示例：

（原文）下节语文课，老师要检查背诵情况，课间，我连作业都不写，一直在背书。课上，我的同桌被老师抽到了。他背得不熟，老师说，下午还要查他。等了半天，老师也没抽到我。（选自管建刚《我的作文训练系统》）

（范文1）

课间，我连作业都不做了，一直在背书。万一老师抽查到我，看我背得结结巴巴，批评不说，同学跟前面子丢大了。要是老师抽查到我会背的小节，那多好，同学跟前挣了一把脸，多光彩。我有两个地方不是很熟，老师都有火眼金睛，专门抽你背不出的地方。要是抽到我不会背的段落，那就惨了。快，趁课间还有10分钟，临时抱佛脚，"抱"得紧一点……（选自管建刚《我的作文训练系统》）

小组分享，范文1修改了几处？如何修改的？为什么要这样修改？

2. 放飞思维：添想法，学润色

温馨提示：

（1）男生给第二、三句添"心理活动"，女生给最后一句添"心里想法"。

（2）组内分享，比一比谁添的"心理活动"多。

3. 叹为观止：读范文，再体悟

同桌被老师抽到了。他背得很不熟，疙里疙瘩，我听得心里直发痒，恨不得站起来帮他背。老师的脸色越来越难看，我真怕老师发脾气，老师一发脾气，遭殃的不止他一个人，大家都提心吊胆的。幸好，老师没怎样，只说课后好好背，下午还要查他。

老师再请人背，我把手举得高高的。老师的目光朝我扫来，我兴奋得脸都发烫，心里祈祷着，喊我喊我，我背我背。我的手自信满满地往上伸。老师的目光从我的手上掠过，到那边去了。我一下子泄了气，看来，没有表现的机会了。

哎，早知如此，课间我就不背死背活了……（选自管建刚《我的作文训练系统》）

4. 更上层楼：共提炼，思路清

世上不是没有美，而是缺少一双发现美的眼睛，一颗体验美的心灵。我们要善于敏感地捕捉到他人的言谈举止的可贵之处，善于体察他人内在的活跃的语言，把这些稍纵即逝的念头原原本本、实实在在地写出来。欣喜也好，困惑也罢，总之，我们要关注人物的内心，要善于进行"对话"。如此，人"活"了，故事"活"了，作文也就"活"了。

活动三：践行修改巧润色，文出彩

过渡语：一篇文章如何修改润色，需要视文章而定，可以是结构调整，也可以是素材增删，还可以是详略设置，抑或是针对泛泛而谈的语言入手，在遣词造句上下功夫。《寻人启事》中，缺少人物心理的刻画，再就是结尾处少了点睛之笔。下面，我们就把握修改润色的基本原则，运用修改润色的方法，对原文进行改造。

1. 四人小组，分工合作，限时批改

温馨提示：

（1）仔细阅读文章，发现其长处与不足，不足之处就是需要修改的重点。

（2）从内容和语言两个角度修改文章，使内容更充实，语言更流畅、更有表现力。

（3）无论是改动还是增删，动笔前都要反复斟酌，以防"点金成铁"。

2. 组员互换，推荐佳作，班上分享

拿起笔，读出声；双色笔，来勾画；晒美句，评优点。

3. 分发例文，佳作共赏，择善而从

教师点拨引领，学生畅所欲言，再修改自己的作品。

过渡语：这篇文章从结构、语言和主题等方面，通过同学们用删、改、增、调等手段对其进行修改润色，明确主题。本文不仅仅是写母亲，而是借写作时的为难与尴尬，一方面凸显父母对子女的无私付出，另一方面则表达平日里子女对父母之爱的忽视。文章采用对比，让结构更合理，主题更鲜明；同时，增添对人物的描写，让人物个性更鲜明，让场景更真实。特别是结尾，画龙点睛，深化主题。

【布置作业】

（任选一题）

（1）选一篇自己本学期的文章，从"言"和"意"两方面进行修改，即写升格作文。

温馨提示：

① 从布局谋篇入手。

② 在朗读中学润色。

③ 在对比中明规律。

（2）请以"谈谈我的写作"为题，写一篇作文，不少于600字。

① 回眸写作历程，语言简洁。

② 梳理长处不足，目标明确。

③ 讲究谋篇布局，兼顾言意。

【课堂结语】

文章不厌百回改。

亲近自然与生活，携着眼睛与心灵，怀着深情与爱意，去描摹，去抒怀，去阐述，用心，用力，用情，在字斟句酌中，扮靓文字，布局谋篇，兼顾言意，让主题鲜明，让结构精巧，让文采飞扬。

【板书设计】

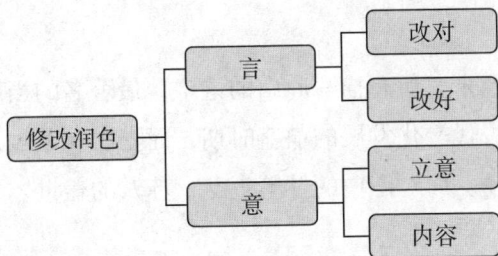

有创意地表达

——人教版九年级下册第六单元写作

【学习目标】

（1）明察秋毫：多角度审视作文，明确有创意地表达内涵。

（2）集思广益：多方面储存灵感，在写作中学会有创意地表达。（重点）

（3）学以致用：养成多角度思考的习惯，培养创意思维。（难点）

课前一组诗：

望庐山瀑布

【唐】李白

日照香炉生紫烟，遥看瀑布挂前川。

飞流直下三千尺，疑是银河落九天。

题西林壁

【宋】苏轼

横看成岭侧成峰，远近高低各不同。

不识庐山真面目，只缘身在此山中。

【课前交流】

同学们，古往今来，所有描写庐山的诗中，最著名的当属这两首。我们知道唐宋时期是中国古代文化发展的鼎盛时期，而李白和苏轼，则分别代表了唐诗和宋词的最高水平。面对李白的妙笔生花，苏轼的盖世才华，你觉得此次交锋谁更胜一筹呢?

（师生交流分享，控制在3分钟以内）

教师点拨：李白笔下的庐山，美到极致，奇到极点，以极度夸张的艺术手法和浪漫色彩的大胆想象，将庐山之壮美和瀑布之险绝写到淋漓尽致。平心而论，若论写景，李白之《望庐山瀑布》更胜一筹。但苏轼之《题西林壁》却另辟蹊径，"出新意于法度之中，寄妙理于豪放之外"，采用多角度思维，创意地表达，将写景诗上升为哲理诗。从理趣角度看则是技高一筹。总之，一个写景，一个言理，各领风骚。

【教学过程】

（一）导语设计

"横看成岭侧成峰，远近高低各不同"。写作本质上是一种创新活动，需要不断创新思维，学会创意地表达。今天老师和大家一起上一节作文课"有创意地表达"。（板书课题）

（二）活动设计

活动一：读例作，写推荐词

1. 审视例作，明察秋毫

学生读例作，寻创新点，圈点批注。

教师点拨，可以从立意、选材、角度、语言表达等多方面阐述。

2. 畅所欲言，择善而从

教师点拨：畅谈创新点，指出缺憾处，如选材角度、采用了什么手法、有什么表达效果、从这篇文章中我们学到了什么、本文还有哪些不足、如何修改，等等。

3. 写推荐词，明确内涵

教师点拨： 请为例作写推荐词，明确有创意地表达的基本要求。

学生1：疫情牵动着每一个人的心。大至世界和社会，小至学校和家庭，上至国家领导人，下至普通老百姓，无不尽心尽力，要写的人很多。但本文作者从一个援助医生以及大爱父亲捐献红薯之事，彰显了中国普通民众的大情怀、大境界、大仁义，以小见大，于细微处见真情。

教师：是啊，本文作者从众多的材料中，筛选出最贴近题意、最富有新意的材料，来彰显抗疫中又一平凡而伟大的英雄的故事。其立意富有创新性，文章凸显新观念、新见解，言人所未言，悟人所未悟。

学生2：这是一篇选材新颖、语言朴素、情感真挚的抗疫故事。本文作者以第一人称，以一位一线援助医生的身份，用朴实而真挚的语言，讲述了父亲捐献蜜薯的故事，真实而生动。小人物，大情怀；小故事，大境界。

教师：对，这就是选材之角度不同带来的冲击力。"人无我有，人有我新，人新我巧"。本文以自己的经历、体验，感受到那些富有个性特征的东西，感染力强，增加了文章的可读性。

学生3：我觉得本文的语言表达也很真实，不是泛泛而谈，而是娓娓道来，符合人物特征，彰显人物个性，人物形象鲜明。

教师：对，什么人说什么话。语言表达符合人物身份，个性特征自然跃然于纸上。

……

活动小结：

由此可见，所谓有创意地表达，指表达时有新意、有个性，不落俗套，不仅体现在选材、构思、布局上，还体现在语言的个性化表达上。这不是一蹴而就的，是一个需要长期训练的过程。在写作的起步阶段，我们首先要克服的就是写作障碍——不能用文字表达自己的意思。请学生对比阅读，分享自己的感悟和收获。

活动二：巧对比，悟创新点

分发习作：师生同题作文《我们把你放在心里》。

1. 四人小组，自主研读

学生依据有创意地表达的基本要求，边读边圈点批注。

2. 关注差异，寻找亮点

学生在对比阅读中，勾画出其他文章里没有的亮点并批注心得。

3. 小组分享，你读我听

学生小组内分享自己的阅读感悟，并批注思悟。

4. 关注亮点，畅谈感悟

学生分享自己听读亮点，分享收获和思悟。

活动小结：

创新思维，立意求新。

比较筛选，选材求新。

匠心独运，表达求新。

构思新巧，视角独特。

手法新颖，力求奇巧。

语言鲜活，贴近生活。

同学们，作文是为了自我表达和与人交流的一种方式。"我口说我心，我手写我口"，文章只有在表达自己真情实感的基础上，才能更好地进行创意表达，从而实现思想更活跃、表达更活泼、语言更生动。下面我们趁热打铁，结合自己的一篇习作，从细微处着手，写出大境界、大情怀。

活动三：共升格，富个性化

1. 四人小组，合作研讨

质疑：如何从细微处着手进行"旧文新写"？

教师点拨：讨论立意—选材指导—角度切入—创新点设计。

2. 集思广益，思维导图

教师点拨：表达有创意，选材筛选很关键，要"说人之所未说"之言，"写人之所未写"之事，不断塑造作文的生命力。同时，选材角度、个性化地表达更是锦上添花。请你结合小组讨论结果，集思广益，以思维导图的形式画出框架图。

3. 班上分享，我思我悟

教师点拨：这一题目，以前我是怎么写的？今天我在哪些地方有所创新？

结合同学的建议，我发现这篇作文还存在哪些问题？我想如何进行改进？等。

活动小结：通过多方面审视例作、对照己作，我们清晰地触摸到有创意地表达的基本要求，感触颇多，受益匪浅。唯有知行合一，学以致用，养成多角度思考的习惯，不断培养创意思维，我们才能真正做到有创意地表达。

【布置作业】

写作实践3《春天的色彩》。

温馨提示：今年的春节不一般，今年春天的色彩在你的心目中又如何呢？除了选材和角度，也要力求语言表达有创意，如词语搭配，打破常规；句式选用，敢于创新；善用修辞，生动形象；引经据典，文采飞扬；等等。请结合本课所学，抓住创新灵感，应用到自己的作文中去，好期待你有创意地表达啊！

【板书设计】

创新思维，立意求新。

比较筛选，选材求新。

匠心独运，表达求新。

后 记 ▶

其实"世间的一切都是遇见，就像冷遇见暖，有了雨；春遇见冬，有了岁月；天遇见地，有了永恒；人遇见人，就有了生命。"我遇到你，是怎样一种缘分呢？

一路上遇到的人、遇到的事，构成了经历，写满了年轮。斗转星移的岁月，熙熙攘攘的世间，会遇到什么？得有多少恰好，得有多少偶然，才能遇到，这就是缘分。如果，不是那一年、那一天，遇到那样的人、那样的事，我也就不会是今天的样子。沉淀下来的，都是我所珍视的各种遇到。这是对我自己的交代，也是向我所遇到的一切致意。

去哪儿，很重要；与谁一起去，同样重要。

做什么，很重要；与谁一起做，同样重要。

每个人都有自己沉甸甸的生活，但"遇见"总有一些会让我们心有戚戚焉，给予我们启发，也让我们在无形中获得力量。为了感恩生命中美好的遇见，为了倾诉爱，为了表达心中的向往，也为了传承新的希望。

这本书的诞生，要感谢许多人。

感谢穿针引线的专家。正是专家的智慧和才华，创造了这些优质的资源。

感谢我的助手周春翠老师，正是周老师为本书精心核对，协助完稿，让本书得以更快地呈现在读者面前，正是我们一路走来相互的肯定和鼓励，使我们看到了自己工作的价值，从而有信心把这本书编好。

感谢我们强大的团队。中原名师郑美玲工作室不仅仅是一个工作的地方，它聚集着一批有追求、有担当的志同道合的校内外同仁，还有一群视语文课程与教学研究为安身立命之本的专家。正是这一股生机勃勃的力量，使我们有资本去成就响当当的事业。

  总有一个地方，会吸引一个人的驻足；总有一段旅程，会影响一个人的生命；也总有一些人，会在你的生命中留下难以忘却的痕迹。这些或感动或幸福的人和事让我们觉得：未来也许荆棘密布，但仍可咬牙上前。

郑美玲

2020年5月20日